四川大学哲学社会科学出版基金资助
四川新华文化公益基金会出版资助项目

中国符号学丛书 ◎ 丛书主编 赵毅衡 唐小林

符号与传媒
Semiotics & Media

当今文化中的名人，是能引导大众休闲、帮助消费无聊的人物。本书透过名人这一狂热的文化病，揭示看似肤浅的媒介奇观与社会结构及意识形态的关系。

名人：传播符号学研究

Celebrity：A Semiotic Communication Study

闫文君 著

四川大学出版社

责任编辑:宋　颖
责任校对:张伊伊
封面设计:米迦设计工作室
责任印制:王　炜

图书在版编目(CIP)数据

名人：传播符号学研究 / 闫文君著. —成都：四
川大学出版社，2017.12
ISBN 978－7－5690－1505－8

Ⅰ.①名…　Ⅱ.①闫…　Ⅲ.①传播学－符号学－研究
Ⅳ.①G206

中国版本图书馆 CIP 数据核字（2017）第 316955 号

书　名	名人:传播符号学研究	
著　者	闫文君	
出　版	四川大学出版社	
地　址	成都市一环路南一段 24 号 (610065)	
发　行	四川大学出版社	
书　号	ISBN 978－7－5690－1505－8	
印　刷	郫县犀浦印刷厂	
成品尺寸	170 mm×240 mm	
印　张	12.5	
字　数	232 千字	
版　次	2018 年 3 月第 1 版	
印　次	2018 年 3 月第 1 次印刷	
定　价	49.80 元	

◆读者邮购本书,请与本社发行科联系。
　电话:(028)85408408/(028)85401670/
　(028)85408023　邮政编码:610065
◆本社图书如有印装质量问题,请
　寄回出版社调换。
◆网址:http://www.scupress.net

我们都在生"名人病"

——序闫文君《名人：传播符号学研究》

赵毅衡

闫文君的这本《名人》，正是我们等待已久的一本书。十多年前我就关注名人问题，发现大部分研究这个重要社会现象的文字，是"如何做名人文化产业"的赚钱书。似乎整个知识界读书界都没有明白，这个名人狂热，是一种文化病的症状。

人类社会的"名人病"由来已久，只是于今为烈。但是至今为止，书市上唯一一本讨论名人崇拜的书，是美国人汤姆·佩恩的《盛名之下：古往今来的名人崇拜与我们的生活》。人类并非向来有此病，古代名人大多是帝王将相、神仙圣徒，后来增加了著名科学家文化人。崇拜有成就之人，绝对不是病。而当今文化中的名人，是做什么的呢？一言以蔽之，是能引导大众休闲、帮助消费无聊的人物。

这几天的全国报纸纷纷刊载消息：25年前曾经在某电视剧中演第四号人物的某演员七十多岁高龄仙逝，人们沉痛哀悼，网上泪奔洪水，告别仪式隆重。傍晚我走过大学校园，抬头看到一张半页报纸大的简单告示讣告：某某著名退休教授，中国第一部古典美学史的作者，不幸去世，本系教职工不胜哀痛云云。讣告昨天新贴，却已经风吹雨打半边剥落，无人注意。

我们见惯不惊，知道每一代人都会有自己这一代的名人：每一代的歌星唱得如何，不必与前人比，名人是一种社会共时性需要。问题是，谁有资格当名人？十年前，英国某机构曾在街上随机找路人，做了一个"名人识别率"测验。结果实在惊人：能识出俄罗斯总统普京的，只有10%；甚至能认出当时照片天天见诸屏幕的萨达姆的，也只有20%；至于英国文学经典大师，境况更惨；知道《失乐园》作者名叫弥尔顿的，只有3%。

年龄组之间的巨大差别，更让人震惊。越是年轻，越是无畏无知：18-24年龄组，得分最低，知识面"最好"的似乎是45-54这个中老年段。

问一个十多岁的少年，"希特勒是谁？"答曰："好像是邱吉尔的朋友。"面对当时美国总统布什的像，被测者，一个穿着时髦的年轻女子兴奋地叫起来："这人我认识，是克林顿！"电视台放出这场面，教师们晕了过去。

说英国老百姓实在笨得出奇不公平，因为另一些人被识别率奇高，那就是娱乐明星。英国连续上演了近二十年的电视连续剧《东区人》，几乎有一半被测者能说出5名以上主角，识辨率超过任何政治家。歌手与他们唱的名曲，几乎人人说得出来，但是对于为这些歌作词作曲的艺术家，调查时却几乎无一人知道。

英国各电视台当夜就报道这项调查结果，一律表示"惊骇莫名"，好像自己毫无责任。然后依然故我，继续他们的主打节目——黄金时段肥皂剧，中间广告无穷。而新闻时事分析节目，收视率低，被迫撤到半夜。

各家报纸第二天也长篇报道这次测试，一律表示"至为忧虑"，好像自己毫无责任。然后依然故我，继续报告娱乐名流轶事：电视明星 A 未婚怀孕，体育明星 B 第 N 次结婚，歌星 C 被人看到与影星 D 一道出去吃饭，或有暧昧。这些都是高价买来的名流新闻，不能不登。

文化部长第二天也发表谈话，对"文化盲"范围扩大"极为担忧"，好像自己毫无责任。然后英国首相，在唐宁街官邸举行宴会，宴请各界名流——今日名流不再是贵族，而是歌星影星，表示与民爱好相同。三大罪魁祸首一个个惊奇万分，一个个自行洗脱，又一个个依然故我。

美国有个统计数字：全国有两百万"职业作家、艺术家、体育家"。这则统计，只谈"职业"，可用艺术谋生，也就是说"成家"。少数球星之外的大量学校体育教师，少数明星之外的大量戏剧俱乐部指导，少数作家之外的大量写作课老师，少数音乐家之外的大量音乐课教师，还都不算在内。美国总人口2.7亿，儿童除外，成人可算作2亿。如果全国有两百万人能以此为职业，那么每一百人，可以出一个娱乐文化的"职业人士"。

现在我们假定平均每个人能记住 1000 个人名，那么因这些职业"成家"者修炼成"成名"的比率就是：2000 个职业人士中可能有一位佼佼者"名人"。也就是说，声望之塔尖每一位幸运儿，社会上平均就有 20 万人在仰望，并且有 2000 位"同行"咬牙切齿地嫉妒。无怪乎"名人"在今日社会飘飘然如得道仙者，芸芸众生只能献上膝盖。

我不知道中国的"名人"与俗众的比例，或许与上面美国的数字差得不远，类似的实验统计值得一做。为什么会出现如此极端的名人王者荣耀？因为现代社会，人过于孤立，只有靠与名人连接，庸众才能有"属于这个社会"的感觉。先前的社会，邻里串门，飞短流长，每个人都是本村名人。现在的城市居民，互相不便接近。于是电视报刊代替三姑六婆，"实拍节目"代替了窥视邻居。如果请一群社会各阶层各单位的人坐一桌吃饭，大家都能听得懂插上嘴的题目，只能是最近几天娱乐明星们的八卦。

整个社会"休闲化"趋势，无人能改变，争论只在于，今日名震全国的这些娱乐界人物，是否有享受如此大名的"资格"？

问：谁是名人？

答：具有"知名度"的人。

问：谁具有知名度？

答：报刊愿意报道的人。

问：报刊报道谁？

答：名人。

名人就是大众传播界这么狗咬尾巴转出来的！"名人如何获得知名度？"这个许多文化学家弄不清的难题，答案其实很简单：因为有了名，所以就有名。

先前，比不上贝多芬、莫扎特、莎士比亚，你只怪爹娘让你既无天才又无勤奋。现在当名人，无须多少特殊的才能品格，机缘占第一位。既然才能并不迥出流辈，一个人有名了，等于代替全民成名。所以每一代人，都可以有自己的大明星。死了猫王，几百个猫王站起来；"辣妹子"闹崩了，几千个辣妹子挤上来。

年前我有一篇长文，讨论当今媒体的文化"往下笨"问题。很多人认为这个问题在中国不存在——中国是"往上笨"。理由是，中国社会不久前还是散落的村庄，城市化才没有几天，老百姓刚有机会成为娱乐追星族，先让他们追一阵子不碍事。

问题是，几代人追娱乐明星之后，还认识其他人，知道其他事否？一个社会只能以娱乐明星的飞短流长作为胶合剂，作为唯一共同感兴趣的话题，是否太脆弱了一些？在"名人文化"上，我拿西方人开涮。其实在许多文化问题上，西方的今天，就是东方的今天；东方的明天，也就是西方的明天。这真是令人苦恼的"地球扁平化"。

上面我说的只是一些让人哑然失笑的病状，笑谈容易，症病就太难。至今我读到的最犀利的解剖，是闫文君的这本书：她的诊断之犀利，她的搭脉之准确，值得我们细读；她提出的问题，她的病入膏肓警告，要求我们每个人深思并回答。

既然当代文化生着这种病，我们之中就没有人能逃得过。只不过有些人病得浑然不知，甚至有的人病得很享受，那么，不管我们是不是关心自己的文化健康，每个人都应当读闫文君这本书。

目　录

导　论 ………………………………………………………（ 1 ）

　一、当代中国的名人现象 ………………………………（ 1 ）

　二、符号学视野下的名人文化 …………………………（ 3 ）

　三、何谓名人符号 ………………………………………（ 5 ）

　四、展开线索 ……………………………………………（ 8 ）

第一章　名声生成的路径：象征化与标出性 ……………（11）

　第一节　名声传播与符号的象征化 ……………………（11）

　　一、名人的符号结构 …………………………………（12）

　　二、名声的象征化传播 ………………………………（13）

　第二节　符用理据性上升与象征化深入 ………………（16）

　　一、成名之初的内理据性 ……………………………（17）

　　二、象征化与符用理据性上升 ………………………（18）

　第三节　名声象征化之自我标出路径——以网红文化为例 …（20）

　　一、标出性——网红文化的立身之本 ………………（21）

　　二、网红的自我标出与粉丝的自我映射 ……………（23）

　　三、网红文化繁荣与文化标出性翻转 ………………（26）

第二章　名人的符号价值 …………………………………（29）

　第一节　名人的价值溢出 ………………………………（29）

　　一、名人的符号价值 …………………………………（29）

　　二、名人代言与意义迁移 ……………………………（32）

　　三、名人产业与他律性欲望主义 ……………………（34）

　第二节　名人产业——伴随文本的游戏 ………………（37）

　　一、关于伴随文本 ……………………………………（38）

　　二、副文本的引导作用 ………………………………（40）

　　三、型文本的品牌效应 ………………………………（42）

四、元文本的造势功能······································（43）

第三节　名人产业的符号修辞机制·························（45）

一、名人代言——价值观的转喻与信奉转移···············（47）

二、名人印象——名片提喻与修辞选择···················（51）

三、名人输出——文化霸权与象征趋同···················（53）

第三章　名人符号的受众认同·····························（56）

第一节　受众认同——名人符号的构建基础···············（56）

一、认同：名人符号的建构·····························（58）

二、选择：符号价值的生成·····························（61）

第二节　身份—自我——受众认同的核心·················（67）

一、个体认同···（68）

二、群体认同···（69）

三、文化认同···（72）

第三节　名人符号——大众内爆的引线···················（76）

一、名人符号的意动性·································（77）

二、名人符号的无限衍义·······························（84）

三、名人符号的意图定点·······························（85）

第四章　名人符号的隐含作者·····························（88）

第一节　名人符号的隐含作者·····························（88）

一、隐含作者的社会学意义·····························（89）

二、名人的隐含作者：代理作者与共同作者···············（90）

三、名人隐含作者的语境顺应···························（92）

第二节　名人隐含作者的价值预设与自我危机·············（97）

一、名人的隐含作者价值预设···························（97）

二、名人的自我分裂···································（101）

三、草根文化对名人自我分裂的影响·····················（103）

第三节　名人第二自我——主流意识形态的风向标·········（107）

一、中华人民共和国成立后 30 年（1949—1978 年）·········（107）

二、改革开放探索期（1979—1992 年）···················（110）

三、改革开放创新期（1992 年—）·······················（112）

第五章　名人符号泛化与当代社会心理危机···············（116）

第一节　名人泛化与符号泛滥···························（116）

一、名人泛化的表现···································（117）

二、名人泛化的原因 ……………………………………（120）

三、"地球村"视角下的名人泛化 ………………………（125）

第二节　名人泛化与现代人的自我危机……………………（131）

一、名人泛化→语境元语言的分歧 ………………………（131）

二、语境元语言的分歧→自我阐释漩涡 …………………（133）

三、自我阐释漩涡与自我危机 ……………………………（136）

第三节　名人泛化与信仰危机 ………………………………（138）

一、名人是一种文化信仰 …………………………………（138）

二、名人的祛魅 ……………………………………………（141）

三、信仰的失落 ……………………………………………（143）

第六章　名人符号与社会价值观转向 ………………………（147）

第一节　名人神话的意识形态性 ……………………………（147）

一、传统神话与现代神话 …………………………………（147）

二、传统神话中的名人符号 ………………………………（148）

三、现代神话中的名人符号 ………………………………（151）

第二节　"名人场"的解构与经典重估 ……………………（156）

一、名人场的解构 …………………………………………（156）

二、全球文化经典重估 ……………………………………（160）

三、名人场解构的符号学分析 ……………………………（164）

第三节　名人符号的能指漂移与价值观转向 ………………（169）

一、名人符号的能指漂移 …………………………………（169）

二、"漂移的能指—虚化的所指"邻接之途 ……………（171）

三、能指漂移与价值观转向 ………………………………（174）

参考文献 …………………………………………………………（177）

后　记 ……………………………………………………………（188）

导　论

一、当代中国的名人现象

据腾讯 QQ 浏览器发布的 2016 年毕业季大数据报告，54％的"95 后"大学生的理想职业是当网红。[①] 数据一经公布，立即引发了广泛的社会讨论。而随后，浙江义乌工商职业技术学院开设网红专业的报道也成为热点新闻。至此，名人现象正式登堂入室，裹胁着"互联网＋""文化创意产业"等时代热词，成为我们不得不正视的一项人文社科研究新课题。

其实在如火如荼的网络造星运动之前，名人文化在中国就已经空前兴盛，形成了一道奇特的传媒景观。形形色色的商品无不请名人代言，大到国家与地方形象，小到日常生活用品，浩顿英菲 ADEvaluation 数据库显示，近三年全球范围的电视广告中，约 30％的广告使用明星。[②] 而中国经济市场中名人所占分量尤为突出，据 Millwardbrown Link 数据库显示，2011 年中国广告的明星代言比例就已增长到了惊人的 53％，远超过国际水平。[③] 名人无孔不入，成了生活中避不开的存在。

而一场场"名人故里之争"更宛如一出出闹剧，充分折射出名人之于当代中国经济文化举足轻重的地位。早在十余年前，山东省阳谷县、临清市和安徽黄山市的"西门庆故里"之争就已拉开序幕。《阳谷县服务业发展第十一个五年规划》(2005)、《中共阳谷县委、阳谷县人民政府关于进一步加快全县服务业发展的意见》(2006) 明确规定，将投资 5600 万于"水浒传·金瓶梅文化旅游区建设项目"，复原西门庆和潘金莲幽会场所；《临清市文化产业发展规划 (2009—2015 年)》提出，计划投资约 3 亿元打造"西门庆旅游项目"，且表明

---

① 新华网：《QQ 浏览器发布"毕业季"大数据》[OL]，新华网新闻，2016－7－16。资料来源：http://news.xinhuanet.com/info/2016－07/16/c_135514611.htm.

② 参见 http://www.ifa－hd.com/CaseInforKnowDet.aspx?id=24[OL].

③ 参见 http://www.ceconline.com/sales_marketing/ma/8800064652/01/[OL].

项目注重游客对"西门大官人"极乐生活的参与体验；几乎与此同时，黄山市于 2006 年声称将投资 2000 万开发"西门庆故里"与"《金瓶梅》遗址公园"。西门庆这一声名狼藉的传统文学形象竟成为两省三地竞相追捧的文化产业英雄，个中缘由耐人寻味。

有学者称当代的名人文化为空头①名人文化，意即"当今许多名人，并非得益于自身的成就和天赋，而是因为商业包装和推销，人们对这些人的崇拜，在许多方面是对一种虚空的追随，这些名人完全不配得到如此疯狂的崇拜"②。

但无论相配与否，当下的名人文化像一场全球流行的重感冒，让世界各国的人们为它发烧。这样比喻不全是为了语言的活泼俏皮，而是因为以每个人都很熟悉的感冒症状与名人文化现象作比，能够阐述得明白易懂。感冒严重到一定程度就会发烧，烧到一定程度就陷入神志不清的头晕迷糊状态，正如人们沉迷于名人符号所制造的修辞幻象以及粉丝对偶像的盲目崇拜。感冒的流行范围之广、速度之快，远非其他病症能比，同样也没有哪种文化的传播速度、广度能与名人文化相比。放眼报纸杂志，娱乐版是影视明星的天下，文化体育版靠文化名人与体育明星的支撑，再加上政治名人在要闻版的地位，以及明星学者对财经版与评论版的作用，可以说，如果没有名人文化，许多报纸杂志的版面至少要缩水 1/3。以声像直接作用于感官的电影、电视更是以名人为支撑的，无论是影视剧、各类电视节目，还是广告。这样的名人文化，理所当然地成为流行文化的主流。

黑格尔（Hegel）说过，存在即合理。名人文化能成为当代文化的核心绝非偶然。当代名人文化的两大特征为符号化与产业化，也即虚幻性与商业性。名人文化在本质上属于精神文化，因此具有虚幻性。这里的虚幻性有两种解释。首先，名人作为符号，往往无法提供物质实体供人消费，而只能提供意义，大众从名人那里获取的往往是精神食粮或心理慰藉。其次，名人之所以能够成为商品供人消费，靠的是符号修辞所制造的修辞幻象，以幻象引诱大众，以心理满足代替物质需求。人们对虚幻性的迷恋，引出了社会对名人符号价值的推崇，随之导致了名人符号价值与商业的结合。在市场经济为主导的消费社会，名人产业理所当然地成为名人文化的核心；这个消费社会又主要以符号为消费对象，这一消费需求恰恰吻合了名人符号的特质，因此名人文化能成为社会文化的核心。

---

① 英文为"airhead"，美国俚语，即头脑空空的人。

② 袁晓明：《追星者是崇拜空头名人文化》[N]，《东方早报》，2007. 4. 9。

　　从以上名人文化的种种表现，我们可以做出如下几种解读：第一，经济至上的发展模式，不同的名人文化现象，在这方面的区别仅在于明明白白地诉说还是遮遮掩掩地谋划；第二，当代中国一定程度上进入了符号消费社会，名人符号的价值溢出是商家、名人本身、受众乃至政府等社会各方乐见其成的现象；第三，对符号价值的重视表明了人们对精神世界的关注，也从侧面说明了中国社会物质水平已发展到一定程度。

　　其中最直接表现出的，是当代文化的乱象。群选名人，既选出了深受广大受众喜爱的草根明星，也选出了诸多以审丑出名的人物。名人广告代言，既向人们推介了祛病良药，也诱使人们上当购买虚假违法药品。名人文化旅游也是同样，既有伟大杰出人物的故居、陵墓等遗迹向人们提供研究史料与精神食粮，也有声名狼藉者被某些经济至上的地方政府哗众取宠地奉为文化产业英雄。可以说，当代名人文化既传递着正能量，也时不时地向我们从不同侧面阐释着什么叫文化反讽。

二、符号学视野下的名人文化

　　符号学家普遍持一个观点，凡是分节，必有意义。艾柯（Umberto Eco）甚至认为，任何符号学课题，都是对世界进行切分的历史和社会的结果。以人类的社会构成为例，士、农、工、商的阶层排序始自春秋，在历史上绵亘千年，反映了中国封建社会尊崇儒家思想的文化意识与小农经济为主的社会形态；在元朝却曾有一官、二吏、三僧、四道、五医、六工、七匠、八娼、九儒、十丐的说法，在这一排行中，儒生居娼妓之后，而农民地位全无，虽然这只是一种稍带戏谑的民间排行，却生动地反映了元政府尚武轻文、不重农耕的游牧民族统治思想。我们发现，每一种构成方式都彰显着不同的社会文化意义。按照社会这个大舞台上的活跃度与影响力标准，我们可以看到，社会是由名人与大众两个群体构成的，这是人类社会自有史以来流传至今的一种区分方式。这种分节方式的背后，又隐藏了怎样的意义？众生本平等，为何要将名人从人群中凸显出来？

　　名人的产生，根源于人们的心理需求。马斯洛将心理需求分为五个等级：生存、安全、爱、自尊、自我实现。前四个等级都是人的本能反应，而自我实现却是人类有意识进行的精神追求。成为名人，或退而求其次，找一个名人来崇拜，正是其表现之一。远古时期，名人仅为传说中被神化的英雄，有着超越自然的力量；这是一种自我实现的投射，对于生存与安全的渴望，使他们产生对无法解释的自然力的敬畏，他们想要战胜自然，但战胜不了，于是便虚构出一个神或将能力超常的英雄神化，达到一种虚幻的自我实现的目的。所以在早期的史书中，名人传记尤多。这样的历史书写方式，也是英雄史观之所以历久不衰的部分原因。

下面一组数据可以证明人们对于"名人八卦"的热衷。早在 2012 年的 Google 检索中，"名人""明星"两词的检索结果分别为 3.08 亿条和 7.61 亿条，"金钱"和"财产"两词的检索结果则分别为 8.54 亿条和 3.42 亿条。① 可见，对于名人的关注已逼近人们几乎视为性命的"钱财"。表面看来，这仅是传媒投大众所好，故意制造出的一种畸形的传媒发展趋势，而其实则与社会意识形态和文化的变迁密不可分。因为名人之"名"，在本质上是社会对名人符号的一种意义赋予。

从传媒经济学角度而言，名人符号其实正是大众传媒所制造的现代神话：名人搭台，经济唱戏，只不过披着自然的面纱。随着大众传播媒介的普及，拟态环境代替了现实社会。在后现代主义风潮的冲击下，传统价值体系土崩瓦解，新的价值体系又未建立，人们无处安置自己的理想与追求，只能跟着潮流走，任由传媒对其所处社会环境进行建构。

巴尔特（Roland Barthes）以"玫瑰"这一名词为例分析现代神话：将玫瑰视为能指，它所指向的概念："芬芳""带刺"等，即为第一意义系统所指，称为直接意指；当用玫瑰意指爱情时，第一层次的"能指"与"所指"便结合起来构成了一个新的能指，指向爱情，这是含蓄意指。而事实上，人们看到玫瑰就会跳过其本义直接联想到爱情，这样就建构了一个神话。② 所以，神话是赋予事物文化内涵，并使由此所建构的这一新的符号系统自然化的一种方式。名人符号就是这样一种现代传媒神话。

名人符号在受众的眼光中，往往跳过名人本身，而指向其身后的文化内涵：诸葛亮的"智"和关云长的"义"等含义帮助建构了中国的传统文化与价值体系；而周杰伦的"酷"、孙红雷的"man"、韩寒的"犀利"、郭敬明的"忧伤"等含义，则吻合了当代的审美观，刺激着受众的消费欲望。当下大众传媒的繁荣与符号消费的兴盛，直接催生了名人现象的超常发展，符号消费时代已来临，而引领消费潮流的正是名人。名人这一符号产业可谓商机无限。在这一情况下，对名人符号清晰的了解与充分的认识，有助于人们培养健康的消

---

① 2012 年 2 月 23 日检索结果［OL］。

② 参见罗兰·巴特：《神话——大众文化诠释》［M］，许蔷薇、许绮玲译，上海：上海人民出版社，1999 年版，第 171 页。

费观念。

从社会学角度来看，名人符号是社会流行观念的一种外现。人是社会的人，肯定要受到社会意识形态的影响，名人尤甚。因为名人作为公众人物，一举一动都要接受观众与媒体的检阅，有观众的支持，名人才能成为各自领域的常青树。故而，尽可能多地争取受众是每一个名人的首要任务。影视明星要争取收视率，政客要拉选票，广告名人也要尽力争取顾客的青睐以卖出产品。而要获得高支持率，名人身上必须表现出社会主流意识形态。所以说，名人面向媒体与大众所呈现出的某些共性，便可以看作社会主流意识形态的风向标。

在这一情况下，对名人进行研究，正是要透过"名人"这一特殊的群体揭示其所携带的社会意识形态与文化变迁，而符号学即意义学，所以以符号学理论对名人现象进行打量应当说是十分恰当的视角。

名人现象不仅仅是娱乐圈与传媒界的事，它也是一种文化动向、经济动向、政治动向，乃至意识形态动向。对其进行深入研究，不仅可以引导人们正确地认识名人与对待名人，甚至还能对经济、政治层面等畸形发展的趋势起到一定的纠偏作用。而研究这一现象，符号学的视角最为适用，因为它被称为文科的公分母，其视野最开阔，理论最具普适性。

三、何谓名人符号

（一）名人的界定

"名人"一词出于《吕氏春秋·劝学》："不疾学而能为天下魁士名人者，未之尝有也。"汉代高诱注为："名德之人。"可见名人本指有学问、有修养的德高望重之士。《墨子·修身》中也有"功成名遂，名誉不可虚假"这样的语句，意思是说名声建立在功绩的基础之上。

不过，由于时代变迁，"名"之一词在今天的含义已与前大不相同。笔者查询了几种较常用而权威的词典，其中对"名人"词条分别解释如下：

> 知名人士；杰出的或引人注目的人物；显要人物。 　　　《新华字典》
> 著名的人物。 　　　《现代汉语词典》
> 著名的人物；有名籍的人。 　　　《辞海》

由上可见，名人的含义已经更趋向于广义，更为强调"名气"而非"名望"或"名誉"。而且，时至今日，名声所建构的基础——成就，其含义也早已随社会文化语境的改变而发生了天翻地覆的变化。杰西卡·埃文斯（Jessica Evans）说得好："今天的名人文化不同于过去，它不再反映英雄品格或稀有成就。"① 传统意义上的"名人"，指在某一领域能力突出并因而获得社会广泛认可的精英人士，是一个不折不扣的褒义词。而现在的"名人"，却成了一个中性词，仅指有一定名气的人，不管这名气是"芳"是"臭"，也不管名气的取得是靠业绩还是靠炒作甚至丑闻。"不同于过去以英雄、政治家、各界精英等为代表的名人模式，当代名人形象既有正面的，又有负面的，既包括有感召力的明星，也包括小众名人，媒体对名人也不再一味颂扬，而是对他们的才华和成就进行了多方面的褒贬评价。"②

名人也有广义、狭义之分。狭义的名人指在某一时代几乎全民皆知的人物。而广义的名人则指一定范围内知名度较高的人，这里的范围可以小到乡里，也可以大至全球。我们所说的名人指狭义上的名人，即在某一国家、地区或专业领域为既定的社会文化所公认的名人；因为广义的名人数量实在过多，一旦超出既定的小圈子就无法进入交流的范围。

经过以上分析，笔者在此给本文所研究的"名人"下一个定义：名人指在某一国家、地区或专业领域等为既定的社会文化众所周知并得到广泛评价的人。

（二）名人的分类

名人可以依据不同的标准细分，下面以图表对名人分类加以整理。

名人分类表

依据 ＼ 类别	名人
活动领域	政治名人、娱乐名人、商界名人等
出身背景	学院派名人、草根派名人等
知名度	国际名人、国内名人、地方名人等
圈内地位	大师、专家；一线、二线、三线；等等
……	……

活动领域及出身背景都属于无可辩驳的客观事实，而名人的知名度大小与地位高低在人们的认识中则带有一定的主观性。通常说来，名人的地位高低与其知名度成直接的正比关系。国际、国内、地方名人，一线、二线、三线明星

---

① Jessica Evans：*Understanding Media*：*Inside Celebrity* [M]，McGraw-Hill，2005，P. 23.

② P. David Marshall：*Celebrity and Power*：*Fame in Contemporary Culture* [M]，University of Minnesota Press，1997，P. 26.

都是由其大众知名度及受喜爱度决定的。

（三）名人符号的界定

要研究名人符号，首先需要对名人的符号性进行界定。在国外的名人文化著作中，笔者尚未发现对名人的符号性有明确的界定。不过，国内有不止一位学者探讨过这一问题，李启军和丛明曾分别对名人符号性有过较详细的论述。

李启军《中国影视明星的符号学研究》中将影视明星定义为一种象征符号，他的依据如下：首先他按自己的理解定义了象征符号，认为同时具备理据性和规约性的符号是象征符号；然后，他以黑格尔和托多洛夫的理论为支撑，断定"象征是一种符号"；接下来，他结合巴尔特的符号意指"换档"理论（即"神话"），经分析得出巴尔特所说的符号的第二重含义——"含蓄意指"即象征意义；最后得出结论，明星形象是能够让人产生象征联想的，说到底影视明星是一种象征符号或内涵符号。

丛明《符号学视角下的名人广告研究》也对名人的符号性做了界定。他认为李启军的界定不够科学，认为作者运用能指与所指的变换，对象征符号进行定义，而能指与所指的结构关系，仅仅是符号的形式，并非是可以对符号进行定义的符号的本质特征。所以，他从符号的"本质特点"替代性入手，来确定名人的符号性，认为名人之所以能为企业或产品代言，是因为名人在作为一个特定的人的存在之外，还起到替代作用，即替代其所代言的产品、品牌或其自身与产品品牌相一致的部分特征，并将这部分隐性特征显化，作为信息传递给受众。在这个意义上，名人具有显著的符号性，名人是符号。

这两篇论文在界定名人的符号性时旁征博引，其论证都有理有据。但笔者认为，二位学者都只关注符号的某一方面或某一个特点，而忽视了符号被视作符号的基础——社会性。索绪尔与卡西尔都曾明确指出，符号的本质是社会的。符号的形成、发送、解释无一是自发、自然的行为，而全都有着社会的烙印。故而，本文拟从符号的社会性这一本质来确定名人的符号性。

1. 人化的符号

索绪尔主张"概念说"，认为符号指向的是概念的集合；皮尔斯将"所指"分为"对象＋解释项"，认为符号必须能引发思想。思想与概念都是人类所独有的，所以，符号必然是人化的符号，"只是当人在世界中寻求意义时才出现"[①]。"布拉格学派符号学家布加齐列夫认为，符号化发生于一物'获得了超

---

①　赵毅衡：《符号学原理与推演》［M］，南京：南京大学出版社，2011年版，第6页。

出它作为自在与自为之物的个别存在的意义时'。"① 原子般分散的个体不是符号，因为他们没有个性，没有分别，与河里的一滴水、树上的一片叶同属自在之物。但是，名人是符号。从人群中凸显出来，便如同一叶知秋的"一叶"、窥斑知豹的"一斑"，被他者的眼光打量出意义。

2. 意义的赋予

"人在成名之后，他便具有了某种特定的大众性的文化内涵。媒介常常通过凸显其某些个性及文化特征（前提是值得关注的和有吸引力的）而无形中创造了一个文化符号或意象，生活在传媒这一'拷贝世界'的大众，无疑是通过这一符号去理解与感知其事其人。"② 四大美女，无一是纯粹因美貌名世，西施灭吴、昭君出塞、貂蝉拜月、太真乱唐，总是与其相关的那段历史才使其"美名"闪光千年。爱默生说过"普遍的东西只有当它寓于个别之中时，才会吸引我们"③，这说明了名人符号在文化社会中存在的必要性，也说明了名人符号引人注目的原因。

四、展开线索

本书内容围绕着名人的符号价值与社会的关系展开，由导论和六章共七部分组成。正文六章按照逻辑关系又可分为三个部分：第一、二章，是关于名人符号价值的生成与内涵分析；第三、四章，是从名人符号意义生成的另两个重要维度——编码与解码出发，从受众与名人自身这两种不同的视角，论述名人符号价值的实现过程；第五、六章，是从互文性角度宏观地分析名人符号与社会的联系。

导论：中国当代名人文化引领着大众消费，也影响着社会价值观的建构。表面看来，名人文化是为迎合大众制造出的一种畸形传媒发展趋势，实则与社会意识形态和文化的变迁密不可分。导论部分对名人进行了概念界定，并从符号的社会性这一本质来确定名人的符号性。基于此，又进一步提出当代名人文化的两大特征为符号化与产业化，即象征意义与商业价值。前者透过现象看本质，是对社会文化内涵的探索；后者是在前者的基础上实现的，重在其与社会生产和消费的关系。

第一章"名声生成的路径：象征化与标出性"，是从成名角度分析名人符

---

① 赵毅衡：《符号学原理与推演》[M]，南京：南京大学出版社，2011年版，第34页。
② 陈家兴：《名人之身不由己》[N]//《人民日报（海外版）》，2000.12.6。
③ 爱默生：《自然的方式》[M]//《爱默生集》，北京：生活·读书·新知三联书店，1993年版，第134页。

号的生成与结构。每个名人形象都是一个由文化环境赋予的意义系统，这一形象使他成为某种社会象征。名人形象的象征化，其实是一个符用理据性上升终至进入社会元语言集合的过程，是名人赖以成名的过程，也是名人符号的建构过程。不同于传统社会中名声所代表的美名，在当代中国，自我标出以成就恶名成为时人屡见不鲜的手段。从社会传播角度而言，这说明了自媒体的发展消解了不同等级阶层间的壁垒，打破了媒介垄断；从社会心理层面而言，自我标出及网红受追捧现象是大众身份—自我的折射，也反映出文化价值标准的翻转。

　　第二章"名人的符号价值"，描述名人的符号价值在当代中国社会中的主要呈现形式，并对名人产业的运作模式和名人符号的说服机制从符号学角度进行分析。名人代言是通行的现代商业模式，而商品经名人代言后溢出的价格其实是名人的符号价值，麦克拉肯的意义迁移模型很好地解释了名人的象征意义迁移到产品，继而作用于消费者心理并转化为产品符号价值的过程。由于名人对产业的巨大影响，名人产业应运而生，而名人产业化的包装与宣传过程，是围绕着名人符号的伴随文本进行的，这充分印证了克里斯蒂娃"文本间性"概念的社会学表现。另外，由于符号价值是一种虚拟价值，仅诉诸人的心理与感觉，因而极易受外界影响，其"产生→强化→象征→经济价值"的全过程都须经宣传实现，所以符号修辞在名人符号说服消费的过程中起着不可忽视的作用。

　　第三章"名人符号的受众认同"，是从符号文本的意义解读角度，阐释受众在名人符号的建构与名人符号价值实现过程中的基础作用。名人的地位依赖于受众的认知，名人符号的意义依赖于受众的解码，名人符号价值的高低依赖于受众的选择。受众对名人符号价值的认同既是一种个体认同，也代表着群体认同和文化认同。不过，依据麦克卢汉与鲍德里亚的"内爆"理论，在信息爆炸的当代环境中，被动的信息接受使大众丧失了独立思考能力，沦为沉默的大多数，这可视为大众的内爆。而在这一过程中，名人符号充当了引线。层出不穷的名人信息轰炸与看似自然而然的文化阐释中，包含着很强的意动性，名人符号通过"认识—情感—意动"模式，使民众无察觉地将符号解读进程终止于其意图定点，从而促成文化霸权建构与符号消费。

　　第四章"名人符号的隐含作者"，是从名人自我的角度，分析名人符号的价值预设。通常来说，名人有责任和义务为社会垂范，他们是为公众示范的时尚、外形、人格的角色模型。因而，名人展示在公众面前的隐含作者形象是经过价值预设的：其象征意义、言行方式、代言形象等都是事先精心设计的；而且，名人的隐含作者形象还要审时度势，随时顺应语境变化。不过，在价值预设的前提下，名人一切以群体价值观念与社会认同为中心，长此以往极易导致自我危机。在上述价值预设与语境顺应的基础上，名人隐含作者的某些共性，便可以看作社会主流意识形态的风向标，中华人民共和国成立以来的名人隐含作者形象变迁就能很好地阐明名人第二自我与社会主流意识形态的关系。

第五章"名人符号泛化与当代社会心理危机"，揭示出名人符号泛化这一社会现象与当代人的自我危机和信仰危机之间的关系。名人符号象征着一定的意义，名人泛化，既表明社会意识形态的多元与人们个性的多元，也表明人们生活中意义的缺失以及对意义的追寻。时时处处都需要借名人符号来凸显事物的意义，人人想借成名追求自我实现。这种狂欢的现象，正说明人们的自我危机与信仰危机。现代变动不居的社会环境对个体造成了社会认同威胁，于是人们转向符号消费以寻求自我认同，这时名人这一消费社会的标识性符号便成了大众寻求自我认同的重要媒介，但名人的泛化解构了传统社会精英话语的一致性，于是反而加剧了大众的自我危机，对于转型中的中国尤甚。

第六章"名人符号与社会价值观转向"，站在历史文化的纵深背景之中，打量名人符号的变迁与社会文化意义变迁之间的关系。主要内容有三：从名人神话的变迁映射出社会文化意义的流变，从名人场的解构与经典重估的对照中一窥当代全球文化运动之端倪，从名人符号的能指漂移折射出社会价值观的转向。将以上社会文化现象与名人符号演变进程进行相互印证，可共同图示社会价值体系的嬗变轨迹。

第一章　名声生成的路径：象征化与标出性

第一节　名声传播与符号的象征化

在人类的符号传播活动中，名声传播是其中很重要的一种。人们对自身名声的追求也早已在长期社会化进程中深入人类的血液中。中国人自古以来就特别重名，"留取丹心照汗青""人过留名，雁过留声""名垂青史"等都是证据，东晋大将桓温甚至发出"既不能流芳百世，亦不足复遗臭万载耶"的心声。外国人对待名声的态度亦无分别。美国文化历史学家里奥·布劳迪（Leo Braudy）经过调查得出结论："人们之所以有留下遗产的习惯，不是为造福后人，而主要是为传扬自己的名声。"① 连身后的名声都如此在意，可见追求名声是人的天性。

更何况，名人文化产业在当下的消费社会正发展得如火如荼；品牌传播是现代企业发展的重要策略；互联网时代的"点对面"裂变式传播速度之快与影响之大，使大众传媒成为各领域发展强有力的助推剂，而传媒自身也成为文化产业的一大支柱。因此，名声传播的途径也就成为引人深思的一个社会热点话题。成名，从默默无闻到家喻户晓，是一个动态的过程。但如果仅仅将这一过程看作名气的逐步扩散，则是只重其表，未及其里。从符号学角度来看，成名的决定性要素绝非名字的广为人知，名声的生成、扩散，乃至千年不朽也并非偶然，而是有规律可循的。从符号修辞的角度而言，象征化，始终是名声传播的基本路径。

为揭示出成名的规律，成名的要素与成名的过程是本节拟探讨的重点，名人的符号结构与名声的象征化扩散传播则是本节拟分析的内容。

---

① Leo Braudy. *The Frenzy of Renown: Fame and its History* [M], New York: Oxford University Press, 1986, p. 49.

一、名人的符号结构

现代符号学的两大源头分别为索绪尔的结构主义符号学与皮尔斯的实用主义符号学，即"能指—所指"符号二元说和"再现体—对象—解释项"符号三元说。但无论理论基础是语言学的结构主义还是逻辑学的实用主义，二位大师都认为符号学是形式的科学，且不约而同地选择由符号结构入手进行符号学研究。出发点相同，至于将符号分解为两个部分还是三个部分，则只是具体操作层面的差别了，在后学者的眼中，"能指"与"再现体"中间是可以画上等号的，而"对象"与"解释项"则可视作对"所指"的阐释。总之，要进行符号学研究，对符号结构的分析是绕不开的一项工作。皮尔斯的符号三元说较之索绪尔的符号二元说定义更明确，应用起来也更利于对符号进行清晰的表述，因此在当今学术界更为通行。

根据皮尔斯的理论，符号的可感知部分即"再现体"，符号所代替的是"对象"，而符号引发的思想称为"解释项"。名人符号，即名字、形象与意义的结合体。对照皮尔斯的符号三分法，即名字—再现体、形象—对象、意义—解释项。下面以"李宇春"为例。

符号结构	李宇春
名字	李宇春、"春哥"
形象	在人们脑海中的整体印象：相貌、妆扮及动作神情
意义	反映出人们审美观的变化，是中国文化艺术新革命的里程碑……

名字—再现体："李宇春"或"春哥"这两个词被说出或写出，就成为"李宇春"这一名人符号的载体，能够被我们听到或看到。

形象—对象：即名字所指向的那个人能够为人们所感知到的印象的整体，也就是说，我们听到"李宇春"这个名字，马上会在脑海中浮现出一个人像——高、瘦、白、短发，身穿黑色小西装和紧身长裤，甚至还会想起她唱歌、跳舞的动作和神情。

意义—解释项：意义即人们对名人形象所做出的解读，即名人形象负载着的社会文化内涵。李宇春的意义在于她身上体现了以下社会文化内涵：第一，人们审美观的转变。李宇春最显著的气质就是中性，围绕着她的阳光洒脱，其凝聚了中国最大的粉丝群，中性美赢得全民范围内的胜利，这说明中国几千年来对女性以温婉甜美为主导的传统审美观已被部分改变。第二，中国文化艺术新革命的里程碑。正如邓丽君甜美的歌声恰逢其时地唤醒了人们麻木的听觉神经，"李宇春"这个名字应该也会被载入中国的文化史，因为她的影响早已突破娱乐圈，而扩大至文化、思想领域。在 2005 年"超级女声"掀起的全民造星热潮中，她成为中国首位民选超级偶像，这既标志着中国新娱乐时代的开启，又展示出草根文化的胜利，还意味着中国平民自我意识的抬头。

名字—形象—意义的结合构成了名人符号，三者缺一不可。我们可以做出以下假设：

假设一：有人也叫"李宇春"

但他不是名人，因为即便有人是在叫他，在其他人的耳中，他们脑海中被唤起的依然是那个"高、瘦、白"的中性形象，于是在看到形象差异后只会引发一句"此宇春非彼宇春"的评价。

假设二：有人与李宇春相貌、装扮无二

他依然不是名人，哪怕他把名字也改为"李宇春"还是一样的结果。他只会被多看几眼，以证实是否是"真"的李宇春。在鉴别出真伪后，围观的人会很快散去，因为他的身上没有负载"意义"。

意义是抽象的，它必须依托具体的形象，这可以是书本，可以是事件，当下社会则更多地选择了名人。其实，在名人符号的三元结构中，意义是最核心的一元，因为名人形象是为代表与区分社会文化内涵而存在的，而名字则是社会文化内涵彰显与扩散不得不借助的符号载体。

二、名声的象征化传播

"我们是象征性地生存着，因为人类的精神层面在我们体内自我言说。"[①]美国学者库克（B. J. Cooke）的话诗意地说明了象征对于人类的重要性。

象征这一修辞格，历来研究者颇众，其中以黑格尔的定义最为通行："象征一般是直接呈现感性观照的一种现成的外在事物，对这种外在事物并不直接就它本身来看，而是就它暗示的一种较普遍的意义来看。因此，我们在象征里

---

① B. J. Cooke. *The Distancing of God：The Ambiguity of Symbol in History and Theology* [M]. Fortress press, 1990. p. 296.

应该分出两个因素：第一是意义；其次是这个意义的表现。"① 所以象征通常指用具体的事物表现某种较抽象而普遍的意义，如"松柏象征长寿""绿色象征自然"。赵毅衡从符号学的角度对象征进行溯源得出结论，象征是二度修辞格，是比喻理据性上升到一定程度的结果，是比喻经反复使用达到意义累积的结果。② 这一创见符合人类的认知逻辑：人们发现松柏四季长青而且长寿，于是用以表达美好祝愿"寿如南山不老松"；人们看到莲花出淤泥而不染，于是称其为花中君子，用以类比人类高洁的品质……这些比喻经越来越多的人认可并反复使用，使意义不断累积，最终进入社会元语言集合。于是提起松树，人们就条件反射般想到长寿，提起莲花，人们就条件反射般想到高贵纯洁，这就完成了"松树→长寿""莲花→高洁"的象征化过程。名声的扩散过程与之相类。

符号与其象征意义之间，往往有一定的联系。当这种联系经过不断的宣传与强化而成为公认的社会文化的一部分时，符号就完成了象征化过程。比如爱马仕、阿玛尼等服饰品牌，由于质量上乘、价格昂贵，而逐渐成为公认的高端品牌，进而成为身份与地位的象征。所以，名声由产生到传承，是符号的象征化过程。这是因为，从符号接收者的角度来看，象征化过程即是精神意义的内容与具体的感性符号相连的过程。名人符号的象征化，即人类社会所重视的某种精神品质与某一名人的联系不断强化的过程，如老子对人生体验的透彻、孔子对学问的执着，一系列中国古代名人精神历经千年不朽，早已成为华夏文化的象征。

名字本来只是规约符号与指示符号的混合体。初次见到一个粉嫩的婴儿，我们总会习惯性地问："叫什么名字？""每个人对应一个名字"是社会文化的约定俗成，而人与名字之间往往不存在理据性，体现的仅为父母的期待与兴之所至。莎士比亚在《罗密欧与朱丽叶》中曾发表关于名字的言论："名字有什么关系？把玫瑰花叫作别的名字，它还是照样芳香。"莎翁的话所指向的也正是名字与对象之间的任意武断性。所以，规约性是名字的初始特征。不过，当"名字—对象"这一对规约关系形成之后，名字就具备了指示性。在中国大陆，"土豆"指一种可供食用的拳头大小的圆形植物块茎，这是中国大陆几乎每个人都清楚的关系；而在中国台湾或福建方言中，"土豆"指的却是我们通常所说的花生米，这是当地人都清楚的关系。这个例子充分说明了名字所具备的规

---

① 黑格尔：《美学》（第二卷）[M]，朱光潜译，北京：商务印书馆，1979 年版，第 10 页。
② 赵毅衡：《符号学原理与推演》[M]，南京：南京大学出版社，2011 年版，第 303—306 页。

约性与指示性特征，不过在这两个所有名字的共性之外，被视为文化符号的名字还具备另一个特征——象征性。

当一个名字越来越广为人知，其所有者所具备的一些特质（他人所解读出的精神意义的内容）与这一名字（具体的感性符号）便会在人们的头脑中相联系起来，名字就具备了象征性。比如，"亮"本为普通人名用字，但"诸葛亮"却让人联想起智慧：形容人聪明往往给其取绰号"小诸葛"，还有"三个臭皮匠，顶个诸葛亮"之类的成语传世；"青霞"原本也是普通女性用名，但"林青霞"却是美貌与气质的代名词，林青霞其人被誉为"东南亚第一美女"和"永远的梦中情人"，就连 38821 号小行星都被命名为"林青霞"。这可以用巴尔特神话中的含蓄意指来解释：当越来越多的人认可玫瑰的芬芳甜蜜与爱情的味道相似，口耳相传，心有所感，"玫瑰"一词就成了爱情的象征。反过来说，是名声符号的"象征意义唤醒了个体的体验，并把它转换成精神性的行为，转换成对世界的形而上学的理解"[①]。

《现代汉语词典》以及《汉典》等工具书中，对"成名"这一词条的解释都是"因某种成就而有了名声"。"名声"的意思通常有两种：一指名誉声望，一指在社会上流传的评价。其实"名誉声望"也是社会评价，只不过是好评价而已，所以第一种解释是可以归纳进第二种解释的。或者从这两种释义的变化中，也能对名人符号的意义流变一窥端倪：原来必须在社会上广为收获好的社会评价才能成名，而现在却不管评价是好是坏，只要成为社会议论的焦点即可成名。纵观历史，古代的名人，一般是叙述推动，每一名人都有属于自己的动人传说。四大美女之所以流芳百世，所凭借的绝不仅仅是美貌，她们的生命始终存在于其所参与的那段历史。现代也是如此，每一名人都是某一著名事件的主角，是故事使"雷锋与张海迪们"的形象鲜明，名声远播。到了当代，名声的言说方式发生了变化，仅凭外貌、本领、特色即可成名，比如著名网红"天仙妹妹""奶茶妹妹"都是借一张清纯的照片成功引起网友关注，"犀利哥""网络小胖"则是凭另类的打扮或搞怪的表情成名，其他凭借一首歌、一支舞、一段视频成名的例子不胜枚举。

由前人对成名的定义可知，名声建立在名人所建功绩基础之上。由此可见，名人的"名"，原本不仅仅指名字获得广泛的社会评价，而且更重要的是得到正面的社会评价。尽管由于时代变迁，名人的含义及建构基础已与前大不相同，但无论如何，对于成名，社会评价是最关键的，即人们能从名字上生发

---

① 伊利亚德：《神圣与世俗》［M］，王建光译，北京：华夏出版社，2003 年版，124 页。

出意义。

是否完成象征化进程，其关键在于名声的扩散程度，但并没有可供量化的标准，标准存在于人们的感觉中。不过有一点是无可否认的，即象征必然要进入某一社会群体的元语言集合，成为这个圈子内众所周知的常识，不然，群体成员围绕着仅仅为一部分人所认为的"象征"就无法进行交流。即使有人对某一象征关系持不同意见，但依然得承认它是社会元语言集合的一部分。比如，"大多数国人都认为牡丹是雍容华贵的象征，我对此深感不以为然"。虽然"我"对"牡丹—雍容华贵"这一对象征关系不以为然，但对此象征关系进行解读的前提却是承认大多数国人都如此认为，承认"牡丹—雍容华贵"是"国人"这一社会群体元语言集合的一部分。赵毅衡说得好，"情人眼里出西施"，说明解释可能非常个人化，但是"西施"依然是社会文化的共有择偶标准。[①]

第二节　符用理据性上升与象征化深入

诺特（Winfried Nöth）认为，语言像似应分为两类：语言符号自身所包含的音、形、义层面的理据性是内理据性，语用理据性则是外理据性。这一理论不单单适用于语言符号，它可以被推而广之，普遍运用于符号文本的表意分析。因为正同于语言符号，任何符号系统都处于任意性与理据性的张力性结合之中。

内理据强调的是符号与所指对象之间必然的联系，是个别的、偶然的。外理据则是普遍的，因为任何符号被创造出来都是为了使用。很显然，在符号的表意过程中，外理据性即符用理据性更为重要，因为在意义的传递过程中，很少有人会追根溯源，而是沿袭已获取的信息并将之扩散，这又造成了意义累积，进一步增强了符号的符用理据性。正如模态逻辑语义学的创始人克里普克（Saul Aaron Kripke）所言，当一个名字沿着链条一环一环地传播开来时，这个名字的接受者往往会带着与传说这个名字的人相同的指称来使用这个名称。[②] 作为符号之一种的名人，其象征化过程是内理据与外理据共同作用的结果。

---

① 赵毅衡：《符号学原理与推演》[M]，南京：南京大学出版社，2011 年版，第 35 页。

② 索尔·克里普克：《命名与必然性》[M]，梅文译，上海：上海译文出版社，1988 年版，第 98 页。

一、成名之初的内理据性

名人与其象征意义之间，往往有一定的联系。也就是说，名声的形成在一定程度上仰仗内理据性。这一点可从两方面来理解。首先，象征是二度修辞格，由比喻演进而来，而在比喻这一修辞格中，本体和喻体之间通常是由于有某种相似之处才会被联系起来，所以，象征的符号载体与意义之间通常也有着原初的理据性。其次，具体到名人符号或品牌符号，其象征意义往往发源于名人或品牌身上所具备的某一特定品质，而不可能是凭空臆造。不管诸葛亮有没有传说中那么神，他比一般人有计谋是肯定的；不管西施有没有美到沉鱼、灭吴的程度，她长得漂亮毋庸置疑；不管穿上纪梵希时装是否如其代言人奥黛丽·赫本一般优雅迷人，这一品牌的服饰的确精致华美……所以，名声形成的基础是内理据性。

苏珊大妈是近年来名动全球的超级明星，她的成名史极具典型性。2009年4月11日，苏格兰其貌不扬且患有亚斯伯格型自闭症的47岁农村妇女苏珊·波伊儿登上电视选秀节目《英国达人》的舞台，以一曲 *Dreamed a Dream* 技惊全场，继而红透英伦并名动全球，她的比赛视频点击率十倍于时任美国总统奥巴马的就职演讲，她在2010年被《时代周刊》评为"全球具影响力人物"第七位。初登舞台的苏珊大妈最大的特点是：草根梦想＋天籁之音。《英国达人》这个节目的卖点本来就是为追梦的平民提供舞台，而苏珊大妈声动全场凭借的是天籁般的歌喉，所以，草根梦想与天籁之音就是她成名之初的内理据性。不过，凭借天籁之音一鸣惊人后，苏珊大妈的草根梦想却成为她身上最大的亮点，远超过她赖以成名的歌喉。有人说，苏珊大妈是大众梦想的代言人；有人说，苏珊大妈这样的达人让生活更有奔头。凭借35年如一日的草根梦想，她感动了世界，成为全球平民偶像神话的象征。

这种内理据性生发成象征带有偶然性。克里普克在其《命名与必然性》中论证，摹状词是非严格指示词，其表达的属性带有一定的偶然性。[①] 的确如此，同一个词可以形容很多人：怀揣草根梦想的人不计其数，具有天籁之音的人也为数不少，世界这么大，二者兼备的人肯定也不止苏珊大妈一个。也就是说，这些人如果遇到机会崭露头角，与草根神话之间也就具备了初步的内理据性。可是，这一最初的内理据性能够发展成为象征的却是极少数。在众多特性

---

① 索尔·克里普克：《命名与必然性》[M]，梅文译，上海：上海译文出版社，1988年版，第57—58页。

类似的人之间，哪一位特征最突出，对他的评价在社会上流传得最快最广，与这一可能生成象征意义的摹状词之间的联系就越紧密。

所以，内理据性仅是成名的基础，名字符号想要完成象征化的过程而广为人所接受，更多依靠的是符用理据性。

二、象征化与符用理据性上升

尽管名字与名声之间有内理据性作为基础，但其联系并不具有唯一性，同一特征可以与很多名字相连，只能是类型形容词，可"一旦群体反复使用，就获得了特指意义"[①]。

"谎言重复一千遍也就成了真理。"这句话充分说明了符号文本在传递过程中的意义累积。当一个符号文本在某一社会群体中扩散，一环又一环地传递下去时，它就一次又一次地获得再度理据化，符号文本自身所传递的意义经使用而一层层累加，意义最初的来源反而显得无关紧要。传播学中关于信源可靠性的睡眠者效应（sleeper effect）研究与此异曲同工。睡眠者效应是由美国心理学家卡尔·霍夫兰（Carl Hovland）提出的概念，即随着时间的流逝人们易忘记信源，而只保留对内容的模糊记忆。虽然在一开始可能由于信源的可信度低导致传播效果不好，但这一消极因素会渐渐被人们淡忘，而传播内容的影响反而凸显出来，这一现象称之为睡眠者效应。社群交流的过程中，符用理据性比内理据性更为重要，其影响也更为深远。

符用理据性主要认为特定社群对符号的使用是理据的来源。社群内的交流离不开符号，符号被使用得越多，其意义越趋于稳定。如"V"形手势在中国是胜利的象征，随便打开一本相册，剪刀手随处可见。其实"V"形手势本是英文单词"victory"的首字母缩写，在中国纯属舶来品。15年前还会有人不懂这个手势的含义，但今天的三岁小孩都能将这个手势运用得无比娴熟。可见在符号的使用过程中，理据性是不断积累上升的，社会的重复使用有助于符号象征性的增强，"V"形手势这一符号的符用理据性已上升成为中国社会元语言集合的一部分，完成了其象征化进程。名声符号的象征化进程与之相类。

以可口可乐为例。可口可乐在全球范围内都被视为资本主义意识形态的象征，其象征意义最初为其发源地"美国"，进而因其受众的普泛化延伸为"自由""平等"等"资本主义意识形态"，如影片《再见列宁》中，就以可口可乐代表资本主义生活方式的渗透。可口可乐这一品牌在成名之初，因为它是美国

---

① 赵毅衡：《"艾柯七条"：与艾柯论辩镜像符号》[J]，《符号与传媒》，2011年春季号。

人首创的清爽健康软饮料，这一特点是它成为美国象征的内理据性。美国的商品不计其数，但唯有它因口感美妙独特而廉价等特点迅速占领全球市场，在广告与媒体的大力宣扬中，可口可乐与美国在人们头脑中就形成了固定的联系，并被进一步生发出"自由""平等"等以美国为代表的资本主义意识形态。"可口可乐"这一符号在不停地被使用，"自由"与"平等"的意义在不断地累积，久而久之象征就生成了。

再具体到名人。雷锋在中国是好人好事与榜样的代言人，其象征意义最初为"好人好事"，进而延伸为"榜样"，如雷锋式吐痰法是指将痰吐于纸巾上然后丢进垃圾桶，和好人好事并无关系，而是有社会公德心的表现。雷锋在成名之初，是因为他乐于助人，这一特点是他成为好人好事象征的内理据性。乐于助人的当然不止雷锋一个，但唯有他的平凡而光辉的事迹被媒体大力宣扬，在一遍又一遍的夸赞中，雷锋与好人好事在人们头脑中就形成了固定的联系，看到"雷锋"二字人们就会想到"好人好事"，想到"学习的榜样"。"雷锋"这一符号在不停地被使用，"好人好事"与"榜样"的意义在不断地累积，久而久之象征就生成了。

名气离不开宣扬，无论是以前的口耳相传还是如今的大众传播。而在对一个人或事物的宣传之初，所强调的往往是其身上的某一品质，这一点在传播的过程中会被逐步放大。通过这样的意义累积，某一名字的符用理据性也越来越得到强化，当一个名字的符用理据性上升到约定俗成的程度，这一符号便完成了象征化过程，这一名字的主人便成了名人或名牌。克里普克的《命名与必然性》强调名人与其摹状词之间是历史的因果关系，其意同此，即名字符号与其意义之间的联系是通过符用理据性上升来完成的。所以，如果仅仅靠某个偶然的契机名噪一时，但这个名字所代表的意义却未能持续得到强化，未能完成象征化过程，那"名"只能是昙花一现。

在当代社会有一个不容忽视的名人现象，那就是在名人的组成结构中，西方名人明显占主导地位，无论在数量上还是在名人符号所生成的象征关系的深入人心方面。提起性感，全世界的人都会马上联想到梦露；提起优雅，奥黛丽·赫本又是全球大多数人心目中的首选代表；至于前卫张扬，则非 Lady Gaga 莫属。一系列西方名人经转喻成了各国公认的个性标杆与追逐对象，演变成了全球文化的象征。

这一现象引人深思，不过分析起来问题的症结并不难找。名气离不开宣扬，宣扬离不开媒介，而媒介几乎垄断于西方发达国家之手。在信息流动不受阻碍的互联网时代，各国的对外文化传播并不像表面上看到的那样对等。目前，西方四大新闻社每天发出的新闻量，占据了整个世界发稿量的 4/5。传播于世界各地的新闻，90％以上由美国等西方国家垄断，西方 50 家媒体跨国公司占据了全世界 95％的传媒市场。① 可以说，以美国为首的西方发达国家支配了全球信息和观念的传播。

全球民众大都支持这一文化传播，因为这些娱乐节目制作精美而价格低廉，也因为它们营造的超真实的拟像世界是想象与欲望的栖息地。这一态度所带来的直接后果就是全世界都在看好莱坞电影和 NBA 比赛，模仿欧美名人的言行举止与欧美明星街拍的穿衣风格。"比财富更诱人的东西是名望。这种支配力，会完全麻痹我们的批判能力，让我们惊奇、敬畏。"② 西方名人符号被使用的频率之高、范围之广均远远超过发展中国家的名人符号，就在这日常的点点滴滴中，其符用理据性逐渐增强，直至演变成为全球文化的象征。

一切精神产品都已市场化和商品化的西方国家的文化战略重点是，充分利用市场力量来传播其自由民主思想和价值观念。③ 问题的症结虽然找到了，但如何解决却显然是一件须多方努力且旷日持久的事情。中国的名人符号与全球文化的象征之间，还有长长的路要走。

第三节　名声象征化之自我标出路径——以网红文化为例

标出性（markedness），意为"两个对立项中比较不常用的一项具有的特别品质"④。根据标出性的定义，两个对立项中比较不常用的一项称为标出项。标出性通常意味着非主流与不正常，与非标出性即主流相对。如在"好与坏"与"富与穷"的对立中，"坏"与"穷"即为标出项。在大部分情况下，正项是人们追求的目标，因为作为群居动物，寻求社会认同是人的天性。成为标出项意味着被孤立与被排斥，往往是大家努力避免的结果。成名一直以来都是作为正项出现于人类社会中的，无论是过去的"十年寒窗，金榜题名"，还是当代的"努力进取，成名成家"，均说明成名在人们心目中的地位。但当今社会，

---

① 顾黎：《大众传媒在军事对外传播中的功能及其实现》[OL]，人民网，2009.1.5。资料来源：http://unn.people.com.cn/GB/22220/142506/8625958.html.

② 古斯塔夫·勒庞：《乌合之众》[M]，戴光年译，北京：新世界出版社，2010 年版，第 113 页。

③ 俞新天主编：《国际关系中的文化》[C]，上海：上海社会科学院出版社，2005 年版，第 48 页。

④ 赵毅衡：《符号学原理与推演》[M]，南京：南京大学出版社，2011 年版，第 282 页。

却常常有主动自我标出的现象发生。

从心理需求的角度来讲，成名在某种程度上意味着自我实现。从物质现实的角度来讲，当下社会的"名"即意味着"利"。走正常途径成名是一条很艰辛的路，个人努力、天赋、机遇等缺一不可。于是，急功近利的现代人采取了一条捷径——自我标出。自我标出是当下社会一种极常见的手段，文艺圈中的行为艺术、娱乐圈中的绯闻炒作，就是最常见的自我标出典型案例。当下大热的"网红"文化，就是以标出性为其立身之本。

本书"导论"就已提到，据腾讯 QQ 浏览器发布的 2016 年毕业季大数据报告，54％的"95 后"大学生的理想职业是当网红。这一潮流也引发了文化领域与资本市场的震动。其不仅吸引了众多投资机构打造网络直播平台，还催生出网红培训班、大学网红专业等遍地开花的"网红工厂"。网红经济可谓当下最引人注目的新兴经济模式，网红文化成为最具社会关注度的话题之一。这一现象是主客观因素共同作用的结果。注意力经济时代使名人这一"注意力银行"更加大放异彩，恰逢自媒体的发展为想成名的人们搭建起自我表现的平台，而互联网的裂变式传播使一夜成名不再是遥远的神话。安迪·沃霍尔的预言"每个人都能当 15 分钟的名人""15 分钟内，每个人都能成为名人"正逐步成为现实。靠艺术才华成名、靠搞怪作秀成名、靠网络推手成名、意外成名……新媒体语境下网红的成名之途可谓多样，但以符号学视角观之，标出性是其最显著的一个特征。

一、标出性——网红文化的立身之本

文化范畴中，对立项普遍存在，如"是非""黑白""好坏""富穷""美丑"等都清晰地表明了文化的二元对立，因而标出性也就具有普适的文化符号学意义。赵毅衡认为，所有的二元对立其实都是三元的，社会对正项的拥护与对标出项的疏离皆出于"中项"的压力。"文化的对立意义并不是非此即彼的，在如'美/丑'、'好/坏'等对立关系中存在着一个宽广的、自身意义并不明确的中间地带"①，这里的"中间地带"即为中项。正如社会中君子是少数，其对立项小人也是少数，其余绝大部分都是小善小恶的普通人即中项，但评判君子与小人的权利与标准却掌握在普通人手中。中项是处于正项与标出项之间的第三项，虽然既不属于正项又不属于标出项，却与两项都有密切的联系。所以，虽然象征化的主体是正项或标出项，但推动象征化进程的却是中项。

① 彭佳：《论文化"标出性"诸问题》[J]，《符号与传媒》，2011 年春季号。

名声的象征化也离不开中项的支持，因为象征必然要进入社会元语言集合，而社会元语言的使用主力便是中项。如判断名人影响力的标准之一是看其微博粉丝数量的多少，这就导致了"水军""僵尸粉"等现象的发生，这些僵尸粉存在的意义即吸引来更多真正的中项，加速这一名人的名声象征化进程。商业品牌的构建也是如此，品牌知名度与产品销量之间呈良性循环促进的关系，这就是广告中为什么总是出现"千万××的选择"等字眼的原因。哪怕成名之初是以标出项的身份出现，但只要引起足够多中项的关注，也就顺理成章地完成了自身的名声象征化进程，在眼球率经济挂帅的今天，同样能带来巨大的收益。

以标出性理论分析当下炙手可热的网红文化，却发现文化的二元对立在这里归于一元。网红的最终目标就是"红"及"红"所带来的经济效益，粉丝量是其进行价值判断的唯一标准。这就导致网红文化中标出项的缺失。因为已经成功的网红在这里是正项，正朝着网红方向努力者及追捧网红的粉丝是中项，但标出项缺位。这是由于标出性正是网红文化的立身之本。

在网红文化出现之前，成名一直都是作为正项出现于人类社会中的。以往的名人主要包括政治领袖、科学家、明星、商界精英等，他们赖以"成名"中"名"之一字无疑指"美名"。但网红自一出现，围绕其名声就伴随着很多的争议。

2016年4月，"百度知道"发布《中国网红大数据报告》，把中国网红发展史分为"文字时代—图文时代—富媒体时代"三大阶段。在文字时代，以安妮宝贝、痞子蔡、韩寒等以个性化网络文学为代表；在图文时代，芙蓉姐姐、犀利哥、凤姐等靠审丑搞怪的图片与惊世骇俗的言行博出位；到了富媒体时代，以Papi酱、王尼玛、咪蒙为代表的网红们，"开始进入'个性化内容生产'与绑定'魅力人格体'时代"[①]。

盘点三个阶段的网红，他们都曾是风口浪尖上的现象级热点人物，既收获了数以千万计的粉丝，也引发了一场场的口水战，甚至大都有被主流媒体乃至相关政府部门批评的遭遇。这是由于他们的成名皆非因循寻常路，而是靠与社会主流价值观相悖的标出性所带给大众的心理冲击而成名。如"韩寒现象"在十几年来引发的持续论争，所围绕的中心词就是"叛逆"，对现行教育体制的反叛，对循规蹈矩生活的反叛，对权力的反叛，等等，"叛逆"这一特质无疑

---

① 中国高校网新闻：《【揭秘】中国"网红"的17年进阶简史：从1.0时代到3.0时代》[OL]。
资料来源：http://www.glxcb.cn/news/guonei/201604/1604H_146142722136153.html.

是被社会标出的，的确在其成名之初的 2001 年，央视就曾针对"韩寒现象"做了一期节目，对三个社会公认的"高才生"进行热捧，而同时对韩寒进行狠批，这里鲜明地展现了正项与标出项的对立。芙蓉姐姐因独特的 S 造型走红网络，某种程度上，网民抱着审丑的心态围观，施予她无数的戏谑嘲讽，从而使她在这个社会语境中被标出。2007 年 7 月，她受邀担任嘉宾的深圳卫视《超级情感对对碰》节目被上级主管部门批评叫停，原因是有观众举报其低俗的表演与言语产生了不良的社会影响。无独有偶，因毒舌吐槽热点现象而引发关注、有"2016 中国第一网红"之称的 Papi 酱在 2016 年 4 月被国家新闻出版广电总局勒令整改，原因是其视频中"以直接、暗示、唇语等方式表述粗口、侮辱性语言内容较多"被群众举报。以上事件都很清楚地反映出中项与正项对标出项的排斥。

综合上述情况可以发现，网红们遭正项与中项所抵制的地方，正是他们各自赖以成名的特征，这充分说明了网红文化发展的基础正在于标出性。

二、网红的自我标出与粉丝的自我映射

在大部分情况下，正项是人们追求的目标，因为作为群居动物，寻求社会认同是人的天性。成为标出项意味着被孤立与被排斥，往往是大家努力避免的结果。成名一直以来都是作为正项出现于人类社会中的，无论是过去的"十年寒窗，金榜题名"，还是当代的"努力进取，成名成家"，均说明成名在人们心目中的地位。但网红却大都主动自我标出，以引人注目。另一个奇怪的现象是，大众对于网红这一标出项的态度也有异于对标出项一贯的排斥与疏离，而是分化为迥然不同的两极，一极为批判讨伐，一极为拥护模仿。但如果从身份—自我的角度去看剖析这一问题，就能得出合理的解释。

哲学家、社群主义学家查尔斯·泰勒说："一个人不能基于他自身而是自我。只有在与某些对话者的关系中，我才是自我。"[①] 表现欲之所以是人类基本的欲望之一，正因为人是通过表现确立自己在社会中的存在感。儿童为获得肯定与表扬，会随心所欲地去表现，正是表现欲最初最单纯的体现。从心理角度来讲，成名欲本来与表现欲类似，都是从他人眼中找到自我存在与自我价值。从物质现实的角度来讲，当下社会的"名"即意味着"利"。网络主播月入十万、网红淘宝店主年销售额上亿等都是屡见不鲜的报道，即便像芙蓉姐

---

① 查尔斯·泰勒：《自我的根源：现代认同的形成》［M］，韩震，等译。南京：译林出版社，2006 年版，第 50 页。

姐、凤姐那样以"搞怪"出名的网红也获得了远多于常人的机会与经济收益。这些对伴随着网络长大的年轻一代来说构成了极大的诱惑，在身边就有网红过着轻松光鲜生活的同时，严峻的就业形势又给他们带来无限的压力，在这样的社会环境下，过半"95后"年轻人将网红当作理想职业也就在情理之中了。

成名是每个人心底一直潜藏的欲望，但理想与现实往往有很大差距，因为走正常途径成名是一条很艰辛的路，个人努力、天赋、机遇等缺一不可，但由于毅力、资质及机遇等各方面因素的影响，能够成名的只是极少数，绝大多数人不得不屈从于残酷的现实，或心甘情愿或心灰意冷地沦为支撑正项的中项。但在有些人的心里，早已将成名与碌碌无为看作对立项，他们无法容忍默默无闻的一生，于是便选择了一条成名的捷径——自我标出。早期的文字网红如安妮宝贝和韩寒，是靠个性化的文字自我标出的。安妮宝贝笔下的女主角都有着不羁的外表与叛逆的性格，浓密凌乱如海藻般的头发、苍白瘦弱敏感、抽烟喝酒纹身、辍学孤单流浪等都是她笔下人物的特征，这显然不符合社会对好孩子的定义。韩寒的个性更为鲜明，在文字的犀利与幽默背后，他以"高一未读完，七门不及格，放弃高考、醉心写作、赛车"等种种"放纵"的行为身体力行地诠释着何为特立独行。至富媒体时代，新晋网红代表 Papi 酱凭借自黑与黑人、夸张与接地气的言论表情，再辅以变音器进行的音效处理，形成了紧跟热点针砭时弊的吐槽风格。

使标出性成为自己的招牌，这是理据性上升的另一途径。等理据性上升到这一程度——提起特立独行、不惧权威等代表标出性的字眼时，人们马上会想起那几个铜豌豆一般的形象时，标出性便成功逆袭，完成了象征化进程。李敖与韩寒便是个中代表。电视剧新版《红楼梦》也是标出性象征化的代表。在后现代主义的影响下，解构经典、颠覆传统与权威已是一股不可逆的思潮，无数人心目中的古典文学经典《红楼梦》被修改得面目全非，自然而然地就成为这一思潮的象征性表现。

毫无疑问，安妮宝贝、韩寒、Papi 酱等人成功的基础都在于他们的才华，但如果他们没有坚持强化自己的标出性，而是秉持着与其他作家、主持人一样正统的风格，那他们绝不会在这么短时间内取得今日的地位：安妮宝贝凭借"百度知道"1233 万的关注度荣登"中国网红十年排行榜"榜首；韩寒身上的标签更多：举足轻重的公共知识分子，反体制弊病、反桎梏教育模式、反程式化思维的典型等；Papi 酱则如她自称成为大众心目中那个明明可以靠脸却偏要靠才华的"集才华与美貌于一身的女子"，而忽略了她的"贫穷＋平胸"（其自况）。事实上，Papi 酱在此之前在成为网红的道路上曾做过多方努力，如曾华服加身想要成为时装搭配方面的时尚博主，也曾长发飘飘、优雅文艺地摆出苏菲·玛索一般的美女范儿，甚至不惜拍摄网络上流行多时的搞怪视频，但最终均由于或者太过于正统或者同质化产品太多而告失败。但自从她放弃美女定位并转变风格找准独特的突破口，短短几个月就收获千万粉丝，一跃而成"2016 第一网红"。

对于粉丝而言，对不符合社会主流价值观的标出项加以拥护，是出于自我映射这一自我实现的心理。自我是一种概念，是基于现实经验（物质所有、社会角色、个人特点等）所生发的关于自身的感觉与思考的集合。普遍认为，自我是以他者为镜像得以确定的，查尔斯·泰勒指出："我对自己的认同的发现，并不意味着我是在孤立状态中把它炮制出来的。相反，我的认同是通过与他者半是公开，半是内心的对话协商而形成的……我的认同本质性地依赖于我与他者的对话关系。"① 因为，"他者"携带着社会文化的语境元语言，映射着"自我"与社会的诸种关系。任何对外物的观感其实都映射出对自我的认同，因为这些看法毫无疑问地反映出自我的品位、审美、经验与价值观。所以，粉丝对网红的认同归根结底是围绕着自身的身份—自我所进行的一种循环与交互式的过程，简单地说，即是要通过对网红的认同找到自我，确定自己是谁。

能够成名，总是具有普通人渴望达到却又难以达到的高度，或美貌，或智慧，或勇气，或成功，甚至芙蓉姐姐与凤姐等人无所顾忌地出丑卖乖。相比以前，当代的名人为何多如过江之鲫？一方面是因为传媒渠道的拓展提供了成名的平台，另一方面也是因为市场的选择。随着审美趣味的多元化，人们个性纷呈，欲求也变得多种多样，当自己难以实现的欲求在他人身上得以实现，个体认同就变得顺理成章。所以吉登斯说："'理想自我'是自我认同的核心部分，因为它塑造了使自我认同的叙事得以展开的理想抱负的表达渠道。""个体不是突然遭遇他人的存在，而是以一种情感认知的方式去发现他人。"②

每个人心中都有一个叛逆的自己，只不过碍于种种压力不能释放出来而已。如果能冲破一切世俗的桎梏，像芙蓉姐姐和凤姐那样为了成名颇费心思，当然也是值得人敬佩的勇敢。可是，归根结底，那种勇气并不是我们真正想要的：每个人都想得到赞美而不是耻笑，每个人都想得到认同而不是围攻。在这一矛盾的心理之下，如果能在叛逆与被认同之间取得一个平衡，就成了再好不

① 泰勒，查尔斯：《承认的政治. 文化与公共性》[M]，汪晖、陈燕谷，主编，北京：生活·读书·新知三联书店，1998 年版，第 298 页。

② 吉登斯，安东尼：《现代性与自我认同》[M]，赵旭东等译. 北京：生活·读书·新知三联书店，1998 年版，第 75 页。

过的选择。于是，尽管自己没有足够的勇气进行自我标出，但并不妨碍我们对这种勇气表示赞赏，对拥有这种勇气的人加以关注。

三、网红文化繁荣与文化标出性翻转

传统的名人因功绩成名，而今天的网红因标出性而成名，这充分说明由于时代变迁，"名"之一词在今天的含义已与前大不相同。笔者查询了几种较常用且权威的词典，其中对"名人"词条分别解释如下："知名人士；杰出的或引人注目的人物；显要人物"（《新华字典》）；"著名的人物"（《现代汉语词典》）；"著名的人物；有名籍的人"（《辞海》）。可见，名人的含义已经更趋向于广义，更为强调"名气"而非"名望"或"名誉"。而且，时至今日，名声所建构的基础——成就，其含义也早已随社会文化语境的改变而发生了天翻地覆的变化。杰西卡·埃文斯说得好："今天的名人文化不同于过去，它不再反映英雄品格或稀有成就。"①传统意义上的"名人"，指在某一领域能力突出并因而获得社会广泛认可的精英人士，是一个不折不扣的褒义词。而现在的"名人"，却成了个中性词，仅指有一定名气的人，不管这名气是"芳"是"臭"，也不管名气的取得是靠业绩还是靠丑闻或炒作。"不同于过去以英雄、政治家、各界精英等为代表的名人模式，当代名人形象既有正面的，又有负面的，既包括有感召力的明星，也包括小众名人，媒体对名人也不再一味颂扬，而是对他们的才华和成就进行了多方面的褒贬评价。"② 这说明了名人文化标出性的翻转。

同一个人，在一个时代不是名人，但当时间的车轮前行到某个时代时，可能会忽然声名鹊起；也可能曾经在一个时代风光无比，但百年之后便很快被历史的风烟湮没。不同时代的审美观与价值观直接影响到名人的符号价值。在一定时期内，被主流意识形态认可的名人符号受众面最广，其符号价值也最高，而仅仅被小众支持的名人符号，其符号价值也较低。不过，这世上没有一成不变的事物，一切都要以发展的眼光去看待，社会在变迁，文化在演变，人们的审美观与价值观也变动不居。

前现代的名人要么是由于血统原因有着先天成名的优势，要么是在某一领域确实做出了突出的成绩，总之，都有着让人仰视的身份地位。时光回溯至不久前的世纪之交，精英性的名人还是保持一贯正项的地位居于中国当代文化的

① Evans，Jessica. *Understanding Media：Inside Celebrity* [M]，McGraw-Hill. 2005，P. 23.

② Marshall，David，P. *Celebrity and Power：Fame in Contemporary Culture* [M]. University of Minnesota Press. 1997，P. 26.

一极，名字经常会出现于广播电视报刊等主流媒体，以高贵神秘的姿态供人仰望。但时至今日，去精英化已成为名人文化的常态。一方面，现代科技的发展压缩了时空距离，使名人的神秘感与距离感荡然无存，在无法改变环境的情况下只能去适应环境，因而，没有名人再自命清高地去避世，曝光率成了名人普遍追逐的对象；另一方面，随着社会制度与传媒环境的变迁，大众与名人之间的通道被拓展开来，普通民众想进入名人圈已不再困难。我们在电视和网络上会看到形形色色一夜成名的追梦人，以标出性成名的网红成为名人的重要构成部分。

网红文化的繁荣，是名人与大众之间界限消弭的一种呈现形式，说明了平等、多元的思想渐次深入人心，也说明了普通民众文化对精英文化的颠覆。甚至在很多情境下，精英面对网络暴力节节败退，最终沦为群嘲的对象，比如"专家"在网络上常常被称为"砖家"，就形象地描述了一些专家学者因学术化、专业化的见解不被理解或接受而遭遇网民围攻的情形。与此相反，网红出丑搞怪、说脏话爆粗口却常被赞为"接地气、直爽"。诚然，网红的言行方式在传统媒体上依然是被批评的对象，在网络上大家却早已习以为常，而中国互联网络信息中心第 38 次《中国互联网络发展状况统计报告》显示，截至 2016 年 6 月，中国网民规模达 7.10 亿。[1]

所以，随着文化的发展，原来的正项可能会变成标出项，标出项也可能会变成正项，而中项的立场是决定文化结构的两极翻转的决定力量。胡易容在《论文化标出性翻转的成因与机制》一文中曾经论述道：若中项作用发生缺位，将导致文化结构的不稳定。或因缺乏社会正项主导，中项不显；或令文化对立项进入非此即彼的刚性对抗中，导致社会文化危机。[2] 所以说，无论是在边缘化标出项的正项强化过程中，还是在标出项翻转的革命运动中，中项绝不中立，而总是偏边的，哪边争取到中项，哪边就占据了优势。标出性时常经历历史翻转。随着文化的发展，原来的正项可能会变成标出项，而标出项也可能会变成正项。这种变化，反映了社会、文化以及人类意识形态的发展变化。赵毅衡甚至提出，文化的发展，就是标出性变化的历史。[3] 很多正项，因其表达形式过于前卫，思想观点过于具有前瞻性，超脱于当时社会的认识水平，在横空出世的一段时间内，常常是被标出的，比如达尔文的进化论、哥白尼的日心说

---

① 黄颖：《我国网民总数达 7.1 亿 日均上网 3.8 小时》[OL]，《新京报》微博。资料来源：http://news.qq.com/a/20160804/001465.htm.

② 胡易容：《论文化标出性翻转的成因与机制》[J]，《江苏社会科学》，2011 年第 5 期。

③ 赵毅衡：《符号学原理与推演》[M]，南京：南京大学出版社，2011 年版，第 288 页。

等，均曾有过不被社会认可的遭遇。不过是金子迟早会发光，而且因其多了一段被打压的经历，反而增添了一份历史的厚重感。所以，"中项倾向的善与恶不是伦理道德问题，而是取决于文化符号的意义解释"①。

在意识形态较为统一的社会，中项总是呈一边倒态势，倒向正项，而疏离标出项。如清朝末期的中国人对男性的"长辫"与女性的"三寸金莲"等正项的推崇，对男性的"平头"与女性的"大脚"的疏离；而到了民国时期，则一转而为对"平头""天足"等正项的推崇与对"长辫""小脚"等标出项的疏离等。造成这一结果有几方面原因。首先，意识形态统一的社会通常是多专制少民主的社会，在繁缛严苛的规则与封闭高压的环境下，人民的思想也得到禁锢，闭塞的外部环境和人文环境不可能带来开放的思维，所以纵观历史，会发现不同时期的行为准则和文化价值总是带有鲜明的受当时的统治阶级教化的色彩。其次，人们都有从众心理。从众心理又称羊群效应，意思是说，羊群虽然是一种散乱的组织，但只要有领头羊，其他的羊就会毫不犹豫地一哄而上，全然不顾头羊的行动是正确还是错误。我们常说大众是一盘散沙般的存在，所以用"羊群效应"比喻人的从众心理。再次，即便有人不愿盲从，在政治环境不够宽松的时代，话语权也不会掌握在平民手中。传播学重要论著《报刊的四种理论》就很详细地说明了集权政府对社会舆论导向的控制问题。主流社会舆论又导致民众意见中出现"沉默的螺旋"，呼声最高的意见往往会越来越强势，而持"弱势"观点的人呼声会越来越弱。所以在意识形态较统一的社会中，正项与标出项的较量结果总是毫无疑问的。

当代是一个意识形态多元化的社会，中项的认识也不再整齐划一，总是存在着一定分歧。而且自媒体给每个人提供了发声的机会，在隐身的网络上，沉默的螺旋效应也减弱了许多，所以，对某一标出性持支持态度的意见也就形成了一股力量，也许一开始它不足以与主流意见抗衡，但星星之火可以燎原，只要这一标出性持续标出，这一不同的声音终会全民皆知，理所当然地进入社会元语言集合。标出性的象征化，归根结底表明了文化价值的翻转。人们只有从心底坚信某一观点正确，才会勇敢地去捍卫，如历代革命人士虽均曾屡遭通缉，但大都能获得越来越多的民众支持，最终由标出项转变为正项的历史。之所以有数以百万千万计的粉丝不遗余力地支持他人眼中的标出项，是因为在这些粉丝眼中，"Papi 酱们"并非纯粹的标出项，而是尚未被广泛接受的潜在的正项。

---

① 王晓农：《从文化符号学标出性理论看〈易经〉经文标出问题：以卦爻辞之占断专用辞为例》[J]，《符号与传媒》，2016 年秋季号。

第二章　名人的符号价值

第一节　名人的价值溢出

溢价，本是一个经济学名词，在证券市场，它指证券或股票的交易价超过其票面价；在商品市场，它指产品的定价超过正常的市场价格。溢价往往意味着消费者的高品质预期及企业的质量担保，所以归根结底是一种心理博弈所导致的经济学命题。如果我们将其推而广之，就会发现名人也具有价值溢出的功能。

一、名人的符号价值

每个人都有名字，但普通人的名字仅能起到与他人区分的指代功能，而名人的名字除指代功能外，还能传达文化内涵且创造经济价值。比如各地对名人故里的争抢，山还是那山，水还是那水，仅仅因为是某个名人的出生地在众人的眼中就变得不同，情愿买门票忍拥挤地前去参观。再如名人代言，两件物品，同样的外观、同样的材质、同样的功能，其区别仅在于有无名人代言，那么大多数顾客都会选择名人代言的那款，尽管名人代言那款的价格要明显高于另一款。这种现象并不奇怪，可以从多门学科中找到理论根据。

从传播学的视角加以观照，可归因于意见领袖①的号召力。意见领袖的重要影响并不仅仅表现在政治领域，拉扎斯菲尔德的扩展调查显示，在购物、流行及时事热点等各领域都有意见领袖的存在。物质匮乏的时代已成为记忆，在消费社会各种商品都趋于市场相对饱和状态，货架上太多的同类项使消费者眼

---

① 美国传播学家拉扎斯菲尔德于20世纪40年代提出的传播学概念。在传播学中，活跃在人际传播网络中，经常为他人提供信息、观点或建议并对他人施加个人影响的人物，称为"意见领袖"。意见领袖作为媒介信息和影响的中继和过滤环节，对大众传播效果产生着重要的影响（参见郭庆光《传播学教程》，第2版，北京：中国人民大学出版社，2011年版，第189页）。

花缭乱，普通消费者没有足够的时间、精力及分辨能力去取舍产品，患上了"选择恐惧症"。这时，名人意见领袖的推荐就成了茫然中的一盏明灯，指引着消费者的选择。名人意见领袖在这里还起到了类似"把关人"的作用。在传播学中，"把关人"是一种普遍存在的现象，如其创始人卢因所说"对信息或商品是否被允许进入渠道或继续在渠道里流动作出决定"①，正同意见领袖在信息流中所起"信息过滤"作用。的确，为某一品牌做广告的名人等级高低，通常能够直接反映出品牌商的实力强弱，从而间接反映出产品的质量高低。另外，地位越高的名人对代言品牌的选择越是谨慎，因为名人往往爱惜羽毛，一般不会只顾眼前利益而不考虑公众形象，代言的产品质量出问题极可能会影响他们的声誉，所以总是尽可能接口碑好的品牌代言，因为良好的公众形象能带来更长远的利益。

但从符号学视角来看，却要归因于名人的象征意义所产生的符号价值，及名人符号价值与其所代言商品之间的联系。

名人代言，就能为商品增加几分意义或内涵：质量安全的心理保证、审美品位的个性彰显、社会地位的等级划分，抑或价值观念的社会认同。商品在使用价值之外被人为附加的这些意义及内涵即符号价值，正是符号消费社会中促使消费者产生购买动机的主要因素。所以，名人的名字所溢出的价值其实是符号价值。鲍德里亚（Jean Baudrillard）说过，现代社会是符号消费社会。符号消费指的是一种主要消费商品符号价值的社会行为，它是指在消费过程中，注重的不是产品本身的使用价值，而是这些产品所象征的"意义"或"内涵"。在鲍德里亚提出符号消费概念之后，布尔迪厄（Pierre Bourdieu）进一步把符号消费的内涵扩大，他认为人们社会地位的区分不仅要考虑到经济资本，还要考虑到文化资本。布尔迪厄的意思用通俗的话说就是既拥有充裕的物质财富，又具备高雅的生活品位。人们物质文化消费中所进行的选择会表现出一定的审美品位与阶层习惯，是人们的社会地位得以区分的一个关键符号。所以符号消费在当代社会中最大的作用是表征性和象征性，即通过对附加了符号价值的商品的消费来表现社会地位、生活品位、个性和社会认同。

哲学奠基人文德尔班（Wilhelm Windelband）从人的角度来定义价值："每一种价值首先意味着满足某种需要或引起某种感情的东西。"② 以此而言，价值其实是依据人的主观情感而确定的，也可依据人的主观情感而变化或转

① 张国良：《传播学原理》[M]，上海：复旦大学出版社，2006 年版，第 155 页。
② 文德尔班：《哲学概论》[M]，罗达仁，译，北京，商务印书馆，1987 年版，第 12 页。

移。在物质极大丰富的今天，情感的需要在大多数人眼中重于基本生理需要，因而，价值标准往往指向精神层面。所以我们看到，当代社会更倾向于符号消费，商品符号价值的重要性远超于其使用价值。譬如衣服，穿衣本是为蔽体与御寒，但衣服的这两种使用价值已退居不被提及的角落，人们更注重衣服的各项修饰功能，如使人外表显得漂亮、彰显生活品位、炫耀社会财富地位等，这些都属于衣服的符号价值。再如行，方便出行是私家车的使用价值，但在城市道路交通拥堵严重的中国，私家车的优势已微乎其微，但只要条件允许，绝大多数人依然会选择买车，因为车已成为"面子"乃至社会地位的象征。有报道称一局长骑自行车去政协开会都被门卫拒绝放行。[①] 正如人本主义哲学家与精神分析学家弗洛姆（Erich Fromm）《占有还是生存：一个新社会的精神基础》一书中所言："人与小汽车的关系非人化了，小汽车不是我所迷恋的一个具体的对象，而是自我和我的社会地位的象征，是我的权力的扩展。"[②]

　　毫无疑问，符号价值已成为商品的最大卖点，但商品与符号价值并无必然的联系，所谓文化内涵，靠的是社会解读。在这一前提下，广告宣传就显得无比重要，而商品本身并不会说话，自卖自夸的王婆又不足取信顾客，于是名人代言就应运而生。这是因为名人的符号价值对大众有着巨大的吸引力，如果附着到商品上，则会令人爱屋及乌。

　　商标傍大款已成为司空见惯的事情。李宁将自己的名字注册为商标，体操王子的名气使他的运动服饰公司省了许多广告费。李宁颇有远见，将"李宁牌"这一商标提前抢注了与自己职业生涯关联最紧密的行业，而有些名人等意识到这一点时，发现自己的名字早被人注册成各类商标。比如刘翔、林书豪、李娜等体育明星的名字都在其成名后被人抢注，而姚明的名字更曾被人恶搞般地用于卫生巾等女性用品的商标申请。

　　事实证明，与名人的名字捆绑的商标假如运作成功，能拓展出百倍的利润空间。比如品牌策划商叶征潮曾举例：广州市有家服装鞋帽公司，花 30 万元从个人手里买了一个"哈利·波特"商标，一年时间，这家小公司的产品便打开了外贸销路，每年比原先多挣几千万元的利润。[③]

　　正因为名人符号有这么大的溢价空间，所以名人对自己的肖像授权进行商

---

① 张传发：《人与自行车谁之"过"？》[N]，《淮北日报》，2008.1.29。

② 弗洛姆：《占有还是生存：一个新社会的精神基础》[M]，关山，译，生活·读书·新知三联书店，1989：68。

③ 《杭州一退休局长淘宝网卖商标"潮商"喊价百万》[OL]，中国新闻网，2012.6.7。资料来源：http://finance.chinanews.com/it/2012/06-07/3946073.shtml[OL]。

业性使用已是再常见不过的事情，他们将自己的婚礼报道权出售近年来也屡见不鲜，甚至儿女的照片也能卖大价钱。对于商家来说，一个个名人也好比一棵棵摇钱树，所以名人代言和名人广告每天都在对我们狂轰滥炸。名人的溢价空间，对生产商、广告商以及名人自身来说，是有待瓜分的利益空间，而为之埋单的大众，在这一过程中，满足的不仅是自己的物质需求，这同时也是一个精神交往的过程。

二、名人代言与意义迁移

产品的生产与消费绝非简单的物质交往关系，在物质交换的过程中，蕴藏着人与人、人与社会之间更深层次的精神交往。产品邀请名人代言以吸引消费者，本质上是传播者与受众之间的一种意义迁移。

从表面上来看，名人代言即是让名人替商品宣传，但事实上其目的远不止这一点，品牌形象建设才是其最终目的。唯有建立起深入人心的品牌形象，产品才会具有长盛不衰的生命力。在符号消费时代，品牌意味着商家的无形资产与市场竞争力。现在甚至还有各种各样的"品牌价值排行榜"将品牌价值进行量化，在世界品牌实验室发布的《2012 年中国 500 最具价值品牌报告》中，入选的品牌最低价值为 11.86 亿，中国移动则以 2385.68 亿元的品牌价值荣登榜首。惊人的数字毋庸置疑地昭示着品牌的重要性。品牌不仅仅是一个产品名称，它身上蕴藏着商品属性、公司文化及产品个性等一系列内涵，这点与名人的名字颇有相通之处，也正因此，名人在打开、维持及提升品牌知名度与美誉度方面有着得天独厚的优势。

根据名人在公众面前的一贯表现，大众心目中对名人形象往往会有较明确的定位，比如著名演员蒋雯丽，以扮演电视剧《牵手》的女主人公夏晓雪成名，此后她在国人心目中就成了贤妻良母的象征，家居用品的广告代言也纷至沓来，这与她居家好女人的形象非常吻合，因而她的很多广告代言都取得了良好的品牌效应，比如三全水饺、盼盼小面包等。根据弗洛伊德的"移情说"，对名人的印象与对名人的好感很容易就被消费者转移到其代言的产品上，所以，名人符号有助于传播品牌的价值内涵，拉近与消费者的心理距离，从而建立或提升品牌知名度。此外，名人通常具有很强的社会认可度，其有据可查的粉丝数量（微博关注、贴吧人数等）动辄成百上千万，名人意见无疑会影响粉丝并带动其他普通大众的消费选择。营销专家叶茂中说："请明星做广告是最经济最有效的广告方式。"①

所以，品牌形象建设的捷径，就是通过吻合品牌自身形象的名人代言，将名人所象征的意义迁移到品牌上，当品牌形象建设成功之后，这些意义便会转化为产品的符号价值。这一路径也即名人符号溢价效应的具体实现过程。印度著名经济学家、阿鲁瓦利亚指数的提出者阿鲁瓦利亚（Ahluwalia）及其同事这样定义价值的溢出效应（spillover effect）："溢出效应指在营销沟通过程中，与产品属性非直接相关的信息影响到消费者对产品信念的现象。"② 营销沟通过程的最常见形式是广告，其中的代言人虽然与产品属性并不直接相关，却很大程度上影响着消费者对产品的认识与态度。

美国文化人类学家麦克拉肯（Grant McCracken）曾于1989年提出一个意义迁移模型（The Meaning Transfer Model），表明了意义是如何经由"名人→产品→消费者"进行传递的。

意义迁移模型

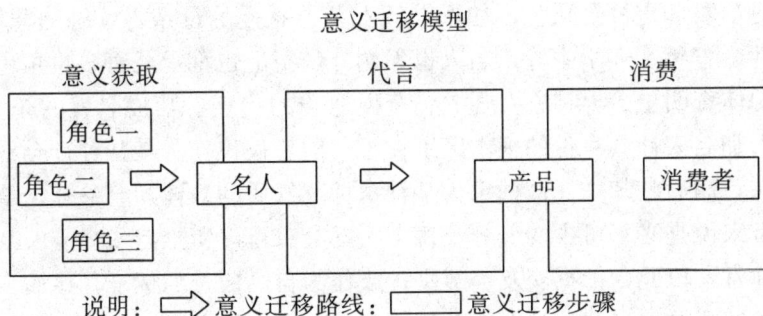

说明：⇨意义迁移路线：▭意义迁移步骤

麦克拉肯的意义迁移模型认为，每个名人形象都是一个由文化环境所赋予的意义系统，这一形象使他成为某种社会象征；当名人代言产品时，名人的象征性意义可以迁移到产品品牌上；消费者通过占有产品获得由名人所传递的象征性意义，以印证或构建自我。这恰恰与我们所说的名人的符号价值消费相对应。

名人之所以能产生符号价值，是因为名人是有意义的符号，身上承载着社会文化内涵。2011年新华网组织的"文化强国系列谈"中有一个话题是"推荐你心中最能代表中国的文化符号"，孔子、袁隆平等名人的得票率共计为77.27%，在一系列由风景名胜、文物古迹、字画典籍等组成典型的中国文化

---

① 隗辉：《浅析名人广告的"意见领袖"特点》[OL]，中国新闻观察中心网站，广告业专栏。资料来源：http://www.1a3.cn/cnnews/ggy/200911/12009.html.

② Ahluwalia，Unnava，Burnkrant. The Moderating Role of Commitment on the Spillover Effect of Marketing Communications [J]. *Journal of Marketing Research*，2013（38）.

符号集合中占据绝对优势。[①] 一旦成名，名人就不再是自己，而成了某种社会文化意义的代名词，在世界文化语境中，孔子之礼、袁隆平之大爱是中国文化的象征；在中国文化语境中，他们则是民族精神的象征。

名人携带着符号价值，但名人又不同于其他商品能够直接占有，于是便只能通过具象地占有与其相连接的被代言商品，或者抽象地占有其出售的影像或声音，来实现对名人所携带的符号价值的占有。符号价值是当下社会经济的最主要元素，而在人们对符号价值的追求过程中，名人功不可没，酒好也怕巷子深，广告在商品的推广中起着重要作用，而众所周知名人代言在广告行业的地位；影视业是大众娱乐的主要方式，也是一个由明星撑起的行业。在物质生产已相当丰富的符号消费时代，名人成了全球民众效仿的榜样，他们的名字、形象等符号都具有巨大的经济价值。

从另一个角度而言，对名人的追捧，其实是受众对自我的印证与构建。每个人都扮演着多重社会角色，如孝顺的女儿、慈爱的母亲、干练的职场丽人，或者男性、青年、大学生等，名人也不例外，身上也都承载着多重角色，如成就卓著的体育明星、男神、女强人、草根逆袭的代表、功成名就的企业家等。但普通人和名人社会身份的根本区别在于，前者仅仅作为某几种社会群体的一分子存在，而后者却往往被抽象为某种精神或气质的载体乃至象征。精神世界对于人类来说是必不可少的养分，每个人都会有自己所推崇或喜爱的某些精神气质，并常常以此为依据交友、追星，或作为自己成长的标准，概而言之，即以此来印证或构建自我与社会的关系。

三、名人产业与他律性欲望主义

只要社会有超出温饱需要的冗余购买力，符号价值就有变现的可能。所以围绕着名人的符号价值，形成了一种新的产业——名人产业。与众不同之处在于，其他产业生产的是物质，而名人产业打造的却是符号。名人产业的最终目的，便是将名人的符号价值最大化地转化为经济价值。众所周知，自从 20 世纪初明星制造业在好莱坞形成以来，明星制造业对全球文化工业的蔓延都起着重要作用。在中国，明星制造业与其他产业门类的联姻在 20 世纪 90 年代才正式拉开序幕，时间虽不长，但发展速度却居全球前列。

浩顿英菲 ADEvaluation 数据库显示，近三年全球范围的电视广告中，约

---

① 参见 http://forum. home. news. cn/detail/89847979/1. html.

30％的广告使用明星。① 而据 Millwardbrown Link 数据库显示，早在 2011 年中国广告的明星代言就已增长到了惊人的 53％。②

浩顿英菲 ADEvaluation 数据库调查表 1（明星代言广告数量总计·按行业）

	非明星代言	明星代言	明星代言占比
日化	326	336	51％
服装服饰	138	81	37％
饮料	347	197	36％
电脑数码	129	66	34％
医药保健品	136	70	34％
零售服务业	75	25	25％
食品	507	119	19％
家用电器	160	32	17％
婴幼儿产品	134	27	17％
汽车交通	227	40	15％
金融	166	17	9％
总计	2345	1010	30％

浩顿英菲 ADEvaluation 数据库调查表 2（明星代言广告数量总计·按广告类型）

	非明星代言	明星代言	明星代言占比
产品类广告	1873	872	32％
品牌类广告	335	119	26％
促销类广告	137	19	12％
总计	2345	1010	30％

名人代言兴盛的原因，是由于消费者乐于为名人代言的产品埋单。中国名人代言史上有两个经典案例，其中一个是巩俐为美的电器的代言。1993 年，由一家乡镇企业刚刚改组的美的电器股份有限公司，大手笔邀请当红明星巩俐为其"千金一笑"，迅速打开了全国市场，并进而将其知名度与销售网络辐射

---

① 参见 http://www.ifa-hd.com/CaseInforKnowDet.aspx?id=24[OL].

② 参见 http://www.ceconline.com/sales_marketing/ma/8800064652/01/[OL].

向全球。另一个经典案例是美特斯邦威这一品牌的发展史。美特斯邦威目前可谓全国休闲服饰业的翘楚，但不知道有多少顾客清楚，这家服饰企业没有一台缝纫机与一间属于自己的厂房。2001年，香港娱乐界四大天王之一的郭富城唱着《不寻常》，拉开了美特斯邦威明星投资的序幕。2003年，周杰伦又成为其品牌代言人。靠着虚拟战略经营着品牌符号，美特斯邦威的销售额逐年成几十倍地增长。① 自1995年品牌创立至2000年间，美特斯邦威的年销售额一直未突破500万，但2002年销售额达15亿，2003年突破20亿。以上两个品牌在短时间内的飞跃式发展，其原因自然不是产品本身设计与质量的提升，而是名人代言。

现有传播学研究多将这种效果归因于名人权威效应能提升、强化品牌知名度与美誉度。美国传播学者乔治·韦布斯特（Gregory Webster）曾发现一个很有趣的现象：当人们面对比自己社会地位高的人时，会改变自己的说话方式，模仿对方的说话方式；而当对方比自己社会地位低时，则维持自己的说话方式，这时对方会反过来模仿自己的说话方式。权威效应的社会影响由此可见一斑。人们总会不由自主地去追随权威，或有意或无意，权威效应作为一种社会心理现象普遍存在。正如霍夫兰通过控制性实验对信息源可靠性的三点归纳，"信息传播者的权威程度，信息传播者的专业程度和知名度，这三项因素对于传播效力的产生具有相当的影响力，与传播效果成正比例关系"② 。广告商深谙其中道理。"人微言轻，人贵言重"，同样一句广告词，从一个名不见经传的小人物口中说出与出自名人之口其分量绝对不同，名人的权威效应有助于塑造品牌形象。

但从符号学视角来看，品牌形象迅速提升是由于名人代言所造成的意义迁移。现以巩俐对美的电器的代言进行文本解读。巩俐不仅是当时中国最红的明星，在国际上也享有广泛声誉，还入选了代言美的电器当年的"全球最美50人"榜单。毫无疑问，在绝大多数国人心目中巩俐是"美的"，以这样一个美的形象去代言美的电器，品牌名字、广告语和代言人的象征意义是高度吻合的，而且美的电器一向宣传的品牌理念是"美的生活，美的享受"，直指20世纪90年代初已经解决温饱问题的中国人对更高层次生活的追求。

英国哲学家培根（Francis Bacon）对于价值有著名的论断：价值是欲望的

---

① 黄松光等：《明星究竟带来了多少利润》[N]，《钱江晚报》，2004.9.17。
② 陈卫星：《传播的观念》[M]，北京：人民出版社，2004年版，第85页。

函项。① 欲望与需求的关系早已被多名学者反复论证过：需求（need）指维持人类生存的生理必需品，是生理层面的；而欲求（want）却是在满足生理需求之后，萌生出的精神需求。需求可以满足，而欲求永无止境。所以，美丽的巩俐所说出的那句广告语"生活，可以更美的"可谓巧妙，直指人们内心欲求：解决温饱等生理需求之后的精神需求，一定程度满足精神需求之后又会进一步萌发新的欲求。

日本学者佐藤毅在研究电视与人的关系时称，电视能唤起和引发人们新的欲望，它把充满诱惑力的商品世界立体地呈现在人们面前，直接刺激了他们对这些商品的占有欲和享乐欲，随之使人们的价值观也由勤俭、奉献转向了个人主义的享乐和"充欲"价值。佐藤毅将这种现象称为"他律性欲望主义"，意即人的欲望是由媒介引发的。② 的确如此，欲望虽是自我意识，却是受外界控制与支配的。人类的欲望如同种子般潜藏于内心，在外界刺激之下萌芽生发。名人正是最好的欲求刺激物，因为在所有的自我赖以联系社会的媒介之中，名人作为我们的同类，他们身上往往具备着支撑他们得以在人群中脱颖而出的某些特质，而这些特质恰恰代表着社会的集体欲望。

第二节　名人产业——伴随文本的游戏

目前，名人已成为一种产业。名人产业是以名人的名字为核心而建立起来的。是以名人名字为完整的品牌资产核心的联想网络。当下的名人产业主要指娱乐业。包括名人经纪机构——负责名人制造与包装的专门机构，影视业——将准名人推至大众视野的渠道，名人广告——名人符号价值的主要体现方式之一，名人杂志——致力于发掘名人私生活、聚焦名人八卦的杂志，等等。

将名人视作产品，则其制造商、经销商、广告商、顾客一应俱全，与其他产业并无本质不同。只不过其他的产业生产的是物质，而名人产业打造的却是符号。美国学者尼莫（Nimmer）认为，由洛克的劳动成果理论也可推断出，名人形象具有重大的商业价值，因为名人们的形象是由他们在成名过程中付出劳动甚至金钱辛苦培养起来的。他在《论形象权》中曾说，名人的肖像用于商品广告，具有巨大的经济价值。③ 不过，要使大众愿意为这些符号价值埋单，

---

① 培根：《新实在论》[M]，北京：商务印书馆，1980 年版，第 146 页。
② 转引自郭庆光：《传播学教程》（第二版）[M]，北京：中国人民大学出版社，第 122 页。
③ Melville B. Nimmer. *The Right of Publicity* [M]，Law & Contemp Probs，1954，p. 19.

就必须将名人符号的内涵巧妙地呈现出来。在这一过程中，名人符号的伴随文本喧宾夺主，粉饰着名人符号的内涵，也左右着名人符号接收者的解释。

人们在远古时期，对物品用藤条捆扎，用树叶、兽皮、贝壳等进行包裹，这就是包装的起源了。相信他们在取材时，不会考虑用于包装的树叶形状美丽与否，或贝壳是否有多彩的花纹。这个很自然，因为远古人类对物品进行包装，仅仅是为方便贮运而已。但时至今日，一提起包装，更多的却是取其引申义了："还不是卖个包装"，"××这两年星途坦荡，还是其经纪公司包装得好啊"，等等。其实"包装"偏离本义已经有相当长的历史了。

> 1985 年 10 月，考古人员在湖南沅陵县双桥发掘出一座元代夫妇合葬墓，在女棺的随葬品中发现了两张商品包装纸……将包装、广告、商标融为一体，已经具备了现代包装广告的某些主要特征……可能是世界上最早的纸质包装广告……据对墓文的考证，这座元墓的主人死于 1305 年……纸内有板刻文字和朱色印记，说明了店铺的详细地址，所售商品的品种、质量和特性；文中还有"请认红字门首高牌为记"这样典型的广告用语。①

据此看来，将包装用作促销手段的历史可谓源远流长。不过随着历史的发展，包装的原始功能日渐隐退，而现代功能——美化、促销作用——日益彰显。这也是本节探讨的主题：从伴随文本理论视角出发，希望能揭示出名人包装背后的符号学内涵。因为名人既已成为一种产业，就离不开产业化的包装与宣传。况且当代社会娱乐化、商品化的触角无所不及，一向以严肃著称的政治与以严谨著称的学术皆不能幸免。在这样的社会语境下，名人符号的伴随文本在名人符号的意义呈现方面不可忽视。

一、关于伴随文本

符号学主要关注"文本"。那什么是文本？"符号很少会单独出现，一般总是与其他符号形成组合，如果这样的符号组成一个'合一的表意单元'，就可以称为'文本'。"符号学中的文本有宽窄之分。最窄的意义，指文字文本；较窄的意义，指任何文化产品；而在当代符号学研究中，文本的意义极为宽泛，"任何携带意义等待解释的都是文本：人的身体是文本，整个宇宙可以是一个

---

① 湘宁：《世界上最早的纸质包装广告出在中国》[J]，《广东印刷》，2002 年第 3 期。

文本，甚至任何思想概念，只要携带意义，都是文本。"①

　　针对文本的这一特性，20 世纪 60 年代末，克里斯蒂娃（Julia Kristeva）在其《符号学》（«Sèméiotikè：Recherches pour une sémanalyse»）一书中正式提出"文本间性"（intertextuality）概念，极大地影响了符号学、解释学、文学批评等理论的建构与发展。但是，"文本间性"概念范畴延伸到文本的所有文化联系，概念覆盖面过宽泛；而且，"文本间性"概念基本只涉及各种文化因素对生产过程的影响，对文本的解读环节考虑欠缺。所以，这个符号学领域极其重要的拓荒性理论，尽管值得我们的万千赞美，却依然有其模糊与不足之处。

　　在"文本间性"理论的基础上，热奈特（Gérard Genette）提出了"跨文本性"（transtextuality）概念。所谓"跨文本性"，指的是使某文本与其他文本发生或显或隐的关系的一切要素。在这里，热奈特缩小了文本间性的适用范畴，仅仅将文本视作单纯的文学作品，将文本间性概念视作文学批评理论，视域明显太过狭隘。结合前人的理论，赵毅衡提出"伴随文本"概念，修正了不足，也发展了自己的一些创见。

　　符号文本接收者"在接收时看到某些记号，这些记号有时候在文本内，有时候却在文本外，是伴随着一个符号文本，一道发送给接收者的附加因素"，赵毅衡称作伴随文本。"所有的符号文本，都是文本与伴随文本的结合体，这种结合，使文本不仅是符号组合，而是一个浸透了社会文化因素的复杂构造"，"在相当程度上，伴随文本决定了文本的解释方式。"② 这一理论不难理解：人是社会的人，文学根源于生活。阅读一篇小说，总要结合其产生的时代背景与社会背景；参观一个地方，尤其是遥远而陌生的地方，避不开的功课是先补习当地的风俗习惯；了解一个人，从他的朋友身上往往更能洞悉真相……

　　在"伴随文本"理论范畴下，则衍生了"表层伴随文本"与"深层伴随文本"两组概念。深层伴随文本关注的是文本未表达出的，甚至意图遮蔽的文化机制与意识形态层面的真相，与我们今天要探讨的"包装"相去甚远。因为，说起包装，总是从形式入手，即便意图是要凸显其内涵丰富、品味高雅，但归根结底还是要借助于能给人看到的外在因素。故而，本文主要考虑文本的表层伴随文本，即我们能够看到的，与文本有着直接或间接联系的各种因素。

　　关于表层伴随文本的分类，赵毅衡认为："文本携带的各种文化因素，至

---

① 赵毅衡：《符号学原理与推演》[M]，南京：南京大学出版社，2011 年版，第 41—43 页。

② 赵毅衡：《符号学原理与推演》[M]，南京：南京大学出版社，2011 年版，第 141 页。

少应当按符号表意的阶段分成两大类，第一类是文本产生之前已经加入的'生产伴随文本'，包括前文本，以及与文本同时产生的'显性伴随文本'，即副文本和型文本；第二类是文本被接收解释时加入的'解释性伴随文本'（元文本、链文本）。只有先/后文本可以是'生产性'的，也可以是'解释性'的。"①

这个分类当然有道理，可由于当代媒介技术的发达，以及传媒手段的多样化，这几种伴随文本其实常常交叉，并不仅限于先/后文本。关于这一点，在后文对几种文本与商品包装的关系分别论述时会加以说明。下面，我们就与名人包装联系较紧密的几个伴随文本进行解析，依次为：副文本、型文本、元文本。

二、副文本的引导作用

完全显露在文本表现层上的伴随因素，叫作"副文本"。如一幅画的裱装、印鉴，盛鱼的瓷盘是细是粗，饭店的装潢是雅是俗等。其实说白了，就是为更好地表现文本本身意义，而有意添加的为文本服务的附加文本。为更好地厘清伴随文本与名人包装的关系，我们先对名人符号的副文本进行归纳。

一个名人符号由以下三部分构成：名字、形象、意义。名字与名字所对应的对象的肉体本身是先在的、较难更改的，可看作纯文本；而其衣着、发型、妆容，乃至说话的腔调与举手投足的风格，却往往是通过包装设计后展现出来的，是为名人符号的意义服务的副文本。

热奈特认为，副文本在"实用方面、作品影响读者方面"② 有很大作用。副文本的任务就是要指引读者沿着作者以及编辑者、出版者提示的路径，最大限度地还原"作者的意图"（author's purpose）。③ 这是就文字文本而言，在热奈特观点的基础上将思维扩散至更大领域，将名人产业领域的元素一一代入，我们会发现很有趣的对应关系：比如在娱乐圈，名人符号的副文本的任务就是要指引观众沿着经纪人以及导演、化妆师等提示的路径，最大限度地还原"经纪公司的意图"。如果将背景由娱乐圈转换至政治圈，那么我们也只要替换几个关键词就可以了。由以上这个数学公式般的游戏可以看出，副文本的确具有引导作用，引导受众在心目中强化对名人符号意义的认识，使名人符号在象征化的道路上更进一步。

---

① 赵毅衡：《符号学原理与推演》[M]，南京：南京大学出版社，2011 年版，第 153 页。
② 热拉尔·热奈特：《热奈特论文集》[C]，史忠义译，天津：百花文艺出版社，2001 年版，第 71 页。
③ 邓军：《热奈特互文性理论研究》[D]，厦门大学硕士学位论文，2007 年，第 14 页。

一个名人的亮相，总会引来无数的评头论足，衣着是否得体、妆容是否用心、言谈举止是否合宜等。归根结底，评论所围绕的中心是这一名人符号表现在外的副文本是否契合文本身份，与名人所标榜的社会文化内涵相吻合还是相背离。名人符号的副文本的主要功能在于意义定位与强化。在打造一个名人之初，这一准名人背后的推手（包括经纪公司、网络推手等市场经济运作者，也包括体现主流意识形态意图的媒体）要先对其进行意义定位，如道德标兵、成功典范、思想先驱等。意义的定位当然要建立在一定的基础之上，比如道德标兵肯定是做了某些好事，成功典范也肯定是在某一领域取得了较卓著的成就。不过，在这一基础之上，副文本能够起到相得益彰的补充说明作用，也就是说，副文本要有助于修饰经意义定位的文本，道德标兵通常表情淳朴热情、装扮朴素大方，成功典范则往往举止稳重、目光犀利。如果副文本给人的感觉与文本不一致，道德标兵表情狡诈、装扮奢华，成功典范举止浮夸、目光闪烁，则会让人心生疑惑，对文本意义产生不信任的情绪。所以说，表露在外的副文本能直接影响对内在意义的解读。中国有很多俗话，如"人靠衣裳马靠鞍""先敬罗衣后敬人"等，都充分说明了副文本的重要性，以至于在很多时候副文本会喧宾夺主，比正文本着墨更多。

中国文化一向体现出副文本偏重倾向。汉乐府《羽林郎》描写胡姬所用的诗句为："长裾连理带，广袖合欢襦。头上蓝田玉，耳后大秦珠。两鬟何窈窕，一世良所无。一鬟五百万，两鬟千万余。"本来是要形容胡姬的美貌，但眉眼体态却一无所涉，反而从服装、首饰、发鬟等副文本方面着力铺陈、烘托胡姬的美貌程度。当然，副文本不管外表看起来如何风光，最终其还是为呈现文本意义而存在的。清沈德潜《古诗源》评论《羽林郎》描述胡姬两鬟的诗句时说："须知不是论鬟。"诚然，这里是以鬟的价值衬托胡姬的美貌与人品罢了。同理，苏轼《念奴娇·赤壁怀古》中对周瑜的描述不及相貌，仅用"羽扇纶巾"四字就勾勒出其少年英雄的潇洒英姿。

人们对副文本的津津乐道，不应被诟病为浅薄，因为毕竟对名人产业来讲，在面向公众的有限时间内尽可能由内而外全方位地展现自身内涵才是最经济的原则；而对受众而言，在当下这个消费社会，对名人的消费与对普通商品的消费并无本质不同，后者是为满足生活需求，前者则为寻找精神娱乐。如此一来，作为花絮与花边出现的副文本比正文本更能吸引媒体与受众也就不足为怪了。

三、型文本的品牌效应

型文本，即文本"归类"方式，指明文本所从属的集群。如，"我喜欢严歌苓的书"——将同一个作者的一批文本看作一个型文本；"电视有什么好看的"——将同一种媒介传播的文本看作一个型文本；"巴黎欧莱雅，你值得拥有"——将同一个品牌的产品看作一个型文本，等等。

品牌的内在含义为：品牌是区分的标志，这种标志能提供独特品质的象征和持续一致的保证。营销市场中有一个著名的"二八法则"，指20％的品牌往往占据80％的市场份额，而且现在"二八法则"正逐渐被改写为"一九定律"，可见顾客对品牌的迷恋。

将人群划分为名人与非名人，毫无疑问是一种文本归类方式，而名人因其自身的个性很容易就在人群中凸显现出来，所以名人是一种品牌，因其能作为区分的标志，且能通过转喻等符号修辞手法将自身的象征性邻接于产品之上。买东西时，有无名人代言给人的感觉是不同的，名不见经传又没有名人代言的商品总是给人一种忐忑的感觉，而有名人代言就能为顾客提供一种产品质量得以保障的心理安慰：能请得起名人做代言，这家公司的实力最起码不会太弱；名人都爱惜羽毛，肯为这一产品代言，说明至少不会是小作坊出产的三无产品。美国第一夫人米歇尔·奥巴马可谓名人品牌效应的最佳范例。米歇尔·奥巴马以衣着高雅时尚且个人风格鲜明著称。据统计，截至2013年3月底，她在公开场合亮相时共穿过29个品牌的服装，查询这29个服装品牌的公司股价，会发现这29个品牌全火了，米歇尔仅在服饰领域就创造了30亿美元的经济价值。[①] 米歇尔并没有为某个品牌公开代言过，但以她的身份，穿着这一品牌的服装亮相，本身就是最有力的无声的代言方式。

在名人这一较大类别的型文本内部，我们还可以依据不同的标准将其细分（分类标准及等级在"绪论"中已经较详细论及，此不赘述）。不同的名人类别也对应着不同的品牌打造方式。

先看产品代言。一个地方品牌通常只会请地方名人做代言，而不会去请国内名人，一则不同等级的名人对广告代言开出的价码相差巨大，二则对目标受众的效果说不定后者还不如前者。但如果一个产品想要成为国内知名或国际知名品牌，它所用于代言的名人则必须有相应范围的知名度。

对于名人经纪机构来说也同样如此。对麾下的名人首先会有一个定位，要

---

① 侯隽：《"第一夫人"的服饰效应》[J]，《中国经济周刊》，2013年第4期。

占领国内市场还是进军国际市场，走亲民路线还是高端路线等。比如国内在相当长一段时间内风头无两的一线女星章子怡，因张艺谋执导的电影《我的父亲母亲》成名之后，就只拍电影，从不接电视剧，因为电影向来被认为是比电视剧更高层次的艺术形式，进军国际市场也远较电视剧容易。同理，这样的明星在接广告代言时也较谨慎，通常只接大品牌，以与身份定位相匹配。

这也就可以解释为什么大品牌总是和最当红的名人强强联合推出产品，还有大导演大制作为何总能请到大明星助阵：比如在好莱坞，吕克·贝松与让·雷诺的相互成全，蒂姆·伯顿与约翰尼·德普的数度合作；在中国，冯小刚总能请到葛优拍贺岁片，李安与张艺谋的影片中常常同时出现几位大腕……因为，这实在是一个双赢的举措。

四、元文本的造势功能

人们常把元文本性叫作"评论"关系，联结一部文本与它谈论的另一部文本。[①] 元文本，是"关于文本的文本"，是此文本生成后被接收之前，所出现的评价，包括有关此作品及其作者的新闻、评论、八卦、传闻、指责、道德或政治标签等。[②]

名人的元文本主要是指，在即将推出某一准名人之前，或某一名人将有新的活动之前或活动期间，针对相关人所发布的新闻、散布的传闻、发起的讨论等。名人元文本或多或少地影响着受众对名人符号的解读以及对名人的接受度。尤其在这个信息庞杂、人心浮躁的时代，受众处于过多的噪音中难免无所适从，元文本主要起到两个作用：一是占领媒介渠道，以免名人淹没在信息大潮中迅速被人们遗忘；二是对受众的判断选择起到一个心理诱导作用：人都有从众心理，很容易受到社会意见的左右，一个私生活混乱的名人被连篇累牍的虚假报道塑造成白莲花，那他在受众的心目中就是纯洁的代表。因此，经纪公司对名人元文本的炒作一直不遗余力。

（一）占领媒介渠道是名人元文本的主要功能

名人离不开宣传，宣传离不开媒介。由此可见媒介是名人符号得以存在的物质基础。麦克卢汉说过，媒介即讯息。历次媒介渠道的演变所引起的社会变革已经一次又一次验证了这一预言的准确性，网络传媒的出现更引发了信息传

---

① 热拉尔·热奈特：《热奈特论文集》［C］，史忠义译，天津：百花文艺出版社，2001 年版，第79 页。

② 赵毅衡：《符号学原理与推演》［M］，南京：南京大学出版社，2011 年版，第 146 页。

受方式翻天覆地的变革。比起网络传媒大行其道的今天，广播、电视、报纸、杂志等传统媒介渠道要狭窄太多，媒介资源因而显得较为珍贵，可以说，谁占领了媒介渠道，谁就能成名，因为受众的选择面实在过于狭窄。

不过自媒体的出现打破了政党对媒介资源的垄断。自媒体（We Media），顾名思义，我们即媒体。简单地说，即每个人都可以采集、制作并发布信息，传播自己的观点或发生在身边的新闻。传播信息的自媒体平台则大致包括博客、BBS、微博等可以自主发布个人信息的网络空间。我国著名新闻传播学者喻国明将自媒体的特征概括为"全民DIY"，DIY是"do-it-yourself"的缩写，就是自己动手制作，想做就做，每个人都可以做出表达自我的"产品"来。①既然媒介资源掌握在自己手中，那就有了成名的平台。艺术家安迪·沃霍尔（Andy Warhol）的预言正逐步变为现实："未来，每个人都会当15分钟的名人"，"15分钟内，每个人都会成为名人"。②

成名变得容易，名声的保持相对就变得困难。在媒介渠道只有口耳笔简的古代，"江山代有才人出，各领风骚数百年"；在电子传播时代，名声的寿命大大缩短，即便曾红极一时，数十年后也再鲜有人提起；而到了网络传播时代，能维持十年不过气的名人简直屈指可数，昙花一现的流星式名人则数不胜数。海量的信息后浪推前浪，新鲜的面孔层出不穷，新奇的事件此起彼伏，无不在分散着受众的注意力。绝大多数人没有时间也没有精力去追踪与发掘被沉埋的名人信息，除非将信息主动推送到他们面前。因而，要保持名声就必须占领媒介渠道，而在媒介渠道开放的今日，占领渠道的办法只能是不断挑起新话题、炮制新看点，以刺激受众麻木的神经。所以，明星们假造绯闻、自曝情史甚至艳照，炒作手段无所不用其极。信息内容是真是假并不重要，因为能否取信于受众并非炒作要考虑的内容，追求曝光率、与大众保持接触才是炒作的目的。如某影视明星，戛纳电影节、巴黎时装周上总能看到她的身影；她有专门的工作室进行媒体公关，甚至连一向被视为非主流的各大网络论坛都有进驻。有关她的各种花边新闻长年占据各大媒体的娱乐版首页，不管有多少人说自己不喜欢她，也不管有多少人批评她没有拿得出手的影视作品，她一线花旦的位置是越坐越稳。诚如杰西卡·埃文斯所言，今天的名人文化不再反映英雄品格或稀有成就，戏不红人红，在这个年代本来就是很正常的一件事，只要能在媒介渠

---

① 宫富：《一半是海水一半是火焰——谈"草根文化"的悖论》[J]，《理论与创作》，2007年第5期。

② 参见中国网：http://www.china.com.cn/culture/renwu/2010-04/04/content_19744758.htm[OL].

道中长期占据显眼的位置。

（二）名人元文本对受众评价与接受名人起心理诱导作用

按照其影响目的，名人元文本可分为两种，一种作用于与名人相关的人和事，一种作用于名人自身。

先说元文本之于名人相关的人和事。名人的影响力与号召力前面已经作过阐述，而且这点大众在生活中也常有切身感触。名人住过的地方访客不绝，造就了无数的名人故居成为旅游热点。比如2012年10月，中国作家莫言喜获诺贝尔文学奖，消息传来，举国同庆，莫言在山东高密的故居马上成了一个吸引游客无数的热门景点，甚至连院内的小树和门前的青菜都被人摘光了叶子，因为每人都想沾沾"文气"。名人穿过的款式被奉为经典，崛起了一个又一个服装品牌，像前面所说的美国第一夫人米切尔·奥巴马对服装品牌的贡献就是明证。名人赞美过的食物人人都想亲口品尝下滋味，留下了一则又一则民间传说，正因此湖南长沙火宫殿臭豆腐成为风靡全国的小吃。当下广告业举足轻重的名人代言就是名人元文本这一作用的最好总结。

再看元文本之于名人自身。名人对受众来说是熟悉的陌生人，我们熟悉他们的音容笑貌，但对隐藏在这亲切外表背后的真实自我却缺乏实际认知，一个名人的公众形象与真实自我之间到底有无差距，我们所能参考的只能是新闻、八卦等元文本。经纪机构所释放的元文本当然是本着对名人形象有利的原则。这等于从一开始就定下一个基调，引导着后来的评论，因为传播过程中"沉默的螺旋"效应，赞美声会越来越大，而质疑声与反对声却会越来越小乃至被淹没。不过反过来，竞争对手也可以利用这一现象来制造有关某名人的负面新闻。像2001年赵薇"日本军旗装"事件，就使这位当年中国最红的超级明星瞬间成为千夫所指的"民族罪人"，几乎从此陨落。尽管后来被曝出这是精心策划的一起构陷事件，但其对赵薇的负面影响延续多年至今仍未彻底消除。当然，围绕着名人元文本运作，还有将其用以善后的危机公关以将负面影响消弭于无形乃至反过来"转负为正"的现象，关于这门艺术，赵薇的经纪人显然不够精通。可见在名人产业链中，真相如何往往并不重要，关键要看对元文本的运作。鲁迅说历史是任人打扮的小姑娘，这个比喻形容名人元文本也同样适用。

第三节　名人产业的符号修辞机制

当下社会很大程度上在围绕着名人打转。大至关乎世界格局变动和国家政策制订，每天的新闻中各政治名人的发言与动向总是占据头版；小至家长里短亲友聊天，名人八卦总是最通行的话题；专业至数学、物理、经济、金融等学术领域，笔端纸上绕不开的总是牛顿、爱因斯坦、凯恩斯等权威；普通至衣食住行等日常生活，听从名人推荐与追随名人风格俨然已成为一种下意识的条件反射。名人左右着我们的判断，名人引导着我们的价值观，名人成为社会关系的粘合剂。在温饱问题已不在大多数人考虑范围的今日，人们亦步亦趋追随名人的脚步，所寻求的正是马斯洛所言精神层面的自我满足。前面已经论述过，名人的魔力来自于名人的符号价值。符号价值是无形的，它产生与实现的基础是人们的情感诉求与心理满足。因而，名人符号价值的变现是一场针对受众而进行的心理战。

商品包含使用价值与符号价值，使用价值往往可以量化为有效成分、使用时间、方便程度等，在使用过程中可以自然得到验证，因而往往不需要大肆宣传；而符号价值是一种虚拟价值，仅诉诸人的心理与感觉，因而极易受外界影响。名人产业经营的是名人的符号价值，所以其"产生→强化→象征→经济价值"的全过程都必须经由宣传才能实现。因为说到底，名人产业的经营是一个以"说服"为目的的游戏，这就给了符号修辞以可乘之机。

修辞是一门古老的艺术，为使语言交流更有效而生。人类的语言交流离不开修辞，正如《说苑·善说》中惠子曰："夫说者，固以其所知谕其所不知，而使人知之。今王曰'无譬'，则不可矣。"不过，修辞艺术虽发端于语言，却早就跳脱语言的窠臼进入更广阔的社会领域。尽管认为"语言塑造思想"的萨丕尔—沃夫假说曾引起激烈争论并逐渐式微，但语言影响思维的观点却历来被广泛认可。不同的语言习惯必然会影响我们认识世界的方式，所以布斯认为"修辞学不再是传授从别处得来的知识，不是'劝使'人们相信在别处发现的真理，修辞本身就是思考的一种形式"[1]，也不无道理。

符号修辞学是 20 世纪兴起的新修辞学的主要发展方向，它突破了语言修辞的局限，大大拓展了修辞学的领域，也为其他文化研究提供了新的视角。说符号修辞在社会科学领域具备普世价值也不为夸张，瑞恰慈（Ivor Armstrong Richards）曾言，我们对世界的感受本来就是比喻性的，此话真乃哲人妙语。时至今日，符号修辞最为人关注的地方在于它在文化产业中所扮演的角色："说服"这个修辞学的古老目标，忽然有了新的迫切性，尤其是劝人购买货品，购买服务，成为消费社会的第一要务。[2] 符号修辞在这一说服的过程中，通过

---

① 韦恩·布斯：《修辞的复兴》[M]，穆雷等译，南京：译林出版社，2009 年版，第 39 页。

② 赵毅衡：《符号学原理与推演》[M]，南京：南京大学出版社，2011 年版，第 187 页。

构筑起一个审美化的非现实世界制造出"修辞幻象"①，诱使人们产生虚幻却又美妙而强烈的情感需求。这一情感需求最方便快捷的满足方式便是消费，因为"欲望没有任何客体，无论如何，它都没有任何真正的客体。它通过实际上都是替代品的真实客体追逐着对它而言最真实的一个想象客体"②。作为现代文化产业核心的名人产业，无疑是符号修辞幻象最重要的练兵场。

公众很少能近距离接触名人，名人之于我们是最熟悉的陌生人，我们心目中的名人印象往往是通过传媒所制造的修辞幻象形成的。这样建构起来的名人符号被解读出的自然不可能是名人的真实自我，"因为语言提供的，不是一个真实的世界，而是一个对真实世界进行选择、分割、重组、包装后的修辞文本，它不是世界的真实图像，而是经过重新编码的世界，当人们通过语言来认知一个对象的时候，对象的现实状况往往被遮盖了，真实的对象可能在语言中提升、压抑或者变形"③。名人符号，体现出鲍德里亚（Jean Baudrillard）所称消费社会中符号能指对所指的放逐与福柯（Michel Foucault）所称词与物的分离，其意义具有很强的虚构性，其实是一种修辞幻象。名人影响力，更多地出自名人符号的修辞幻象，公众更多地是按照语言建构的修辞幻象去想象名人，信从名人。名人影响力的推广中最核心的符号修辞手法是象征，而最基本的符号修辞手法是提喻与转喻。

一、名人代言——价值观的转喻与信奉转移

名人代言在现代传播与营销中有着举足轻重的地位。美国心理学家罗伯特·西奥迪尼（Robert B. Cialdini）曾对人的购买规则提炼出一个公式：名人＝信誉＝东西好。④ 的确，名人代言，仿佛就能为商品增加几分意义或内涵：质量安全的心理保证、审美品位的个性彰显、社会地位的等级划分，抑或价值

① "修辞幻象"是美国明尼苏达大学修辞学教授欧内斯特·鲍曼（Earnest Bormann）在其《想象与修辞幻象：社会现实的修辞批评》（1972）一文中提出的概念，他认为社会群体利用话语建构的现实有许多属于集体成员共同想象的成分，这些想象成分即"修辞幻象"，是一个群体联结起来的基础。中国学者谭学纯、朱玲在《广义修辞学》（2001）一书中将"修辞幻象"定义为"语言制造的幻觉"。"广义修辞学"主张学科的跨越，认为修辞是开放的系统，所以这里的"语言"应指广义的语言，包括人类进行沟通交流的所有方式，在此意义上等同于符号，故笔者在文中不再赘述语言修辞幻象与符号修辞幻象的关系。

② 克里斯蒂安·麦茨：《想象的能指》[M]，载吴琼编：《凝视的快感》，北京：中国人民大学出版社，2005年版，第47页。

③ 谭学纯、朱玲：《广义修辞学》[M]，合肥：安徽教育出版社，2001年版，第186页。

④ 参见罗伯特·西奥迪尼：《影响力》[M]，闫佳译，沈阳：北方联合出版传媒（集团）股份有限公司万卷出版公司，2010年版，第4—5页。

观念的社会认同。商品在使用价值之外被人为附加的这些意义及内涵即符号价值，正是符号消费社会中促使消费者产生购买动机的主要因素。

以修辞幻象理论观照名人代言，会发现名人代言的作用机制是使受众产生"信奉转移"。刘亚猛曾对西方"新修辞学"代表人物凯姆·帕尔曼（Chaim Perelman）的"修辞论辩"概念进行总结："（修辞意义上的）论辩具有与（哲学意义上的）证明大不相同的目的。论辩不是像证明那样企图'通过（正确的）前提证明结论的正确性'，而是力求将'受众（对作为前提的某些事物）的信奉由前提转移到结论上去'。论辩的这一本质决定了论辩者'只能选择那些已被受众接受的见解'作为自己的出发点，亦即论据或前提。"① 作为象征性符号，名人的意义具有为社会公认的约定俗成性，名人代言力求将"受众（对作为前提的名人符号的）认同，由名人符号（前提）转移到相关商品（结论）上去"。现代工业的强大复制功能，使市场上充斥着大量同质化的商品，绝大多数消费者缺乏客观判断商品差异的标准，往往只能根据代言商品的名人符号的不同对商品加以区分。由于喜欢名人符号所建构的修辞幻象，进而选择修辞幻象所指向的商品，是大众在消费时最自然不过的反应。这一购买过程，也就是受众的信奉转移过程，名人符号所负载的已被广泛接受的意义及内涵，被转移到了被选择的与名人符号相关的商品之上，从而提高了商品的被接受度。

修辞幻象理论中的"信奉转移"概念可与符号修辞中的转喻相互印证。

转喻本是一种英文修辞格，以一种事物替代与之相关的另一事物。比如，"我喜欢读莎士比亚"这句话，以"莎士比亚"代替"莎士比亚的书"；再如英文俚语"The tongue is sharper than the sword"（舌头比剑更锋利），以舌头代替语言，等等。这说明，转喻是因联想使本不相类的两种事物生发出关系。作为符号修辞的转喻与语言修辞类似，只是其应用范畴由单一的语言扩大到了所有符号。作为符号修辞的转喻，转体与目标之间的关系是"邻接"——因某种联系而以此代不同却相关之彼。像"她省吃俭用了半年时间，终于买了一只LV"这句话，读后给我们留下的印象是"她很虚荣"。"LV"本不等同于"虚荣"，但一个姑娘为买一只LV包而节衣缩食，这样不切实际的追求就将"LV"与"虚荣"联系起来，于是这一邻接就形成了转喻。名人产业则是通过名人使产品与美丽、成功等意义相邻接，继而利用人们对这些美好品质的追求

---

① 刘亚猛：《追求象征的力量——关于西方修辞思想的思考》[M]，北京：生活·读书·新知三联书店，2004年版，第69页。

达到将符号价值转移为经济价值的目的。

　　符号消费的卖点是意义和内涵，这些意义和内涵通常是通过广告传递给受众的，而广告中铺天盖地的名人代言所起的作用不容忽视。名人广告有利于建立品牌个性和品牌识别，正如世界上大部分钞票上面印的都是各式各样的头像，因为人们对人像的识别记忆意识最强。① 而且名人是象征化的符号，受众在接收广告讯息时，会马上将广告代言人的象征意义与产品联系起来，这正是转喻所起到的邻接作用。奥黛丽·赫本是最成功的名人代言案例：无论在影视剧中还是日常生活中，赫本都是"纪梵希"这一时装品牌的拥趸，不仅在她生前为纪梵希时装赢得了优雅、高贵、精致的口碑，即便在赫本过世 20 年后的今日，她公主般的优雅依然是纪梵希风格的最佳诠释。名人与产品如果一再联袂出现，那么二者的邻接关系就会在人们的头脑中被强化，这一转喻的影响也就变得稳定而持久。

　　但名人代言这一转喻的前提——名人具备某方面的象征意义，其实只是一个修辞幻象。对于名人的亲朋好友来说，他们对名人的真实状况有切身的体会，然而绝大部分人对名人的认知都来源于报刊、广播、电视、网络等修辞链联渠道，他们所接触的"诸葛亮智慧化身""林青霞美若天人"的"现实"不过是建构在传媒话语和联想基础之上的修辞幻象而已。

　　名人代言大行其道，代表着社会对意义的追寻，更诉说着人们内心的欲望。名人符号所制造的修辞幻象，之所以能被人广为接受，必然投合了社会群体的共同心理需求，令人向往的幻觉才能使人甘愿沉醉其中，痛苦的梦魇没几个人愿意回首重温。所以名人符号实为社会意识形态的投射。不同时代的审美观念与价值标准在不断地流变，与之相应地，不同时代广为人接受的名人符号也大不相同。如果将整个社会的意识形态看作一个元语言集合，那这一集合就是名人群体这一符号所承载意义的邻接与组合，公众对于这些名人的认可，其实是某一时期某个社会主流意识形态的转喻。一条名人代言是一种社会文化内涵的转喻，那么多条名人代言就汇聚成一个完整的意符系统，那些转喻或互相补充，或相互佐证，或重复闪现，在人们头脑中交织成一张意识形态的网，栖息着社会主流价值观。言及此处，我们会认同鲍德里亚的"时尚观"：整个后现代秩序，身体、文化政治，无不渗透着时尚逻辑。现在对名人故里的争抢也是一个例子。因为像西门庆、武大郎之流都有地方将其当作"名人"抢个你死

---

　　① 李光斗：《明星代言人：风险与收益》［OL］，网易商业报道，2005.7.4，资料来源：http://biz. 163. com/05/0704/19/1NRF2LNH00021H37. html.

我活，说明社会意识形态已由"贫贱不能移"部分地转向"笑贫不笑娼"了。

事实上，在全球化语境下，一种为全世界人民普遍认可的国际化意符系统也可以通过名人表现出来，并且这种新时代的国际通行意识形态标准正在逐步代替各国传统的价值观念与文化秩序。从审美观来说，好莱坞明星的妆容打扮已成为主要的审美标准，所以各国的荧屏上都充斥着大眼睛，东方传统仕女图中那秀气的细长眼睛即便在本国的审美标准中也由正项沦为标出项，做双眼皮已成为医院美容科微不足道的一个小手术。从自我观来说，西方所倡导的洒脱张扬的个性呼声日隆，颠覆了东方传统所推崇的含蓄内敛的地位，选秀节目在世界各地的全面开花代表着平民自我意识与话语权意识的觉醒……凯尔纳（Douglas Kellner）的话可以为这一现象作一个符号学角度的注脚："时尚与现代性联手生产出现代的个性，个性在新潮的衣服、妆容、见解以及审美风格之中寻求自我认同。……抛弃旧的文化符号，时尚符码成为新的意识形态构建过程中的主要元素。"①

"时尚"所包括的服饰、妆容及行为方式等看似应归于外在的风格模式，实为社会意识形态的投射。在喇叭裤被目为奇装异服的年代，名人也个个显得端庄传统，因为这才是当时的主流审美观。不同时代的审美观念与价值标准在不断地流变，与之相应地，不同时代广为人接受的名人符号也大不相同。比如在封建社会，刘关张之类仁义忠勇者最为人崇敬；中华人民共和国成立之初，雷锋、时传祥等一心为公者被塑造为众人学习的榜样；时至今日，权力、金钱、美貌、自由等成了每个人的心头好，所以大家津津乐道的对象变成了奥巴马的领袖风采、比尔·盖茨的富可敌国、林青霞的风华绝代、韩寒的嬉笑怒骂，等等。这点在广告中体现得极明显，所有广告都尽可能地与时俱进，针对受众群体的口味变化更换产品代言人。一个品牌需要维持自身形象的一致性，其历任代言人风格都大体相似，不容易看出变化，但如果我们将名人代言史分为几个时间段，将视野扩大至整个广告圈，就能明显地看出做代言的名人特质的嬗变。

现代传媒通过对名人符号的塑造，向我们呈现出一个个修辞幻象，使名人符号代表着诸如成功、睿智、优雅等为人们所普遍向往的特质，由于切合人们的心理需要与时代要求，这些修辞幻象较易在社会群体中引发行为动机。名人代言正是这一修辞说服过程的典型例证。

---

① Douglas Kellner. *Media Culture* [M]. Routledge, 1995, pp. 264—265.

二、名人印象——名片提喻与修辞选择

与转喻相同，提喻原本也是一种英文修辞格，其关键也在于两事物间的替代。但不同于转喻的是，提喻进行替代的基础是两事物间的部分相似，比如，摩肩接踵（以局部代整体，以"肩、踵"代"人"），我喜欢棉麻材质（以材质代物品，以"棉麻"代"衣服"），你是我的最爱（以抽象代具体，以"最爱"代"最爱的人"），等等。用作符号修辞的提喻，通常是以部分代整体，其联想基础是两种事物之间局部与整体的关系。如"一叶知秋"，"叶"是"秋"的提喻。通过提喻，我们撷取生活的片断来传达生活的意义，我们根据社会不同的侧面来建构关于整个社会的图像。当镜头对准贫民窟时，世界是肮脏、混乱、落后的；当镜头对准鳞次栉比的高楼大厦、灯红酒绿的十里洋场时，世界是现代、时尚、奢靡的；当镜头对准干净整洁的校园、青春纯洁的笑脸时，世界是美好、纯净、充满希望的……所谓窥斑知豹，提喻能够有力地传达现实。

之所以能以名人为核心形成产业，是由于名人身上承载着常人所不具备的符号价值——社会文化内涵，而每一个名人，都可看作社会文化内涵的提喻。一个中学生写出《杯中窥人》，青春少年所具备的发散性思维忽然变得引人注目；一个明星不知道抗战时间，整个明星群体都被视为商女不知亡国恨的典范……所以说，每个名人都可被视为一张社会文化名片，有着普通人所没有的信息饱满度。全民炒房，房价暴涨，一个普通人洋洋洒洒万言也只能表明他自己的观点，而王石的言论却代表着整个房地产业甚或商界的态度；一个漂亮姑娘再怎么别出心裁地展示自己的青春妙曼，也极少会引起众人的效仿，而明星在巴黎时装周上摆几个 pose，就展示出全球最新的时尚潮流。将名人作为提喻的本体，将使喻体给人留下的印象更为鲜明与深刻，这是名人产业这一眼球经济得以生存的前提。

另外一种很典型的名片提喻是名人外交。名人外交的目的是以名人形象代表国家形象，这是一种很典型的提喻修辞。闭关锁国的时代早已一去不返，正如人的自我价值只有在与他人的互动中才能得以实现一样，国家也只有在与他国的互助互利前提下才能得到和平稳定与长足发展。在全球化语境下，许多国际化名人应运而生，名人外交也就成了一种常见的公共外交手段。从符号修辞角度来打量名人外交，我们会发现这一外交策略运用了提喻的修辞手法。每个国民都是国家形象的一个窗口，一个中国人随地吐痰，就会给人留下中国人全都不讲卫生的印象；一个李小龙拳脚了得，中国就被认为是功夫之乡。而名人由于其曝光率远远高于常人，所以更是被视为"国家名片"。以日本女乒乓球

运动员福原爱为例来说明这个问题。这个打5岁起就在中国练球的日本女孩，被中国观众昵称为"瓷娃娃""小爱"，被视为中日亲善大使。正如福原爱父亲所说："她不是简单的福原爱，或者说我们的福原爱，她是日本的福原爱，她的一言一行，代表着日本青少年。许多中国人，可能就是通过福原爱，而真正了解日本年轻的一代。"①

但很显然，提喻对现实的传达并不全面客观，社会与生活往往都具有多面性，而提喻根据自己的表达目的在众多的场景中仅精心地选取某些片断或侧面为我所用，以营造出既定的修辞幻象，投合受众的心理需求或引发受众的情感共鸣。因此，提喻是一种修辞选择。名人外交活动中所运用的提喻手法，是包含了双重修辞选择的过程。

首先，外交活动中活跃的名人是修辞选择的结果。名人的符号价值通常会被转移为所属国家印象，因为有圣诞老人，芬兰显得欢乐而纯净；因为有安徒生，丹麦充满了梦幻和童真。较之普通人，名人有着更强的辨识度与更高的注意力价值。所以在外交活动中，为成功营造出强大、开放或友好的修辞幻象，名人是被委以重任的首选。参与外交活动的人越是知名，这一名人符号所营造的修辞幻象就越令人印象深刻并感到信服，也就越有资格作为国家形象的提喻。

比如各国家或地区第一夫人就是最为闪亮的"国家名片"。随着国际交流的渐次频繁与女性地位的日益提高，第一夫人外交已有了为时不短的一段历史，像宋美龄20世纪40年代的战时外交与50年代的"度假外交"，以及60年代杰奎琳·肯尼迪的"霓裳外交"，都曾在国际关系中发挥重要作用。

其次，对参与外交活动的名人符号的意义解读是经修辞选择的结果。名人符号的意义解读，通常都是指向名人身上的亮点，而忽略了名人身上的平凡之处，甚至某些较之普通人还不如的短处或者缺点。比如"雷锋"这一名人符号，凸显了"热心助人""大爱无私""艰苦朴素"等语义成分，而压制了普通身份符号中"身材矮小""性格冲动""爱美耍帅"等语义成分。这些影响公众接受度的普通身份符号中常出现的语义成分，显然被传媒话语过滤掉了，而未能出现在"雷锋"这一名人符号所营造的修辞幻象之中。作为国家名片的名人符号的意义也是经修辞过滤的，唯其如此，才能营造出国家形象所需要的修辞幻象。

每个国民都可被视为一张国家名片，但普通人与名人作为国家名片的冲击

---

① 高兴：《"瓷娃娃"在中国长大——日本偶像福原爱专访》[N]，《新民晚报》，2005.6.24。

力与信息饱满度差异巨大。2011 年，为彰显国家软实力，中国制作了一部国家形象宣传片，包括 30 秒的电视宣传片和 15 分钟的多角度纪录片。总策划人朱幼光说："30 秒的短片如何具备冲击力和震撼力？首先还是会选择有影响力的面孔。"① 因此，这个宣传短片又称"人物篇"，由 59 名在各领域表现杰出的名人影像构成。有许多人认为普通民众更能代表中国，但我们可以想象，30 秒的时间内如果展示出 59 位普通中国人的面孔，能够带给全世界什么印象呢？同样是微笑的表情一闪而过，大概只会给人一种感觉——中国人都很幸福。可以说，59 张大众名片包含的信息量薄弱而雷同。而以名人作为国家名片，所包含的信息量就既丰富又多姿多彩，如袁隆平的智慧、李彦宏的才干、杨丽萍的美丽等。"智慧、美丽、勇敢、才能、财富"等特质都是国家名片中的亮点，以之来诠释中国人形象，正是提喻中的以部分代整体。勒庞（Gustave Le Bon）在《心理学统治世界》中说，之所以能够让群众受到感动，是因为一定的字句和字句的结合能够引发其感情比喻。② 换言之，一个国家在人们心目中所形成的印象，也正是由于一张张经修辞过滤的国家名片联手营造出的修辞幻象所引发的情感联想。

正如布加齐列夫（Bugajilve）所认为的符号化发生于一物获得了超出它作为自在与自为之物的个别存在的意义时，名人之所以具备普通人难以企及的影响力，也是因为名人是更广为人知的社会文化内涵的提喻。

三、名人输出——文化霸权与象征趋同

名人的影响力传达，可以通过提喻，也可以通过转喻，而当这些比喻在全球范围内被认可并使用时，一个个象征就生成了。象征的生成过程通常与事物的流行模式极为类似：先有名人的提倡，后有众人的追捧。以牛仔裤为例。牛仔裤本是美国西部淘金工人的工装，在 20 世纪 30—60 年代随着美国西部电影的风行进入大众视野。明星的衣着向来是时尚的风向标，于是牛仔裤马上成为美国时装界的新宠，并很快风靡全球，成为时尚的象征。在牛仔裤的流行过程中，也生成了一种关于美国文化的象征：由牛仔的粗犷联想到美国人民的洒脱豪放，由牛仔的结实耐磨联想到美国人民的独立坚强，等等。中国流行史上也有许多此类范例，诸如陶渊明、周敦颐精心描绘的花之物语使菊与莲的气节永

---

① 《国家形象宣传片国庆前发布——50 名人诠释中国形象 中国更自信展示"软实力"》[N]，《江南时报》，2010.8.4。

② 勒庞：《心理学统治世界》（政治篇·领袖意志）[M]，高永译，北京：金城出版社，2011 年版，第 19 页。

不凋谢，成为高洁的象征；中山装一问世便备受国人青睐，后又因与中国文化相吻合的实用不失风雅、舒适不失庄重等特质，被视为中国传统的一种象征。由上可以看出，象征的生成是典型的修辞幻象引发集体共同情感的过程。

牛仔裤的流行史包含了两个象征关系的生成过程，所以其修辞建构较为复杂："电影明星代表着时尚"这一修辞幻象通过转喻与牛仔裤邻接，使公众发生信奉转移，于是引发了公众衣着潮流与审美观的改变；"牛仔代表着美国的服装潮流"又形成了新的修辞幻象，随着牛仔时尚向全球的扩散，这一修辞幻象激发了人们的想象，将其视为美国文化的提喻，并最终随着符用理据性的上升转化为全球共识，生成了一个新的象征。由牛仔裤的流行史可以看到，名人的影响力表现在时尚界，更表现在意识形态方面，普普通通的牛仔裤其实是媒介帝国主义的一个缩影。

在帝国主义国家大肆扩张的殖民时期曾有"一个传教士抵得上一个军营"的说法，说明当时的侵略者就已认识到润物细无声的文化影响比赤裸裸的暴力征服更为有效。到了如今的和平演变时期，宗教信仰自由关乎人权已成为全球共识，传教士不得不退出历史舞台，而改由名人接替这一角色，披着文化交流的外衣，悄悄祭起文化侵略的大旗。只不过，名人的输出方式更为间接与隐蔽而已。

前文已经有过分析，西方名人之所以占主导地位，从客观上分析，是媒介垄断所造成的文化霸权引起的后果。而从主观上找原因，这是人际交往的"象征趋同"导向所导致的群体意识趋同现象。"象征趋同"是鲍曼的修辞幻象概念中的重要理论，指的是群体中两个或多个人的符号世界相互靠拢、接近乃至重叠的过程，这种共享戏剧化的重叠导致一种"趋同"，群体成员不但可能拥有共享的现实，还可能达成思想的共识和行为的一致。

名人作为象征符号，在作为幻象主题使目标受众顺利实现象征趋同目的时，有着天然优势。首先，名人符号往往是社会群体中公众共同体验过的修辞幻象，这是群体成员相互交流导致"趋同"的深厚基础。其次，每个名人都有众多的欣赏者，因为"名"的基础本就是一定的大众认可度，群体成员间的情感与态度最易相互激活与感染，这也是导致"趋同"的有利条件。所以，只要有名人的示范，就会有大众的纷纷效仿。比如提到豹纹这一时装元素，绕不过的一个名字是杰奎琳·肯尼迪。1962年当杰奎琳身穿豹纹大衣在公开场合惊艳亮相后，就有媒体说："全球的豹子数量该大大减少了。"[①] 这句话至少透露

---

① 参见《第一夫人必修课》[J]，《视界》，2012.10.19。

出两个观点：第一，名人有着极强的影响力；第二，名人的影响力可以迅速波及全球。这充分说明了象征趋同的修辞力量。

西方发达国家垄断了全球信息传播，全世界都在看好莱坞电影和 NBA 比赛，英语成了世界语。在这样的过程中，全球民众的符号世界都将产生部分重叠，"那么他们就享有了一个共识并具有了相互交流构成团体、讨论共同经历和达成相互理解的基础……共享一个修辞幻象的人们构建成一个修辞团体。修辞团体的行为动机存在于它的修辞幻象中"①。就在这日常的点点滴滴中，西方的名人成了全球民众效仿的榜样，名人身上的西方特质在流行过程中渐渐演变成为全球文化的象征。西方的消费观念与价值观念就这样不动声色地扩散，而对象国传统的意识形态观念则会被国民视为与国际潮流格格不入的、需要被矫正甚至被摒弃的陈规陋习。在不知不觉中，他国文化被解构与同化，而发达国家的意识形态则成为普世性的"真理"。

共享同样的修辞幻象，建构同样的象征性现实，生成共同的群体意识，采取一致的群体行为，全世界的人们在"象征趋同"的导向下，终将形成这样一个修辞团体。虽然发展中国家以及学界早在 20 世纪 60 年代就认识到媒介帝国主义可能会带来的后果，也意识到了名人输出在意识形态传播中所起的作用，但由于它是以大多数人的认知为基础，并呈现出一种渐进的过程，所以这样的演变并不为大众所抗拒。可以预料到，在信息高速公路上，名人输出会更加方便快捷，而名人所代表的强势文化也会加快对弱势文化的蚕食，名人输出—文化霸权，这一象征关系只会越来越稳固。

---

① Foss, Sonia K：*Rhetorical Criticism：Exploration & Practice* [M]. Long Grove, Illinois：Waveland Press，2004，P. 113.

第三章　名人符号的受众认同

第一节　受众认同——名人符号的构建基础

认同，其对应英文形式有二："identity"与"identification"。"identity"意为身份，词源为拉丁词"identita"，意为"同一性"，即不同个体之间或个体与群体之间赖以维系的利益、情感或信仰上的一致性，所以"identity"更多指向本体，常用来表达主体通过自我反思、自我发现、自我阐释等行为所进行的自我建构。"identification"的词根"identify"，有"认出""鉴定""共鸣"等含义，而再度追根溯源，发现"identify"源自拉丁词"identitās"，"identitās"的词根"iden"又源自拉丁词根"idem"，意为"相同"，所以这就能解释为何"identification"多用于表达主体对客体的身份鉴别过程与情感共鸣反应了。而具体到中文的"认同"，则既有确定身份—自我的自主型建构，又有寻找归属感与追求情感共鸣之意的求同性归属。

无论是自我建构还是归属求同，都必须借助客体进行。这点已被多名学者反复论证过。纵观查尔斯·泰勒的"与其他自我的对话关系"、库利"镜中我"，以及米德的"主我客我"等自我理论，无不体现出自我认同的社会性。青木贞茂针对符号消费社会的语境，又进一步阐发，商品是当下社会的重要镜像，是人们自我认同的重要素材。作为当代社会的精神隐喻，商品的符号化差异性彰显出其拥有者之间的个体差异。①

已成为当代社会重要产业元素的名人也不例外，其所蕴涵的不同意义正如商品的符号性一样，能够折射出消费主体的自我认同心理。名人象征化的过程，就是其身上的意义引发大众认同的过程。能够引发的社会认同范围愈广，

---

① 星野克美：《符号社会的消费》［M］，台湾：远流出版事业股份有限公司，1990 年版，第 82 页。

名人意义的符用理据性就相应地随之增强。所以，名人不是自封的，而是基于大众的认同。

这里的认同包括几个层次：第一层次是大众对某个名字的耳熟能详，第二层次是对其这一名字所蕴含的社会文化内涵即象征意义的了解，第三层次是大众看到这个名字能够触发某种情感。

名人就是具有较高知名度的人士，"知名"即名字被他人知晓。在图像盛行之前的漫长几千年人类文明史中，大众对名人的认识是从名字开始的，所以看历史题材的小说或影视剧时会经常看到"久闻大名，如雷贯耳"或"盛名之下，其实难副"等人物评价。虽然近几十年来，由于电影、电视、网络等图像媒介的发达，我们常常会在屏幕上看到一些较固定的面孔，俗谓"脸熟"，但仅是面熟还称不上认识某个人，往往只有在知道名字之后，才会发出"我终于知道他是谁了"的感叹。若以名实论而言，必先"见其象，正其形"然后方能"正其名，得其端"①。所谓"名不正则言不顺"，知晓一个人的名字是认识一个名人的开始。

名字的广为人知仅是获取受众认同的第一步，接下来是对名字社会文化内涵的发掘及对象征意义的强化。一个名字通过某种途径而经常出现在大众视野或响在大众耳畔，比如一部电影或一首歌的蹿红，一场声势浩大的政治活动，一个引起社会广泛关注的社会事件等，都会在一段时间内将某个或某几个名字反复推送到我们的感官世界，于是全方位、多角度的媒介信息开始狂轰滥炸，各种各样的伴随文本推波助澜，迫使人们或主动或被动地去了解这个名字相关的各种信息。身份是明星、政客、英雄等，性格是真诚或虚伪、严谨或激进、热情或冷漠等，谈吐是浮夸或平实、直率或圆滑、清晰或含混等，随着信息的接触越来越多，人们对某个名字的印象不知不觉就变得立体起来。一朝成名天下闻，但博得大名之后，还必须维持曝光率，才能使名人与身上附载的社会文化内涵保持一种持续的联系，并进而深化为象征。坐吃山空，网络红人如果没有新动作，短短几个月就会被遗忘；明星如果没有新的影视歌或广告作品，哪怕当初红透半边天也难免在一两年内过气；呼风唤雨的政客隐退后，短短几天内就会在人们口中更替为新的名字。唯有将自己的名字打造成一种象征，名声才可能长盛不衰。媒介的口径往往是统一的，受众对准名人的印象也趋于一致，当这种印象持续得到强化，进入到社会文化元语言集合时就成了象征。雷锋英年早逝业已几十年，依然是很多人口中的"热心人"；林青霞息影十几年，

---

①　见《邓析子·无厚篇》。

还是美貌的代名词。

当然，一千个读者心中有一千个林妹妹。尽管每个人都不得不承认林妹妹是忠于爱情、敢于反叛封建制度的代表，是灵气与脱俗的象征，是病态美的最佳代言人，林妹妹的象征意义是固定的，但这些意义在每个人心中所激发起的情感却大不相同。所以一部《红楼梦》才会引发"拥黛派"与"拥钗派"近三百年的口舌之争。不管多么优秀的人都不可能得到所有人的欣赏与拥戴，总是有人喜爱，有人厌弃。孤独是社会人最难以忍受的情怀，每个人都力求得到更多人的认同，因为自我其实是依赖于他人眼光的"镜像自我"，社会认同对名人的影响较常人尤甚，因为名人苦心经营的符号价值是由于大众乐于购买其附加于上的产品才得以实现。

一、认同：名人符号的建构

（一）名人的地位依赖于受众的认知

按照在社会这个大舞台上的活跃度与影响力大小，我们可以看到，社会是由名人与大众两个群体构成的，根据名声的大小，名人与大众一层层排列开来，形成了金字塔状的结构，每向上一层，都会成为下层仰望的对象，而塔顶的那一小撮，有着最为深厚的群众基础。金字塔的底层总是面积最大的一层，所以达不到一定数量的受众认同，名字就不可能完成象征化进程，名人符号也不可能成立。

关于名人数量的统计也有一定的规律可循。在我们的想象中，名人数量应该与人口基数成正比，二者确实有一定的联系，比如梵蒂冈的名人数量无论如何也不可能与意大利相提并论，虽然两国之间的文化经济水平几无二致。但人口基数仅是名人数量统计的一个参考数值，对名人数量统计更有参考价值的还是行业数量。赵毅衡曾作过一个估猜，现代社会一个平常人，可能记得住1000个名字。他在《人生苦闲》中曾以美国为例进行估猜：以从事写作、艺术、体育等较易成名的文化类职业计，成才者即能以专业谋生者百里挑一，2.7亿美国人中共计两百万。在这两百万职业文化人中，1/2000会成为个中翘楚，构成全美1000名人。赵毅衡关于当代国家名人数量的估猜是很有道理的，其他国家尽管人口基数不同，但名人数量却大致相同，因为名人数量与行业数量是成正比的。正如一场比赛，不管参与竞争的人数多少，胜出的名额只有冠亚季军，在社会分工细密的现代社会，每个国家的行业种类都大体相似，名人数量也相应地趋向一致，所以每个现代人心中约有1000名人这个数据颇具参考价值。

这 1000 名人的地位也不相同。金字塔每向上一层，位居其下的塔体就相应地增多一层，同理，一定基础上受众认同程度的差异，使名人等级得以确立。尽管对名人所处的社会来说，他们的名字为大多数人所熟知，从知名度来说相差无几，但知名不同于拥戴，继知名之后的了解与接受才能奠定名人坚实的群众基础。所以，名人都使尽浑身解数，既要站得高，又要拉近与群众的距离。以明星为例，在进军好莱坞的同时，又不忘参加各种慈善晚会与公益活动；既要注意接片时不掉身价，有些只拍电影显示身份，但又得靠接广告保持曝光率。接广告不仅仅要力接高端的，还要兼顾最大众化的产品。

（二）名人符号的意义依赖于受众的解码

1. 一切符号的意义都要依赖于接收者的解码

人类创造出符号，本就是为了表意。已发生的事恐年深日久会被遗忘，故而结绳记事；生活中总结出的经验教训靠口头传承难免会有偏差且易于遗落，故而创造出文字。符号是意义的载体，但意义必须在符号接收者的解释中实现，如果符号文本未遇到接收者或到达接收者的感知范围内却被忽略而未得到解释，那符号发送者的表意意图就落了空。符号过程中有三种意义：

发送者　　　→　　　符号信息　　　→　　　接收者
（意图意义）　　　（文本意义）　　　（解释意义）

发送者生出意图意义，才会尝试用符号文本去表达意图，而无论意图意义还是文本意义都是指向接收者，为引出解释意义服务的。如烽烟未被援兵看到就随风飘散，充满爱意的秋波却被混同其他无数无心的一瞥，这时"烽烟"与"秋波"就未能完成符号的使命，尽管它们是符号，因为携带着意图意义与文本意义，但对于接收者来说那一发送者心目中的"符号"并不成其为符号，而只是一个毫无意义的存在。所以，一个完整的符号过程需要符号发送者与符号接收者共同完成。

索绪尔将符号分为能指与所指，其中所指是社会性的"集体概念"。皮尔斯将符号分为再现体、对象、解释项。概念及解释项都是抽象出来的反映对象本质属性的思维形式，是符号接收者进行符号解码所得出的结果。从这两种最流行的符号构成理论来说，符号解码也是符号表意过程中不可或缺的关键步骤。

2. 名人符号必然要经过阐释才能为人所接受

第一，名人符号与其对象之间不具备像似性，符号不能使接收者直观地联想到对象。

名字是规约符号与指示符号的混合体，名字与对象的对应是任意武断的。

皮尔斯将符号分为三种：像似符号、指示符号、规约符号。像似符号与对象之间有一种"再现透明性"。以像似为基础创造符号的初衷是使符号表意更为直接，以备接收者感知符号后能较快较直观地想到对象，尽管由于像似方式的抽象或像似程度的不足，不能完全达到这一目的，解释时仍须部分地依靠社会规约性。但是，这毕竟不同于人名这般纯粹的靠社会规约才能指向对象的符号，初次感知到一个像似符号，接收者有很大的可能性联想到符号所指的对象，听到或看到一个陌生的名字，却不可能将其与对象准确地联系起来。

第二，名人符号的意义主要指向内涵层面，其内容根据意识形态解释方能得出。

采用叶尔姆斯列夫的层次（内质与形式）说，巴尔特将符号看作直接意指系统与含蓄意指系统。符号的能指即表达面（E），所指即内容面（C），两个平面之间的关系称为意指作用（R），所以一个符号就可以缩略为 ERC。一个ERC 系统可作为另一个意指系统的能指（E），这时作为能指的 ERC 就是第一意指系统（直接意指系统），由第一系统作为能指扩展而成的另一个 ERC 就是第二意指系统（含蓄意指系统）。其关系如下图所示：

$$t \quad \overbrace{\text{E R C}}$$

（1 为第一意指系统，2 为第二意指系统）

或用表格来说明：

1. 能指	2. 所指	
3. 符号 i. 能指		ii. 所指
iii. 符号		

其中"3. 符号"是第一个符号系统，这个符号系统可整体作为一个能指（i. 能指），与"ii. 所指"构成第二个符号系统"iii. 符号"。

名人就是这样具备两个意指系统的符号。仍以李宇春为例。在直接意指系统中，"李宇春"三个字为能指，"高、瘦、白、短发的中性妆扮的女孩，成都人，2005 年超级女声冠军，粉丝众多等"明白无误就能想到的信息为所指，能指与所指构成了第一意指系统；在含蓄意指系统中，将第一意指系统整体作为一个能指，其所指则为"李宇春的中性气质广受欢迎反映了人们审美观的转变；作为中国首位民选超级偶像，李宇春既标志着中国新娱乐时代的开启，又展示出草根文化的胜利，还意味着中国平民自我意识的抬头，她是中国文化艺术新革命的里程碑，等等"，这就构成了第二意指系统。

不同于第一意指层面的直接性，第二意指层面是含蓄的，必须结合社会文化背景分析才能得出。巴尔特认为，直接意指是基础的、描述的层次，含蓄意指则是我们根据普遍信仰、概念结构以及社会价值体系等更广泛的领域，来解释各种完成了的符号，含蓄意指"是意识形态的一部分……同文化、知识、历史密切交流，可以说正是因此外在世界才渗入记号系统"①。麦茨也持类似观点，他认为电影具有直接意指和含蓄意指两个表现层，前者属于自然范畴，后者属于文化范畴。名人不同于自然人，他们代表着社会文化内涵，是社会意识形态的转喻，所以毫无疑问，名人符号的意义主要指向含蓄意指系统，其内容必须结合社会文化背景进行阐释才能得出。

第三，名人符号具备象征性，其意义所指往往比较抽象。

象征的一个基本特征就是以具体代抽象。"山之精神写不出，以烟霞写之；春之精神写不出，以草树写之。故诗无气象，则精神亦无所寓矣。"刘熙载《艺概·词概》中的这段妙论一直广为人引用。君子如兰，美人芳草。可以说，象征是中国文化很重要的组成部分。因为中国文化以含蓄为美，而象征恰恰具备动人的深刻性。

名人是具体的，而社会文化内涵是抽象的，以具体的名人象征抽象的社会文化内涵，本身就是一种阐释的努力。某一社会群体为交流的方便，而以较浅显明了的符号代替模糊深刻的意义。象征必然要进入某一社会群体的元语言集合，成为这个圈子构筑文本解释的基础，但在此之前，它已然经历过被反复解释的意义累积过程。

二、选择：符号价值的生成

（一）名人符号价值的实现

商品的价值实现是指企业创造的商品价值被市场认可并接受，从而完成了要素投入要素产出的转化。商品使用价值的实现是人为使生活得到某种方便而购买商品，商品符号价值的实现则是人为得到某种情感满足而购买商品。在消费社会，商品的符号价值成了购物的主要动力，其目标指向不再是温饱等生理需要，而是更高层次的精神愉悦。"绝不能把消费社会仅仅看作是占主导地位的物欲主义的释放，因为它还使人们面对无数梦幻般的、向人们诉说着欲望

---

① 罗兰·巴尔特：《符号学原理》[M]，李幼蒸译，北京：三联书店，1988年版，第171页。

的、使现实审美幻觉化和非现实化的影像。"①

那些影像都是人们自我欲求的投射。锦衣玉食、香车宝马如果能使人获得明朗的心情、悦目的美感、醉人的情调或气氛，则带来个体自我满足感；但享受衣锦夜行所带来的自我满足感仅是极少数人的选择，绝大多数人还是希望借助符号消费向外界呈现社会地位、个性品位，这是一种以他人或社会为镜像的自我实现。正如英国社会学家柯林·坎贝尔（Colin Campbell）所言，现代消费的本质就在于追求一种自我的梦想。人们消费的核心不是在于对商品的使用价值的实际选择、购买和应用，而是对各种想象性愉悦的追求。② 的确，无形的符号价值只存在于想象中。所以，消费者想要获得符号价值，只有通过消费某种符号化了的商品，为这种想象中的意义提供一个具象的实体，想象性地实现心中欲求。

为刺激与迎合受众欲求，媒介机器大量复制出形象、信息等产品，供人们观赏、模仿、消费。经对现实选择、加工、重构过的拟态环境显然比现实环境更具吸引力，使人们沉醉其中。屏幕上展示的以及报刊上推荐的构成人们追逐的时尚，看到→勾起欲望→购买得到，受众就这样陷入了当代媒介产业的圈套，并参与了拟像社会的建构。这一过程离不开名人的示范，因为人们对名人普遍有一种仰视的心理。现实之所以会从属于表征，是由于人们被媒介环境催眠继而在行动上加以模仿所造成的。但没有人会去模仿比自己社会经济地位差的人的生活方式，也没有人会去模仿比自己外表逊色的人的衣着打扮，人总是在对他人存在仰视心理的状况下才会去模仿，如果看到与自己眼中妆扮恶俗的人撞衫，肯定恨不得马上把身上的衣服扔掉，正所谓"见贤思齐，见不贤而内自省"。拟态环境向人们昭示着何为时尚，无论是举止妆扮，还是思想观念。而这通常都离不开一个模式：先有名人的提倡，后有众人的追捧。上行下效，名人的魅力是构成拟像社会的重要元素。

但是，传媒工业并非旨在满足人们的心理需求而进行生产，而是利用人们的心理需求，名人仅仅是其手中的一个道具而已。德波曾说："景观不是影像的聚积，而是以影像为中介的人们之间的社会关系。"③ 在这一系列社会关系中，名人是影像中介的重要载体，而人们则包括：媒体从业人员、广告商等——信息发送者，受众——信息接收者，社会统治阶层、资本家等——幕后

---

① 迈克·费瑟斯通：《消费文化与后现代主义》[M]，南京：译林出版社，2000 年版，第 98 页。
② 柯林·坎贝尔：《浪漫伦理与现代消费主义精神》[J]，章戈浩译，《西北师大学报》（社科版），2006 年第 4 期。
③ 居伊·德波：《景观社会》[M]，王昭凤译，南京：南京大学出版社，2006 年，第 3 页。

操控者及剩余价值获益者。既然是景观社会，那首先需要触动的当然是人们的视神经。于是，各式各样的广告、宣传、娱乐表演无不挖空心思，力图达到使人眼前一亮的效果。名人在眼球经济中最引人注目，而且被认为承载着社会文化内涵，所以媒介不仅利用名人成功勾起人们购买商品的欲望，而且通过名人潜移默化地灌输着既定的世界观与价值观。

大众就这样被实施了催眠术，进入了传媒产业精心编织的神话世界，却又懵然不知地认为这一切皆是社会发展与人性使然。这里所说的神话世界并非指那些自古流传的上天入地的英雄传说，而是指巴尔特口中的现代神话。巴尔特认为媒介信息与传统神话有一个共性——虚构性，看似真实的传媒现象与事件背后其实充斥着谎言与欺骗。披着自然的外衣麻痹和愚弄大众，就是现代神话的本质。神话的"首要功能是将文化自然化，即将文化的东西作为自然和必然的东西予以呈现，让历史意图披上自然的合理外衣，让偶然事件以永恒面目出现，从而麻痹大众的辨别能力，确保并维持自身的利益"①。

传媒产业借助名人的表演吸引受众，名人借助传媒的渠道获取名利，二者之间的默契合作建构起一个个令人心向往之的现代神话，这些神话看似充满了对美好生活的憧憬、对人生目标的追求、对亲情爱情的赞美，事实上在温情脉脉的面纱背后隐藏着被精心伪饰的代表着幕后操控者利益的消费观、价值观与世界观等。现代神话的本质是麻痹和愚弄大众，但大众却乐于上当受骗，究其原因，可以说被大众传媒诱导，声色犬马、光怪陆离的媒介现象是一种视听享受；也可以说是源于我们甘于被诱导的隐秘心理，因为对名人生活状态的仰视与模仿是"建立在另一种类型的验证基础之上的——自我实现的预言（通过其自身表白而自我实现的话语）的验证"②。

当然，由于名人符号的特殊性，名人符号价值的实现与普通商品有所不同。在符号消费时代，名人成为消费品，但名人这种现代商品的符号价值不同于其他商品，不可能通过购买的方式直接占有其符号载体，于是只能通过邻接的方式去想象性地占有：投票以示对某个政治家的支持、观看某明星的电影，或购买某名人代言的产品以示对其拥戴，等等。人们花费金钱、时间、精力去追随某个名人，同时得到某种情感满足——政治观点或价值理念的身份认同、生活情调或品位的彰显、商品质量保证的心理安慰等，名人的符号价值就实现

---

① 李勇：《媒介时代的审美问题研究》[M]，郑州：河南人民出版社，2010年版，第81页。

② 让·鲍德里亚：《消费社会》[M]，刘成富、全志刚译，南京：南京大学出版社，2000年版，第136页。

了。可以说，被消费的次数越多，名人的符号价值在人们的想象中就越发一步步贴近现实，进而被强化并被更多地选择；反之亦然，被选择的次数少，则名人预期的符号价值便没有实现，且随之而来的便是其原有符号价值的弱化。所以，受众的选择是名人符号价值生成、实现乃至持续并得到强化的基础。而且在当代，不但商品同质化现象严重，就连符号价值的表达也趋于一致，一种社会文化内涵的代言人往往不止一个，所以受众的选择显得尤为重要。

（二）名人符号价值的高低

商品品牌在消费者心目中是有档次之分的，其区分标准不仅仅是商品质量好坏，更重要的是符号价值高低。赵毅衡曾提及他做过的一个实验：两个皮包，一个是某一奢侈品牌的正品，一个是其仿品，当着受试者的面将二者LOGO 互换，然后让受试者进行选择，结果绝大多数人都选了假包真牌子。这一实验结果充分说明了商品符号价值对使用价值的压倒性胜利。拿手机来说，苹果手机近几年风靡一时，是高档次手机的代表。但从使用功能上看，苹果手机与其他品牌的智能手机差别无几；从质量上来看，苹果手机也并不比其他品牌结实耐用（这一点也与电子产品极快的更新换代率相关）；但苹果手机的价位却往往数倍于其他品牌。据此而言，苹果手机的性价比应该比大部分品牌都低得多，但是，掌握苹果手机所带给人的自信往往远非其他品牌可比。苹果手机的高价位，反映出其所负载的高符号价值，如较高的经济地位、时尚、有品位等，而这些意义都能够转移到其拥有者身上。

名人如品牌，其符号价值同样有高低之分。首先，受众的选择是名人符号价值的基础。与通常被视为自在之物的非名人相比，每个名人都具备一定的符号价值。不过前面已经反复论证过，能够成为名人，本身就是社会选择的结果。大众是基座，名人是塔尖，离开大众这一基座，则名人地位马上一落千丈，直接去符号性混同众人。所以，是受众的选择成就了名人的符号化过程，这是名人符号价值的基础。其次，前面已经说过，名人的地位高低与受众的认可度成直接的正比关系。名人地位不同，则其对应的符号价值高低也相应有别。除以上两点之外，名人的符号价值高低还有一种很直观的呈现方式，那就是名人所代言的商品档次。

毫无疑问，符号价值已成为商品的最大卖点，不同品牌在消费者心目中按符号价值高低区分为不同档次。但商品的符号价值该如何体现出来呢？包装都美轮美奂；广告语都精心设计；即便有丰富的历史文化内涵，在这浮躁的时代亦没几个人肯耐心去了解……所以，知名度相似的品牌档次其实很难区分，譬如同为国际品牌，有几个人能说出古奇、香奈儿、路易·威登等奢侈品牌的具体排序？但是，判断为其品牌做代言的名人等级却简单得多，消费者不可能去亲身体验每个品牌，名人信息却是无处不在的，各式各样的名人榜也层出不穷。受众对商品档次的判断与为其代言的名人等级有着直接的联系。

很多时候，顾客只要一看代言人，心里就会对其所对应商品的质量与价格做出大致判断。这是名人符号价值高低的具体表现之一。当一个品牌做大之后，会自重身份维持品牌形象，在请代言人时十分谨慎，所请代言人的名气与号召力要与品牌的影响力相匹配相促进，努力达到合作双方共赢的效果。同理，名人在接广告代言时也会考虑双方地位的匹配度。如果一个顶级品牌请了一个不入流的小明星做广告，肯定会给人这一品牌即将日薄西山的感觉；而如果一个大明星去代言二三线品牌，也会使人产生该明星已过气之感，对名人形象产生极大损害。以伴随文本理论加以观照，这是因为，链文本可以嫁接、强化文本意义，而代言人正是品牌最重要的链文本之一。[①] 所谓链文本，是指"接收者解释某文本时，主动或被动地与某些文本'链接'起来一同接收的其他文本，例如延伸文本、参考文本、注解说明、网络链接等"[②]。有研究表明，商店的背景音乐能够影响顾客选购商品的价格，古典音乐"链文本"使顾客自觉高贵而选昂贵的酒品，而在流行音乐"链文本"影响下顾客选购酒品的价格仅为前一背景下的 1/4。[③] 所以，作为品牌重要的链文本元素，作为代言人的名人符号价值的高低能直接影响到品牌形象及品牌定位。

从另一面看，所代言的品牌形象也会直接影响受众对名人符号价值的判断。比如，中国一线女明星通常被认为有"四旦双冰"，"四旦"红得早，地位无可撼动，而范冰冰的话题性和曝光率又远超过李冰冰，所以很多人都认为李冰冰是排在末位的。但最近双冰的品牌代言情况却忽然颠覆了人们的认识。范冰冰在 2012 年底被授予路易·威登手袋中国区形象大使称号，而仅隔一个多月，李冰冰成为古奇历史上首位全球全线产品（手袋、时装、眼镜、高级珠宝、腕表）代言人，古奇全球品牌总监弗里达·吉安尼尼（Frida Giannini）说，在品牌近百年历史上，这样的待遇就连好莱坞一线明星都未能享受过。就从这一双冰代言 PK 战开始，很多人改变了自己的看法，认为李冰冰的符号价值更胜范冰冰。

这里还有一个反面案例：李玟。歌星李玟不但是华语乐坛的亚洲流行天

---

①　蒋诗萍：《伴随文本与品牌叙述》[J]，《湖南社会科学》，2012 年第 1 期。

②　赵毅衡：《符号学原理与推演》[M]，南京：南京大学出版社，2009 年版，第 147 页。

③　怀斯曼：《怪诞心理学》[M]，天津：天津教育出版社，2009 年版，第 67—68 页。

后，而且在国际乐坛都有一定的影响力，曾为"奥斯卡金像奖"颁奖典礼献唱，还曾被《时代周刊》誉为"华人之光"。但就在李玟最红的时候，她错误地为一款并不太出名而且价格较低廉的美发产品拍了广告，这支广告极大地影响了她在大品牌与广告商心目中的符号价值，以至于再也没拍过大牌广告，这与她曾经的乐坛地位是很不相称的。

（三）名人符号价值与目标受众

之所以要将品牌定位为不同的档次，是因为不同档次的产品有不同的消费群体，在物资丰富的买方市场，必须进行市场细分，才能以具备不同符号价值的产品打动不同阶层、不同品位的目标受众，毫无个性的一刀切是行不通的。布尔迪厄的阶级场域理论认为，阶级可以通过消费来界定，不同的社会阶级有不同的消费惯习，不同社会阶层的人会形成不同的生活品位，面对同一件物品会产生不同的审美体验。这一阶级理论布尔迪厄称之为"符号物资的政治经济学"。①

不同的品牌，有不同的消费群体，同一群体有着相似的经济能力与审美品位，因此形成了相似的消费惯习。不同品牌代表着不同的符号价值，也代表着不同的个性与身份归属。"通过各种物品，每个个体和群体都在寻找着他或她自己在一种秩序中的位置，始终在尝试着根据一个人的生活轨迹竞争这种秩序。通过各种物品，一种分层化的社会开口说话——为了将每个人都保持在一个确定的位置里。"②

商家在选择代言人时，需要考虑的也是其符号价值。不同的品牌以及同一品牌旗下不同档次的产品其代言人会有很大不同。首先是备选的名人身上的象征意义是否与品牌形象吻合。比如世界第一软饮料品牌可口可乐，其塑造的品牌内涵一直为活力、快乐，所以在选择品牌代言人时多为形象阳光健康的运动员或歌星，比如欧美地区的品牌代言人有人称"万人迷"的足球明星大卫·贝克汉姆、健康性感的黑人歌手碧昂丝·吉赛尔·诺斯等，而中国区代言人则有王力宏、姚明等广受欢迎的青年偶像。这点看似以品牌内涵为基础寻找气质相吻合的代言人，实则因为不同的目标受众有不同的符号价值取向。可口可乐的目标受众是年轻人，年轻人欣赏的气质当然是自己拥有或想要拥有的朝气蓬

---

① Bourdieu：*Distinction*：*A Social Critique of the Judgement of Taste* [M]，Cambridge：Harvard University Press，1984，P. 483.

② 乔治·瑞泽尔：《后现代社会理论》[M]，谢立中，等译，华夏出版社，2003 年版，第 110页。

勃、积极向上。以此类推，如果产品的目标受众是家庭主妇，代言人的符号价值当然首选温婉贤淑；如果产品的目标受众是中年男性，代言人的符号价值首选则为淡定、睿智等成功男士特质。如此一来，名人身上的象征意义才能通过转喻邻接到其代言产品之上，成功转化为产品的符号价值。

在形象与气质相符的大前提下，品牌在选定代言人之前还会在目标受众中间进行候选人形象调查，哪位最受欢迎，其符号价值就最高。只要目标代言人要求的酬劳在可承受的范围内，品牌就会尽量选择符号价值高的名人来代言，因为在令人眼花缭乱的同质产品竞争中，消费者对品牌代言人的情感往往决定了对产品的取舍。所以归根结底，目标受众的选择既决定了名人符号价值的分类，也决定了名人符号价值的高低。

第二节　身份—自我——受众认同的核心

人类学家弗里德曼（Jonathan Friedman）说过，消费总是对认同的消费，既表明了自我与世界的联系，也是个人以及群体之间重要的区分方式。[①] 的确，人们的消费行为，代表了对某种商品的价值认同，也许是使用价值，也许是符号价值。弗里德曼的消费观既适用于普通商品，也适用于名人。

对于认同的看法历来比较一致，大都强调人在社会关系中的归属感，即要在他人或他物身上找到自我的存在感。简单地说，认同即是要在他人或他物身上找到自我，确定自己是谁。自我是一种概念，是基于现实经验（物质所有、社会角色、个人特点等）所生发的关于自身的感觉与思考的集合。哲学家、社群主义学家查尔斯·泰勒指出："我对自己的认同的发现，并不意味着我是在孤立状态中把它炮制出来的。相反，我的认同是通过与他者半是公开，半是内心的对话协商而形成的……我的认同本质性地依赖于我与他者的对话关系。"[②]可见，自我是以他者为镜像得以确定的，因为，"他者"携带着社会文化的语境元语言，映射着"自我"与社会的诸种关系。任何对外物的观感其实都映射出对自我的认同，因为这些看法毫无疑问地反映出自我的品位、审美、经验与价值观。所以，本文所谓的受众认同，自然是以名人为镜像，从受众与名人的对话来分析受众的身份—自我。受众对名人的认同归根结底是围绕着自身的身

---

① Jonathan Friedman. *Cultural Identity & Global Process* [M]. London: Sage. 1994, p. 104.
② 查尔斯·泰勒：《承认的政治》[M] //参见汪晖、陈燕谷主编《文化与公共性》，北京：北京三联书店，1998 年版，第 298 页。

份—自我所进行的一种循环与交互式的过程。

这一过程也可以从人的本质属性来分析，"人是个体的人、类的人，也是社会化的人，是三位一体的结构"①。所以，人之生存为主体，既具有主动性，又离不开社会化。因而，受众的自我认同主要包括主体认同和社会认同，其中主体认同又分个体认同和群体认同两个层次，社会认同则主要表现为文化认同。三者之间是一个渐进的过程：个体认同→群体认同→文化认同。

一、个体认同

对一个名人的喜恶，对其符号价值的判断，乃至对其所代言的商品的选择与否，首先是一种个体行为。虽然个体行为脱不开社会的影响，但最起码从表面上看，尤其在现代社会，"认同的重心已经从形而上的生产方式和意识形态，转向了形而下的生活方式，个体更直接追求主观满足感的最大化，消费社会的核心场域——消费领域中，每一个个体行为都是个人化的，并不具有显著的公众性特性"②。而且，里斯曼也说过："今天最需要的，既不是机器，也不是财富，更不是作品，而是一种个性。"③ 在追求个性的现代社会，个体认同的重要性不言而喻。

个体认同（individual identity）因人而异，强调的是个性与差异性，以个体为参照物获得自我认同。尽管个体的自我认同需要通过与自然和社会的种种关系来定位自身价值观，但"凡是有某种关系存在的地方，这种关系都是为我而存在的"④。马克思的话充分说明在认同这一社会活动中，"我"始终是核心，个体的自我认同是一切认同的基础。个体认同的内在实质在于个体对自我价值的定位与守护，外在表现则是个体对他者的期待与认可。

个体认同的起点在于对自我的反思，"我是谁？""我要成为谁？"等问题使人确立自我的身份与存在目标。但在当下的消费社会，哲学意义上的"我思故我在"已让位于"我买故我在"，个体的符号消费行为既代表着自身的角色定位与审美体验，也向外界彰显着身份、地位、价值观。"消费活动就是一种特殊而重要的认同行动，人们消费什么和不消费什么，并不仅仅是对自己可支配

---

① 张云鹏：《文化权：自我认同与他者认同的向度》[M]，北京：社会科学文献出版社，2007 年版，第 73 页。

② 马惠娣：《解读文化、文化资本与休闲》[R]，《在"2005 休闲与社会进步国际学术研讨会"上的演讲》，2005 年 10 月。

③ 姚建平：《消费认同》[M]，北京：社会科学文献出版社，2006 年版，第 111 页。

④ 《马克思恩格斯选集》第 1 卷 [C]，北京：人民出版社，1972 年版，第 81 页。

的货币和资源的反映，而且同时反映了人们对某种价值目标的认同行动，'我'消费什么、怎样消费，实际上体现和贯彻了'我'对自己的看法、定位和评价，及对自己的社会角色和地位的接受，也就是说是自我认同的表现。"① 名人作为当代消费品的一种，所引发的受众反应也是受众自我认同的表现之一。

个体对名人的认同是围绕着"理想自我"进行的。罗杰斯（Carl Ransom Rogers）从自我实现的角度将其区分为理想自我与现实自我。理想自我指个体所希望的自我形象，现实自我指个体知觉到的自我形象。② 理想自我即一个人自己想要成为的一个虚构的欲望主体。比如，一个女性对另一个女性最高的赞美是"我想长成你那样"，表达了对自己容貌的不满，对他人容貌的欣赏；"自恨罗衣掩诗句，举头空羡榜中名"表达对自身才华被压抑的不满，对金榜题名、事业成功的渴望。这属于对理想自我的认同，通常表现为"我们有某种愿望，自己难以实现，别人却做到了。于是，我们会喜欢他，仰慕他，因为'他实现了我的梦想'"③。另外，由于在别人身上看到与自己相似的某种东西，而爱屋及乌地接受这个人，其实也是一种理想自我认同，因为那一拥有肯定令你颇感自豪。个体对名人的认同其实就是一种理想自我实现的变相投射过程。

能够成名，总是具有普通人渴望达到却又难以达到的高度。相比以前，当代的名人为何多如过江之鲫？一方面是因为传媒渠道的拓展提供了成名的平台，另一方面也是因为市场的选择。随着意识形态的多元化，人们个性纷呈，欲求也变得多种多样，当自己难以实现的欲求在他人身上得以实现，个体认同就变得顺理成章。所以吉登斯说："'理想自我'是自我认同的核心部分，因为它塑造了使自我认同的叙事得以展开的理想抱负的表达渠道。""个体不是突然遭遇他人的存在，而是以一种情感认知的方式去发现他人。"④

二、群体认同

个体认同要厘清的是对自我的认识，而群体认同则强调"归属感"，倾向于对一种社会身份的自我确立。群体认同更加注重认同中被诸多个体共享的东

---

① 王宁：《消费社会学——一个分析的视角》[M]，北京：社会科学文献出版社，2001 年版，第61 页。

② 王敬欣：《人本主义人格理论中的"自我"观》[J]，《山西大学师范学院学报》，2001 年第 2期。

③ 武志红：《解读"疯狂"——热点话题人物的心理分析》[M]，北京：世界图书出版公司，2007 年版，第 91—99 页。

④ 安东尼·吉登斯：《现代性与自我认同》[M]，北京：生活·读书·新知三联书店，1998 年版，第 75 页。

西或相似性，它以集体为参照，发现和培养共同的意义感。①

人是社会的人，从小到大，都是在一个又一个的圈子内活动。比如朋友圈、上学时参加的各种兴趣小组、长大后加入的不同的党派等。因为人需要"归属感"，作为群居动物，一是出于安全的考虑，二是出于精神的需要。在马斯洛的"需求阶层金字塔"中，对爱与归属感的需求（Needs for Love and Belonging）排在第三位，仅次于生存与安全感，对尊严与自我实现的需求还在其后。每个人都害怕孤独，在家庭、单位乃至朋友圈子中拥有存在的位置，会强化对自我价值的认同，感觉到踏实而非茫然无措。在主体认同的两个层次当中，个体认同是基础，而群体认同却往往表现出更大的影响力，因为个体的判断往往受到情感的左右。名人产业非常重视受众的群体认同。

（一）名人广告宣传中的自己人效应

名人在做广告或推销自己时，常用到一种名为"自己人效应"传播技巧，其实就是为获取受众的群体认同。所谓"自己人"，是指在某方面与自己相似或相同的人，或许是出身地域、阶层，或许是性格、爱好，抑或是世界观、价值观等。自己人效应，又叫同体效应，即我们对属于同一群体的"自己人"所说的话更信赖，更容易接受。

1860 年美国总统大选，最后的竞争对手是林肯与道格拉斯，大富翁道格拉斯乘坐华丽的竞选列车沿路宣讲，贵族气势一览无余。而林肯乘坐简陋的马车，告诉选民自己出身平凡，唯一可依靠的就是大家的支持。林肯朴实无华的言行在选民中产生了自己人的效应，获得了选民的大力支持，最终在总统竞选中胜出。

现在的女明星产子成了一个赚钱的契机。因为有了孩子，就自然而然地成了"妈妈"这一群体的一分子，其有关亲子方面的言行就容易获得其他妈妈的信任，所以女明星升级为妈妈后，一些母婴用品的广告代言就纷至沓来，这是名人的权威效应与新妈妈的自己人效应共同作用的结果。

以上是从传播心理角度而言，从社会学角度来看名人与受众群体认同的关系，则会带给我们新的启示。在传统的熟人社会中，相互之间都熟知彼此的身份与个性，群体的建构与认同是较为简单清晰的一件事情。而现代社会是一个陌生人社会，疏于沟通交流的个体很难展现出自身属性获取社会认同。于是，"消费者共同体"这一新的社会群体就出现了，消费者共同体以商品的符号价

---

① 王成兵：《试论个体认同与集体认同之间的内在关系》[J]，《理论学刊》，2007 年第 8 期。

值作为展示自我与鉴别他人个性的中介，是现代人为寻求群体认同自发形成的最便捷方式。名人符号价值突出的特性恰恰吻合了这一时代需求，所以说，名人尽力争取更多的受众认同，其实也是在努力担起时代所赋予他们的社会责任与社会功能。

（二）造星运动与受众的身份认同

身份是面对一个符号文本时所扮演的一个人际角色或社会角色。在社会生活中往往是角色感指导我们的行动，所谓到什么山头唱什么歌，在什么位置说什么话。因而身份的组成极为复杂，由其生发的认同感也多种多样："美不美，家乡水；亲不亲，家乡人"——典型的地域认同；"同是天涯沦落人，相逢何必曾相识"——一种境况认同；"女人何苦为难女人"——对未得到性别认同的感慨……在诸多的身份认同中，群体认同是最可靠的，因为群体本身就是因群体成员共同的目标而建构的。当下草根明星在全球范围内大行其道，最主要的原因就是受众的群体认同。

一直以来，"中国的平民没有有意识地形成一个阶层，并为改善自身的处境而进行过有组织的斗争或努力，基本上处于'自在'的状态，这有别于在西方政治、社会学研究视野中屡屡提及的平民阶层"[①]。而随着草根文化的深入人心，中国的平民不仅为自己另起了一个更贴切的名字——"草根"，还使草根阶层由自在的阶层转变为一个自为的阶层。在这一过程中，群体认同意识功不可没。虽然草根阶层不像通常意义上的群体那样可以明确地区分出边界，确定成员，但这也从另一方面反映出这一群体的范围之广与人数之多。原子化的个体却有着共同的生活体验，借助网络这一平台便足以建构起想象中的群体。在"我爸是李刚"事件中，官二代是他者，非官二代便全是"我们"；在杭州"胡斌撞人案"中，富二代是他者，非富二代是"我们"；在"药八刀"案件中，以李玫瑾教授为代表的知识精英是他者，非精英是"我们"……正是在每个人一次次自觉的身份认同中，草根阶层完成了群体建构。

农民工组合"旭日阳刚"的走红带有鲜明的群体认同色彩。农民工刘刚与王旭翻唱《春天里》的一段视频被放到了网上，短短几个月时间就被点击和转载千万次，感动了无数的网民，有网友评价："一曲《春天里》，唱得中国泪流

---

① 刘志权：《从"写平民"到"平民写"——试论 20 世纪末"平民文学"研究的新思路［J］》，《江苏社会科学》，2007 年第 6 期。

满面。"① 平心而论，旭日阳刚的唱功并不深厚，远比不上原唱汪峰技巧娴熟；大家都承认是被其歌词所打动，但事实上这首歌是 2005 年面世的，而且其演唱者汪峰本就知名，但在其后的近 5 年时间内却未能将它唱红，直至遇到旭日阳刚。所以说，受众被打动并非完全因为歌词，而是因为旭日阳刚的农民工身份赋予了歌词新的意义，进而使受众产生了群体认同心理。

目前中国有 1.5 亿农民工，他们为了生计不得不背井离乡，在陌生的城市尝遍艰辛却依然找不到存在感与安全感。还有同样出身底层、漂泊异乡的几千万大学毕业生，经历着与农民工并无本质差异的命运。所以，正是旭日阳刚漂泊者的身份打动了同为漂泊者的网友，他们将之视为自己的"心声代言人"，"让他们感动的不只是几句歌词，也不只是'旭日阳刚'沧桑嘶哑的歌喉，让他们流泪的，是那些始终无法被城市接纳的一代农民工的命运"②。

三、文化认同

文化认同在学界并没有达成明确而统一的概念，但通常认为，文化认同是个体由于长期生活在某地或某个民族中所形成的对该区域共同体核心基本价值的认同，是区域或国家认同及民族认同的基础。

文化认同是一种集体性的主流文化价值观认同，是个体长期置身于某一文化环境中而自然内化的一种自我反应。"文化"本身是一个非常广泛的概念，《现代汉语词典》解释为人类在社会历史发展过程中所创造的物质财富和精神财富的总和③。文化包括一个国家或民族的历史、地理、风俗习惯、生活及思维方式、文学艺术、价值观念等，是一个区域共同体的每一个成员存在属性的一部分。其实文化即人化，是人与动物最显著的区别，人类在文化中认识自身，在文化中寻求人生的意义。所以文化认同也渗透入个体生存的每一个场景之中，无意识地影响着个体的"自我"与"他者"的同构的联系。"人类生活在各种文化意义编织的社会网络中，而认同则是人们寻求意义的重要来源。文化认同问题的提出源自于作为社会主体的人对于自身生存状况及生命意义的深层次追问，认同所要解决的问题关涉到每一个个体和群体安身立命的根本。"④

---

① 陆应铸：《"旭日阳刚"一曲〈春天里〉走红背后的民意井喷》[OL]，2010.11.23。资料来源：人民网—观点频道 http://opinion. people. com. cn/GB/13290621. html.

② 陆应铸：《"旭日阳刚"一曲〈春天里〉走红背后的民意井喷》[OL]，2010.11.23。资料来源：人民网—观点频道 http://opinion. people. com. cn/GB/13290621. html.

③ 《现代汉语词典》[Z]，北京：商务印书馆，第 5 版。

④ 恩斯特·卡西尔：《人论》[M]，上海：上海译文出版社，2004 年版，第 57 页。

受众对名人符号价值的认同也是文化认同的表现之一。下面我们从横向的文化环境（民族、地域）、纵向的历史变迁，以及开放的全球化背景等几个方面来分析受众对名人的文化认同。

（一）名人的符号价值有民族、地域之分

名人的符号价值不是放之四海而皆同的，它有民族、地域之分。人类学家克利福德·格尔茨（Clifford Geertz）曾说过："每种文化都在自己的轨道上，以它自己的速度，朝着不同的方向行驶。"[①] 不同的文化培育出承载着不同符号价值的名人，在不同的文化情境中发挥着自己的影响。如孔子，其儒家思想在东亚有着极其深远的影响，但在西方孔子却更多地被视为东方文化的一个代表性符号。耶稣在西方与东方的影响亦与之相类。当然也有墙内开花墙外香的例子。如国际名模吕燕，黑皮肤小眼睛厚嘴唇，与崇尚雪肤杏眼樱唇的东方审美观大相径庭，但在欧美的时尚界却广受青睐，因其气质恰恰吻合了西方人眼中的时尚与性感。

所以，很多品牌在开拓市场时，所选择的代言人气质总是要符合目标地域的审美观。大品牌极少有请一位名人作为全球代言人的情况出现，欧美区代言人与亚洲区代言人的区分是最常见的，因为中、日、韩、新加坡等国家不仅在人种与地理上接近，其族群文化也往往被认为具有相似的东方特质，而美、法、英等国由于地理、人种及价值观念的相似，则常被笼统地视为西方文化族群。消费者对品牌的选择不仅仅建立在产品的使用价值上，品牌所能引起的文化认同更为重要。所以品牌形象建设要与目标地域的文化融合，通过本土化的形象代言人才能树立起直观的本土化形象，避免对不同文化的误读和对不同价值观的拒斥心理，唤起消费者心目中的文化认同。

（二）名人的符号价值有时代之分

人类以及人类文化都是历史连续性的存在，正是由于在时空系统中所保存的集体记忆构成了不同族群、国家等区域共同体文化认同的基础。故当代国学大师钱穆说："若一民族对其以往历史了无所知，此必为无文化之民族，此民族中之分子对其民族必无甚深之爱。"[②] "前事不忘，后事之师也"，但随着时间的沙漏，历史的车轮渐去渐远，尤其是经历过某些巨大的社会变革之后，社会的文化环境总会发生很大的改变，随之而来的便是意识形态的巨大变革，最

---

① 慈玉鹏：《霍夫斯泰德与露丝·本尼迪克特的异同》[J]，《管理学家实践版》，2010 年第 12 期。

② 钱穆：《国史大纲》[M]，北京：商务印书馆，，1994 年版，第 2 页。

终造成人们文化认同观的悄然变化。

同一个人，在一个时代不是名人，但当时间的车轮前行到某个时代时，可能会忽然声名鹊起；也可能曾经在一个时代风光无比，但百年之后便很快被历史的风烟湮没。不同时代的审美观与价值观直接影响到名人的符号价值。在一定时期内，被主流意识形态认可的名人符号受众面最广，其符号价值也最高，而仅仅被小众支持的名人符号，其符号价值也较低。不过，这世上没有一成不变的事物，一切都要以发展的眼光去看待，社会在变迁，文化在演变，人们的审美观与价值观也变动不居，"从历史认同的定义来看，认同是在时间变化中的认同。"①

凡·高便是最典型的例子。凡·高生前寂寞、穷困潦倒，而身后却暴得大名，其作品动辄卖出上千万美元的高价，更被许多人目为 19 世纪最伟大的画家。凡·高的悲剧应主要归因于当时的社会背景。19 世纪末的欧洲，以莱顿及布格罗等大师为代表的古典唯美的绘画风格在艺术界占主流地位，绘画的主题是历史、戏剧与自然，即便当时已崭露头角的以莫奈为首的"印象派"，也仅仅是在光影运用方面给人们带来全新的视觉冲击，凡·高画笔下那扭曲而跳动的激情对时人来说实在太前卫了，以至于人们无法接受。但随着工业的巨大变革，人们的思想观念也得到空前的革新，艺术领域里的现代主义遂成新宠，凡·高狂放大胆地抒发内心感受的画作也就适应了人们的审美需求，得到了广泛的认同。

凡·高的经历正是标出性的历史翻转的绝佳范例。随着文化的发展，原来的正项可能会变成标出项，而标出项也可能会变成正项。这种变化，反映了社会、文化以及人类意识形态的发展变化。过于前卫的艺术表达形式以及过于具有前瞻性的思想观点，超脱于当时社会的认识水平，在被创作出的一段时间内，常常是被标出的，有过不被社会认可的遭遇。

西方电影理论家雷蒙迪尔尼亚认为，一个国家的社会史可以由该国的电影明星书写出来。其实不仅仅是电影明星，将眼光扩展开来，许多领域的名人发展史都与其所属文化史相辅相成，二者是枝叶与根的关系。从古至今，人们的文化认同一直在不停地流变，想要理清这一发展轨迹，整理一本《名人录》不失为一个既简便可行又行之有效的办法。

（三）全球化与名人国际化

文化认同通常指对本土文化的认同，但是在全球化语境下，不同文化间的

---

① 克里斯·洛伦兹：《比较历史学理论框架的初步思考》[J]，《山东社会科学》，2009 年第 7 期。

交流日益频繁，以往处于相对封闭状态的文化系统渐呈开放趋势，相互渗透，相互影响，表现出一种"文化间性"，正如美国人类学家阿帕杜莱（Arjun Appadurai）所言，今日全球相互影响的中心问题是文化的同质与异质之间的张力。① 所以在全球化语境下，文化认同又增添了一重意义，"指对某一特定文化欣然向往，拥有好感并有意追求、融入与实践的程度，也就是对某特定文化的认同感"②。信息、经济、政治、娱乐，随着全球化在社会各领域的全方位展开，人们对异质文化的认同度也越来越高，于是也就出现了越来越多的国际化名人。

不同的文化习俗会形成文化认同差异，但是总有一些主题没有地域界限，诸如和平、博爱、健康、环保等人类共同的价值取向。这些普世性因素会在全世界人民心中激起相同的情感，也会引发相似的文化认同。因此，将自己的一生奉献给护理事业的白衣天使南丁格尔，以及致力于解除贫困、服务穷人的特蕾莎修女得到了全世界人民的尊敬与爱戴。不过，现在国际化名人越来越多的原因却并非出于这些普世性的价值观，而是强势文化蚕食弱势文化的结果。

如果欧美亚非等各洲人聚集在一起聊名人话题，那他们最可能聊起的是欧美名人，因为这样才能保证每个人都发表见解。欧美名人为什么能得到全世界的关注？并非由于他们恰巧吻合了世界上诸种文化认同观，而是由于欧美文化的影响遍及全球，打开了各种文化与这一异质文化融合的缺口，欧美名人在全世界范围内得到认同正是对异质文化认同的一种外在流露。以美国为首的西方国家所代表的文化霸权大家都了然于心，但对于那些充满吸引力的西方世界的产品却无力抵抗，因为先进、方便、物美价廉，或者象征着身边的普通人所无法触及的奢华与品位。

美国前总统乔治·布什（George Bush）说："世界上还没有哪个国家发现一种办法，既进口世界的产品和技术，又能把国外的思想阻止在边界。"③ 在人们津津乐道于好莱坞影星的妆容打扮与明星政客们的八卦绯闻时，对这些欧美名人所属文化的向往与认同已悄悄侵入各自的本土文化认同之中了。

---

① A. Appadurai. Disjuncture and difference in the global economy [J]，*Public Culture*，1990，2(2).

② 苏勇、李智娜：《异国文化认同感对消费者购买行为的影响与启示——以韩流风潮为例》[J]，《市场营销导刊》，2008 第 4 期。

③ 马凤书：《"文化博弈"与"全球政治"》[J]，《文史哲》，2002 年第 4 期。

第三节　名人符号——大众内爆的引线

传媒符号学所谓的"内爆"（implosion），本是麦克卢汉引自物理学的一个概念，借物理学中的内向聚爆导致各物体由收缩而致崩塌解构，来形容电力时代的社会特征。在麦克卢汉看来，在电力时代，人与人之间的时空距离缩短乃至消失，整个世界变成了"地球村"，而且，电子媒介强大的制造与传播功能使媒介与信息的界限消除，膨胀的信息使印刷传播所带来的文化等级解体，也使政治、经济、公共等各领域相互渗透，"一极被包含到另一极之中，每一个意义区分系统的对极之间都出现了短路，术语和不同的对立面被消除了，传媒和形式也随之被消除"①。

1951 年麦克卢汉在《机器新娘》一书中写道：现代报纸正在为大众塑造一个世界，它"只需要把毫不相关的新闻肩并肩放在一起，就可以推出一个日常的画面，酷似人间万象，人类大家庭气象万千的风景画——从中国到秘鲁的辽阔地区——就展现在我们的面前"②。在麦克卢汉看来，人们透过大众传媒展示的景观来认识世界，并在无意识中被催眠，相应地改变行为方式与思想观念。法国思想家、实验主义电影艺术大师居伊·德波（Guy-Ernest Debord）则于 1967 年进一步明确提出了"景观社会"的概念，认为景观已经凸现为"媒介时代"的本质。德波指出："从整体上理解景观，它不仅是占统治地位的生产方式的结果，也是其目的。景观不是附加于现实世界的无关紧要的装饰或补充，它是现实社会非现实的核心。在其全部特有的形式——新闻、宣传、广告、娱乐表演中，景观成为主导性的生活模式。"③ 而较麦克卢汉与德波的"景观社会"概念影响更大的是鲍德里亚的"拟像社会"。

鲍德里亚在麦克卢汉的基础上将"内爆"这一术语的内涵加以扩展。鲍德里亚将当今社会的内爆分为三个层次：首先是意义的内爆。电子媒介创造出一个影像世界，使人生活在梦幻之中，导致真实世界与拟像空间之间界限的模糊。其次是社会的内爆。阶级、社会领域、文化形式乃至意识形态之间的界限都相互混淆，相互模仿，原有的社会交往模式及价值体系坍塌瓦解。最后是大众的内爆。在大众传媒控制的网络与信息爆炸的环境中，对信息的被动接受代

---

① 马歇尔·麦克卢汉：《理解媒介——论人体的延伸》［M］，何道宽译，商务印书馆，2007 年版，第 82 页。
② 马歇尔·麦克卢汉：《机器新娘》［M］，何道宽译，北京：商务印书馆，2009 年版，第 29 页。
③ 居伊·德波：《景观社会》［M］，王昭凤译，南京：南京大学出版社，2006 年，第 3 页。

替了对意义的主动寻求，太多的民意测验及统计学数据以貌似权威的面目出现，使大众丧失了独立思考与求证的动力与能力，沦为沉默的大多数。到此超真实彻底取代了真实，现实从属于表征。

在大众内爆的进程中，名人符号充当了引线。在海量的传媒信息中，我们所关注的焦点无非是名人。在电影、电视等影像文化传播中，明星通过角色扮演传达着主流意识形态：如英雄伟人的丰功伟绩被人敬仰、贤妻良母的勤俭温婉被人喜爱等，而名人访谈则是通过更直接的方式起到同样的作用，丧失主体观念的大众有的是可奉为圭臬的权威话语；在精心设计的广告中，名人展示着所谓时尚高贵的生活方式，勾起每个人对这种"美好生活样板"的一致向往；在举世瞩目的政治事件中，也往往出现奇怪的本末倒置现象，花边新闻往往比核心事件更为引人注目，政治、经济、娱乐等各领域顿时纠缠不清。因为大众对名人有一种普遍的好奇与仰视心理，大众传媒就借助其无所不至的触角，将名人符号渗透于大众生活的点点滴滴，大至政治倾向，小至穿衣风格，上至情感取舍，下至食品选择，使各个领域内爆为毫无差别的名人模仿流。

一、名人符号的意动性

从表面上看，是大众选择了名人，名人符号的生成及其符号价值的高低无不与大众的认同休戚相关，但透过现象看本质，操控大众选择的是大众传媒。大众每天被层出不穷的名人信息轰炸，是被动而盲目的，而大众传媒在通过名人符号对人们施加影响时，却有着很强的主动性与针对性，这在名人符号表意过程中清晰地表现为意动性，即侧重于接收者与媒介。

意动性原是语义学名词，指言语除具有意向性，还能唤起受话人的反应行为，取得某种显性效果。即通过有意的言语尝试，通过受话人的反应使某种潜在的可能变为现实。后来，随着德国心理学家布伦塔诺所创设的意动心理学（或称机能心理学）在心理学界的影响日益扩大，"意动"这一名词被心理学界广泛应用。"认知—情感—意动"被认为是个体心理活动的三要素，成为各领域进行心理分析的一个模式，在学科建设中扮演了一个重要角色。将这一心理分析模式移植于名人符号学领域，则大众传媒是信息的发出者，其借助于名人符号这一媒介，对受众施加影响，使受众接受其所有意传达的意识形态信息，构建起社会意识形态的元语言集合，并采取一定的行为——诸如跟风消费或社会道德规范遵守等来维护这一意识形态。在这一意义上，名人符号承担着明确的任务。

（一）名人符号与霸权建构

意大利共产党领袖葛兰西（Antonio Gramsci）曾提出过文化霸权（cultural hegemony）理论，他所说的文化霸权即文化领导权，是与武力统治相对的概念。意指在民主程度较高的西方资本主义社会，统治方式已由暴力强制转变为意识形态渗透，通过在市民社会（由政党、工会、教会、学校、学术文化团体和各种新闻媒介构成）的广泛宣传，使普通民众认同其思想观念，自觉自愿地拥护其领导与统治。[①] 思想观念的广泛宣传离不开大众传播媒介。而所谓大众传播媒介，只是面向大众进行信息传播的媒介，而并非服务于大众的信息传播媒介，它的控制权牢牢掌握在统治阶级手中。只要有国家及政权存在，大众传播媒介的这一性质就不可能发生根本性改变。统治阶层需要与民众对话，因为话语能够表达思想观点，具备意识形态层面的影响力。法国哲学家福柯说："人是受话语支配的。"而掌握了大众传播媒介，就等于掌握了话语权。但是，思想观念的灌输不可能是赤裸裸的，简单的命令式话语会招致反感，借助名人这一群体所进行的榜样示范式交流却千百年来屡试不爽，成为统治阶层传播其意识形态的有力工具。

以孔子为代表的儒家思想曾统治了中国几千年，究其原因，从统治阶级的立场上来说，是因为其伦理上以"仁"为核心的"三纲五常"以及政治上的大一统主张，适应了封建专制统治的需要，而从民众的立场上来说则远非如此。朝代的兴亡更替从来不是中国老百姓关心的重点，"不知有汉，无论魏晋"的桃花源是历朝历代中国百姓梦想中的福地洞天，可见吃饱穿暖平安喜乐才是其向往的生活。之所以拥护儒家思想，并非由于儒家思想给他们带来了切实的好处，而是他们期盼儒家思想能给自己带来好处，因为有很多激励人心的榜样的力量。

"书中自有黄金屋"，儒学给人带来的好处是实实在在可以触摸的，封妻荫子、光宗耀祖的诱惑没有几个人能够抵御。一旦有人高中状元、进士，甚至仅是举人，就马上名动乡里，赢得众人景仰，成为教育子孙的标杆。《儒林外史》中"范进中举"的描写风趣却真实，"鱼跃龙门"前后的待遇反差使人心酸之余却益发能够理解民众对功名的追求。对于古代的平民百姓来说，科举几乎是唯一的上升通道，所以"万般皆下品，唯有读书高"，幼童从三岁启蒙便被灌输"四书五经"，以待长大成人厚积薄发。在这样的风气之下，儒家思想能够

---

① 葛兰西：《狱中札记》[M]，曹雷雨等译，中国社会科学出版社，2000年版，第38页。

统治天下实在不足为奇，而且根深蒂固代代相传，成为统治阶级进行封建专制难以撼动的基石。

下面以"认识—情感—意动"模式来分析民众心甘情愿被麻醉的心理过程。仍以"范进中举"为例。"中举"这一事件使乡邻全都熟悉了"范进"这个名字，继而口耳相传了解到他苦心读书求上进的历程，这是"认识"的经过。对范进此人有所了解之后，便会生发出某种或某几种"情感"：或是对他不为挫折气馁、一心一意奔前程的敬佩、景仰；或是对他一夜之间跃龙门的羡慕、嫉妒；甚或是对他一大把年纪才中举的三分鄙视。心中生发出一定的情感之后，便会有一定的行为倾向，或是参与到这种奋发图强的进取精神的散布传播中，或是更添了闭门读书的动力，或是将其作为现成的素材教育子孙。对于儒家思想的传播与巩固来说，榜样的力量对于绝大多数民众的影响都是积极的。不管民众的动机如何，统治阶级借助名人这一群体进行意识形态传播的目的是达到了。

现代名人群体亦有同样的作用。撇开高高在上的政界名人不谈（因为他们人数太少，而且其地位远非常人努力可及），现在出名人最多的领域莫过于娱乐界与商界，演艺明星与成功商人最受人羡慕，所以高考时竞争最激烈的专业是表演和金融——当明星之所以成为很多人的梦想，主要原因也并非成名所带来的自我满足感，而是由于其吸金能力不逊于商人且社会地位得到了极大提高。这充分说明了社会意识形态的变迁。要知道，封建社会的等级排列为士农工商，读书人的地位最高不言自明，商人的地位还不及农民和手艺人，而以表演为生的人被称为优伶，身份至为低贱，《红楼梦》中苏州买来的学戏的小姑娘被视为玩物，名满天下的蒋玉菡虽然有钱置业，却也只能娶到同样被认为身份低贱的婢女出身的袭人。不过随着时代的前进，封建时期的社会等级早已被极大颠覆，虽然中国当代并没有对社会阶层进行明确的排名，但社会等级还是存在于人们心目中，只不过评判标准与前不同。据《南方周末》2008 年的《中国社会阶层调查》，中国现有的阶层分布如下页图所示。

中国社会阶层结构的基本形态

社会上层： 高层领导干部、 大企业经理人员、 高级专业人员及 大私营企业主	国家与社会管理阶层 （拥有组织资源）
	经理人员阶层 （拥有文化资源或 组织资源）
中上层： 中低层领导干部、 大企业中层管理人员、 中小企业经理人员、 中级专业技术人员、 及中等企业主	私营企业主阶层 （拥有经济资源）
	专业技术人员阶层 （拥有文化资源）
	办事人员阶层 （拥有少量文化资源 或组织资源）
中中层： 初级专业技术人员、 小企业主、办事人员、 个体工商户	个体工商户阶层 （拥有少量经济资源）
	商业服务业员工阶层 （拥有很少量的三种 资源）
中下层： 个体劳动者、 一般商业服务业人员 工人、农民	产业工人阶层 （拥有很少量的三种 资源）
	农业劳动者阶层 （拥有很少量的三种 资源）
底层： 生活处于贫困状态 并缺乏就业保障的 工人、农民和无业、 失、半失业人员	城乡无业、失业 半失业阶层（拥有 很少量的三种资源）

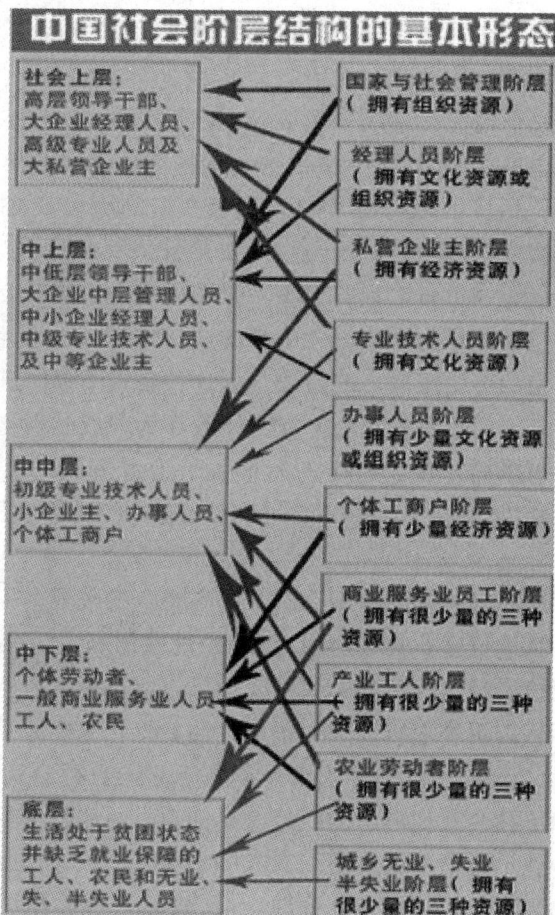

由此可以看出，中国封建社会原有的士农工商的等级结构已被极大颠覆，如果也用四种职业来进行中国当代社会的阶层划分，则依次为：官、商、工、农。这也可以从一个侧面解释当下中国社会对权力与金钱的渴望。因为在当下的世界格局中，商业的重要性被提高到无以复加的地位。而在鼓励民众勇于创业以创造经济价值的过程中，比尔·盖茨、默多克、乔布斯、马云等商界明星被无数人视为偶像与努力的目标。

（二）名人示范与社会行为模式

名人群体在统治阶级的授意下为大众设定了人生观与价值观，确立了人生的理想与追求的目标。但理想应如何实现，就需要落实到具体的行动上来。行动不可能随心所欲，而要沿着社会所画定的条条框框进行。荀子《礼论》有云："人生而有欲，欲而不得，则不能无求，求而无度量分界，则不能不争。

争则乱，乱则穷。""度量分界"意指规范及节制，也就是说，如果没有社会规范，在实现人生目标的道路上不择手段，则人人纷争，天下大乱。所谓无规矩不成方圆，社会行为准则的宣化在维持社会和谐稳定中必不可少，而名人符号在这一过程中又发挥了不可替代的示范作用。名人符号对大众的行为模式的示范作用主要表现为以下几种形式。

1. 树立社会道德标杆：明示—推理的意动性

主流媒体总会抓住一切机会推出一些模范人物。古代传媒业并不发达，但统治阶层还是会想尽一切办法表彰在道德层面表现突出的人物，举孝廉，立牌坊，写经列传，甚至塑像修庙供奉，其目的无非教化万民，使民众"见贤思齐"。赵毅衡认为叙述具有一种普遍意动性，不过这里的叙述并不仅仅指文字和语言，而是包括一切文本在内的符号叙述。模范人物的故事、牌坊、书籍、塑像，全都在进行在声或无声的言说，表现出一种明示—推理的意动性。斯波伯（Sperber）和威尔森（Wilson）曾提出交际即明示—推理过程的观点，认为人类在认知过程中总是追求关联性，对任何明示性交际行为都会进行推理思考，得出与之相关的另一层意义。[①] 在道德教化方面，统治阶级通过嘉奖与表彰等明示刺激实现道德准则的宣传目的，而民众在这样的明示刺激之下能轻易地推断出其背后的交际意图，如道德标杆们同样获取嘉奖的欲望会使他们自觉自愿地认同统治阶级推行的意识形态。

近代大众传媒出现之后，道德标杆的塑造就变得容易多了，报纸杂志的通讯报道，电视网络的纪录访谈，图文声像并茂地打造出全方位立体感的模范形象，且事件与对象常换常新，使人的心灵经常性地受到触动。雅柯布森曾论及："当符号表意侧重于接收者时，符号出现了较强的意动性，即促使接收者做出某种反应。其最极端的例子是命令，呼唤句，祈使句。"[②] 但很显然，在以霸权建构为旨归的社会道德标杆竖立过程中，呼唤与祈使远较命令来得有效。被确立为道德模范的名人符号，以其既得利益向广大民众许下未来契约的标的，充满诱惑力地召唤着民众向他们靠拢。

2. 确立社会行为准则：崇拜—模仿的意动性

身为名人，就得时时刻刻注意自己的言行，不容有丝毫懈怠，镁光灯无处不在，狗仔队如影随形，使名人的一举一动都逃不出媒体与大众的视线，于是

---

① Sperber & Wilson: *Relevance: Communication and Cognition* [M]. Oxford: Blackwell Publishers. 1986/1995, P. 63.

② Judith Williamson: *Decoding Advertisements* [M]. London: Marion Boyars, 1978, P. 177.

他们不得不时时地地打起精神以维持良好的公众形象。米德（George Herbert Mead）说，每个人都存在"I"与"Me"的分裂。这里的"I"与"Me"即指真实自我与第二自我。因所处社会环境的压力，真实自我常受到第二自我的奴役，所以莎士比亚说，整个世界是一个舞台，所有上场的男男女女不过是演员。但普通人需要展示第二自我的时候毕竟有限，而且即便一时不慎流露出不那么高尚的真实自我，通常对自身和社会也不会造成太大的影响。而对于经常抛头露面的名人来说情况就完全不同了。名人的一言一行都可能会成为大众模仿的样板。

从呱呱坠地起，每个人都是在有意无意地模仿别人中成长的，在婴幼儿时期，父母、玩伴，甚至小动物都可能成为幼儿模仿的对象，可以说，模仿是人的本能。而随着年龄的增长，这种模仿心理会部分地演化为权威迷信，小学时迷信老师，中学、大学时迷信明星偶像，工作后迷信专家大师。也就是说，随着个体人际关系接触面的逐渐拓宽，名人崇拜是几乎每个人都会经历的心理发展期，而且会伴随很多人的一生，只不过崇拜的对象会随着年龄段的不同而有所改变。认识一个人，然后喜欢上一个人，继而在着装风格、说话方式、为人处世的态度等方方面面由浅入深地被同化是很常见的事情。正因如此，名人只能遵循社会行为准则，这样才能既受到主流媒体的力捧又收获大众的人气，如果行差踏错，不仅会人气大跌而且可能会导致被媒体雪藏的结局。

3. 促进符号消费：情感—心理的意动性

扩大消费能够活跃市场，拉动国民经济的增长，消费意愿不足将造成产能过剩，引发经济萧条及失业人员增多等一系列社会问题。所以引导大众自觉消费是市场经济的任务，也是国民经济发展的需要。广告的主要功能就是勾起大众的消费欲望，因为欲求是行动的开始，而名人广告由于其在引发关注、可信度，以及强化消费者自我认同等方面的优势，成为企业及广告商争相开发的"情绪资本"。

首先，名人符号使大众在广告产品的"认知"环节的效率大大提高。产品信息总要通过反复的广告宣传才能被消费者熟知，而要树立起品牌形象更非一夕之功所能及。名人广告能使这一过程大大缩短。一是因为名人熟悉的面孔易引起大众的关注，二是因为名人身上所负载的社会文化内涵会通过转喻转化为产品形象及内涵。

继而，名人广告能带给消费者强烈的"情感"体验。粉丝对偶像的热情自不消赘述，在粉丝的眼中，偶像所代言的产品具有其他产品所无法比肩的魅力。即使消费者与名人之间并非粉丝与偶像的关系，但消费者记忆中总留存着关于名人的种种印象，当名人代言的产品形象与消费者记忆中的名人印象有某些地方的吻合时——代言人与产品的契合度正是企业与广告商的关注点之一，消费者心目中潜藏的名人记忆就会立即被激活，既加深对产品的印象，又生发出对产品的亲切感。名人广告对顾客的影响类似于催眠效应。第一个利用催眠效应获得成功的广告是1957年9月美国心理学者J·米迦里的"潜意识广告"。米迦里在电影院放映影片时，每隔5秒便做1/3000秒的可口可乐与爆米花的广告投射，导致电影院这两种零食销量大增。事实上，观众完全没意识到那1/3000秒的曝光投射，可广告词就这样不知不觉中进入观众的潜意识，并产生惊人的效果。中华国际催眠协会副秘书长蔡仲淮就认为，"世界上最伟大的催眠术其实就是广告"①。而在广告当中，名人广告的催眠效果尤佳。因此，电视电脑屏幕上、报纸杂志版面上、街头巷尾海报上，甚至身边大大小小的日常用品上，光鲜亮丽的名人无处不在。见得太多了也就熟视无睹，但就在这种无意识中，我们不但熟悉了名人的音容笑貌，还对常与他们联袂出现的物品——代言产品，以及他们常挂在口边的话——广告词留下了深刻印象。于是在我们毫无戒备的状态下，催眠效应便产生了。麦克卢汉说过："广告不是提供人们有意识消费的。它们是作为无意识消费的药丸设计的，目的是造成催眠术的魔力，尤其是对社会学家的催眠术。这就是广告潜移默化功能的一个侧面。"②

最后，便是名人广告所带来的"意动"效应。不同的名人代表着不同的文化内涵，不同的名人也会唤起受众不同的情感与联想，虽然这些是直接针对名人本身的，但因为邻接作用，对于名人所广告的产品也总会或多或少留下类似的感受。广告不需要引起即时的效果，只要能在人的潜意识中留下一点点痕迹，就达到了催眠的目的，因为消费者在购买行为发生时往往是非理性的，受感性因素与潜意识所驱使。美国行为经济学家乔治·洛文斯顿（George Loewenstein）曾说："大脑中绝大部分的工作是自发进行的，而不是有意识地思考。大脑中的活动大都是由感性引导的。"③ 所以意动效果与情感效果往往一致，受众被唤醒的情感成为心理行为的驱动力。名人既然能使我们产生亲切感，也就拉近了我们与产品的距离。

---

① 《记者与催眠专家面对面》［OL］，新华网甘肃频道。资料来源：http://www.gs.xinhuanet.com/jdwt/2009-02/24/content_15783393.htm.

② 马歇尔·麦克卢汉：《理解媒介——论人体的延伸》［M］，何道宽译，商务印书馆，2007年版，第283页。

③ 张嫱：《欲望在消费中流动》［OL］，http://roll.sohu.com/20111127/n327041137.shtml.

符号消费社会的繁荣离不开名人，因为名人的符号性与人们所追求的品牌的符号价值相得益彰，变幻无穷的影像催生出消费者无限的欲求，顺势而生的名人符号也被相应地阐释出无限的意义，以满足消费者心中的物质欲望与精神渴求。

二、名人符号的无限衍义

符号的"无限衍义"（infinite semiosis，艾柯称 unlimited semiosis）概念是皮尔斯提出的，这一概念的提出显示出皮尔斯的理论视野远较索绪尔开阔，因为他将符号从索绪尔封闭的语言系统带进了开放的人文世界。皮尔斯的符号三元式将符号分为"再现体、对象、解释项"，"解释项"这一元素使皮尔斯符号理论中的符号表意过程成为一个非常奇妙而又无终点的永动过程。因为"解释"这一行为必然要用到别的符号，而"别的符号"又有自己的"解释项"，以此类推，以至无穷。"解释项变成一个新的符号，以至无穷，符号就是我们为了了解别的东西才了解的东西。"[①] 这就是皮尔斯所提出的符号的"无限衍义"概念。

比如，我们以"玫瑰"为例：

玫瑰的符号表现体→玫瑰→美丽芬芳的花

（美丽芬芳的花）→礼物→赠人玫瑰，手有余香

（赠人玫瑰，手有余香）→……

"玫瑰"这一符号在被受众解读的过程中，意义在不断地深化与延伸。可以想象，由"赠人玫瑰，手有余香"还会引申出关于人品与处世方式等新的符号解释，新的符号又会引出新的意义解读。另外还应考虑到符号解读过程中的"分岔衍义"现象，针对同一符号，不同的接收者会做出不同的意义解读，甚至在同一个接收者身上由于心情、语境、能力元语言变化等原因也会出现前后解读不一致情况。如此一来，无限衍义就由一条线无限延展变为多头并进，其意义延伸更显得无边无际。

名人符号当然也可以被无限衍义。文化现象分析类文章提起一个名人的时候，常常会有类似的语句出现：

---

① Charles Sanders Peirce：Colleted Papers ［C］，Cambridge Mass，Harvard University Press，1931－1958，vol2，p. 303. 转引自赵毅衡：《符号学原理与推演》［M］，南京：南京大学出版社，2011年版，第103－104页。

　　透视××现象，××的出现，绝非偶然现象，而是有着深刻的社会原因及当代意义。

　　××的出现，就个体来说有其偶然性，但作为一个群体的代表却有其必然性。在……的情况下，即使没有××，也会有张×王×李×出现，作为一个全新的文化符号供社会解读。

　　…………

所谓的"社会原因与当代意义""必然性"等等，都是"××"这一名人符号被无限衍义过程中出现的某个解释项，而且作为衍义环节中的一个链条可以被无限延伸下去。我们仍以"李宇春"为例，来说明符号的无限衍义过程：

　　李宇春的符号表现体→李宇春→2005超级女声比赛冠军

　　（2005超级女声比赛冠军）→中国首位民选超级偶像→中国文化艺术新革命

　　（中国文化艺术新革命）……

可见，名人符号的解释可以一直延续下去，这就是为什么有时候一个本来看似很简单的人物却被分析得越来越复杂，承载上越来越多的社会文化内涵。李宇春在参加2005年超级女声比赛之前，本是音乐学院一个普通的大学生，再平常不过的成长履历乏善可陈，但一场选秀比赛使她变成了一个名人，一个可被无限衍义的符号。从她身上所生发出的意义如下：中国首位民选超级偶像，2005年后华语乐坛最具革命性与指标性的流行歌手，中国新娱乐时代的标志，中国流行文化代表，中国文化艺术新革命，当今中国社会的标志性人物，新中国文化和青年的代表，给中国带来新鲜的变化，新亚洲英雄……这一系列的意义解读其实是渐进的，由中国首位民选超级偶像，看到其身上的革命性与指标性，由乐坛扩展至中国流行文化，再到整个文化艺术圈，再到中国社会，然后放眼亚洲，环环深入。其实还有许多关于李宇春在国际上影响力的解读，但尚未成为共识与定论，也就是说还在衍义的过程中。可以想象，李宇春这一名人符号的衍义过程可以永无终点。而且无限衍义的程度越深，意味着这个名人的符号价值就越高。

三、名人符号的意图定点

只是，符号的无限衍义并不是游戏，人们往往没有兴趣也没必要没完没了地玩下去，任何符号表意必然会终止于某处，因为符号接收者的解释能力或解释意愿会将符号衍义的过程打断。在名人符号的衍义过程中，那个被打断的点却往往是被预先设计好的，是名人产业链背后的经纪团队打造名人符号时所期盼的受众解释的停止点，这一点被称为符号发出者的"意图定点"。

意图定点这一概念充分说明了在符号表意过程中人的主体性。相较索绪尔的"能指—所指"二分式，皮尔斯的符号三分式明确了人的主体性在符号表意过程中的作用。在索绪尔看来，符号的能指是声音留下的印迹，所指是抽象的社会性的"集体概念"，将意义独立于符号接收者的思维之外。而皮尔斯的"解释项"却强调了在符号表意过程中符号接收者所具备的主体性，揭示了符号表意是需要人与符号互动的过程。这样一来，符号的意义便不再是固定和静止的，它因人、因时、因情境而异。同一个符号，对应的接收者不同，其意义解读便有了个体的差异；即便是同一个符号与同一个接收者，因社会经验与心境的改变，也可能会做出不同的意义阐释。另一个最重要的因素是语境，生物课堂上所提到的"玫瑰"与情诗中所歌咏的"玫瑰"有着截然不同的意义解读方式，语境往往是由符号发出者预设的，目的便是为了使大部分符号接收者的解释落于其"意图定点"。

参照巴尔特的符号表意系统进行分析，用以表示"玫瑰"的文字、声音或形象作为能指，所指引发的概念为与玫瑰直接相关的解释，构成第一意指系统，对应上面玫瑰的无限衍义过程示例。这个第一意指系统部分地相当于第一行"玫瑰的符号表现体→玫瑰→美丽芬芳的花"，因为很显然，"美丽芬芳的花"仅是与玫瑰直接相关的诸多解释中的一条。这些与玫瑰直接相关的诸多解释的集合就相当于前述第一意指系统。第一意指系统与其对应的能指又可以被视为一个新的能指，这一新的能指又对应着新的所指，即由第一意指系统的解释项引申出来的各种更深一层的概念，即第二意指系统。按照无限衍义的逻辑，第二意指系统与其所对应能指也能够看作一个新的能指，并解释出第三意指系统。但事实上，巴尔特仅将符号的意义系统分为两层，也许是因为他已经意识到，在人们的符号解读过程中，往往存在着较具普世性的意图定点。

名人符号往往有其意图定点，无论名人符号的打造过程还是成名之后的广告代言。赵毅衡说过，"意图定点"不是针对任何人的任何一次特定的解释行为，因为每个人的具体解释行为过于多变，无法控制。[①] 笔者对此持不同意见：专门针对某个符号接收者发出的符号难道就不能事先预设最可能的解释停止点？若果真如此，则"周瑜赚蒋干""孔明空城计"都不可能实现。不过对于名人符号来说，赵毅衡的话是适用的，"'意图定点'是针对某个'解释社

---

① 赵毅衡：《符号学原理与推演》，南京：南京大学出版社，2011年版，第383页。

群'（interpretative community），也就是预料中参与接收的大多数人，因此，意图定点是个社会意义"①。

比如 2016 年第一网红 Papi 酱，她给自己贴的标签是"贫穷＋平胸"，这里的意图定点非常明确：凸显自己出身平凡的草根特质与善于自嘲的诙谐性格。她赖以成名的短视频都在引导受众做这样的衍义。她的短视频内容全部是大众所关注的热点话题，遣词造句与说话语气既毒舌犀利又接地气；短视频拍摄的背景基本都是在自家客厅或卧室，家居布置朴素而凌乱；Papi 酱本人的打扮也非常普通，总是以 T 恤衬衫毛衣加马尾素颜等日常化形象出镜。这些伴随文本都在暗示 Papi 酱是草根阶层的一员。而且，每个短视频的结尾都会有一句"我是 Papi 酱，一个集美貌与才华于一身的女子"，与她给自己贴的标签"贫穷＋平胸"以及她在视频中所做出的夸张搞笑的表情构成了反讽。所以，Papi 酱短视频的意图定点就是以草根叙事风格获取广大草根阶层的群体认同，毫无疑问这一意图定点取得了意想中的效果。但 Papi 酱并非一开始就找准了这一意图定点。就她这一符号文本分析，其第一意指系统包括中央戏剧学院导演戏研究生，长相与法国著名女星苏菲·玛索相似度颇高，气质较具文艺范儿，身材与穿衣搭配功力不错，有着较丰富的媒体实践经验与较深厚的视频创作与制作功底，等等。个人在发展的过程中往往只能选择一条路径，而不可能在各个领域全面开花。Papi 酱最初选择的是一条轻松优雅的道路，那就是凭借自己的身材与相貌优势引人注目，她混迹各大社区，开博客，发美照，成立穿衣搭配小组，所有这些都在朝"清纯优雅女神范儿"这一意图定点努力。但这一意图定点经几年努力仍以失败告终，Papi 酱于是转而选择依靠才华、创意、草根叙事的成名之路。虽然一开始也走了弯路，但在她积累一定经验、彻底放下美女包袱，并辅以变音器加快语速这一创意之后，她的意图定点成功地达到了目的。

Papi 酱后来已经清醒地认识到，朴实、夸张、接地气儿的草根气质才能获取广大网民的认同，这从她主动删除先前发于网上的诸多美照以及她屡遭粉丝吐槽的短视频中不佳的着装品位（对比她曾经的时尚博主身份）都能清晰地看出。这一意图定点的转变极为明智，也是 Papi 酱这一名字通往象征化之路的前提。这是因为，名人符号的接收者本就是公众，某一文化社群中大多数人的认可方能建构起名人符号的意义。所以名人符号总是瞄准某一特定接收群体，以及强调某一意义。

---

① 赵毅衡：《符号学原理与推演》，南京：南京大学出版社，2011 年版，第 383 页。

第四章　名人符号的隐含作者

第一节　名人符号的隐含作者

　　隐含作者（implied author），又称第二自我，是布斯（Wayne C. Booth）在《小说修辞学》中提出的概念，指作者在创作时，表现的往往并非真实的自我，而是经修饰的自我，这一修饰过的自我隐含在文本之中，指导着作品的书写。据布斯所言，隐含作者其实就是真实作者"理想化的"自我。所以，在大多数情况下，隐含作者总是美化版的自我。以元稹及其作品为例。元稹的悼亡诗写得最好，其怀念亡妻韦丛的《离思五首·其四》中"曾经沧海难为水，除却巫山不是云"之句，真可谓真挚深沉又情致曲婉，具有动人心魄的诗意，千百年来传唱不衰，后人多借用以表达自己对爱人的忠诚专一。但据考证，元稹创作的《会真记》中始乱终弃的张生是以自己为原型的。可见元稹在创作时，将薄情寡义的负心汉形象的真实自我加以掩饰，而虚构出一副情深义重的痴情形象作为隐含作者。

　　布斯的这一理论不仅具有文学批评价值，还具备社会文化价值。赵毅衡认为，这个概念可以扩大到所有的符号文本，这时候可以称作普遍隐含作者。[①]每个人的人生都可以看作一个符号文本，所谓人生如戏，每个人的人生都是符号行为的集合，穿着打扮、言行举止，在周围人的眼中无不是有意味的形式。由于每个社会人都不可能无所顾忌地展现出完全真实的自我，所以符号接收者只能从这些公之于外的符号表意活动归纳出一个拟主体，即隐含作者。隐含作者形象总是或多或少经粉饰过的，而较之普通人，名人的隐含作者形象所戴的面纱往往更为厚重，因为从某种角度来说，观众就是名人的衣食父母，所以名人必须使自己的公众形象投合观众需求。

---

　　① 赵毅衡：《符号学原理与推演》[M]，南京：南京大学出版社，2011年版，第369页。

一、隐含作者的社会学意义

隐含作者是一个极具普适性的社会学概念。对世情一无所知的婴儿绝无两副面孔，吃饱喝足便笑，饥渴不适便哭，从不管周围环境如何。但等他长到三岁前后，在人前与在家中对同样的事情就会有两种反应，在幼儿园懂事谦让、在家里无理取闹是孩子的常见表现。可见隐含作者是社会人为适应环境自觉进化出的一种保护色，它往往比真实的色彩更为光鲜亮丽，更符合社会普遍的审美品位。

古典小说《镜花缘》中曾虚构过一个两面国，就对人性的两面性作了惟妙惟肖的描述。《镜花缘》中对两面国国民形貌描述道：

> 原要看看两面是何形状，谁知他们个个头戴浩然巾，都把脑后遮住，只露一张正面，却把那面藏了，因此并未看见两面。小弟上去问问风俗，彼此一经交谈，他们那种和颜悦色、满面谦恭光景，令人不觉可爱可亲，与别处迥不相同。……小弟暗暗走到此人身后，悄悄把他浩然巾揭起。不意里面藏着一张恶脸，鼠眼鹰鼻，满面横肉。他见了小弟，把扫帚眉一皱，血盆口一张，伸出一条长舌，喷出一股毒气，霎时阴风惨惨，黑雾漫漫……

名虽虚构，实乃写实。以此两面来对应人的第二自我与真实自我的反差非常恰当。莫里哀《伪君子》中的答尔丢夫表面上是虔诚仁爱的教士，内里却是贪财好色的骗子；金庸《笑傲江湖》中的"君子剑"岳不群表面上谦和侠义，但事实上却心狠手辣，为称霸武林不惜牺牲妻女与弟子。这些人物之所以刻画得非常成功，是由于他们身上的现实意义：答尔丢夫是17世纪法国天主教会和没落封建贵族的写照，而岳不群则是中国社会现实中满口仁义道德，实则为达目的不择手段的阴险小人的典型。当然，艺术来源于生活而高于生活，这些形象比现实生活中更显夸张与脸谱化，但另一个可能原因是这些文学形象生活的环境与我们相去太远，如果参照生活中许多女性对丈夫婚前婚后不同表现的控诉，也许对隐含作者这一概念会有更真切深刻的感触。

结合荣格的"人格面具"（persona）理论能更好地理解隐含作者的社会学意义。"人格面具"又称"从众求同原型"（conformity archetype），指一个人为得到社会认同而展示的公众形象。公众形象与真实形象通常大不相同。"人前天使，人后魔鬼"的情形虽然极端，"说着言不由衷的话，戴着伪善的面具"却是每个人的生活中必不可少的表演。造成这一现象的原因多样，其中的主观原因是"作者为了获得社会群体对自己的认可，往往也会主动地以社会规范铸造自己的隐含作者形象"[①]。

人格面具并非贬义词，按照荣格的理论，它是一种心理防御机制，在保护自己免遭伤害的同时，也有助于社会人更好地进行角色转换，适应周围环境。英国学者罗吉·福勒曾在《现代西方文学批评术语词典》中对人格面具（persona，书中译作"伪作者"）与隐含作者（implied author）的关系进行溯源：

> "伪作者"（第二自我）这一概念也包含着它的本义"假面"的比喻意义，它意味着将戴着面具的演员的外观，以及这个与演员本人有区别的假面人整个地展现在观众面前。这个含义又来源于魔法仪式，因为在此场合中，假面被认为是独立存在的生命，能勾摄那些戴面具的人的魂魄。在比喻意义上来讲，面具意味着艺术家发现了比现实更完美的境界，它还意味着走出自我的封闭世界，并进入了与他人相沟通的客观境界。[②]

由上可知，罗吉·福勒也认为，人格面具是作者融入社会、与他人沟通的道具，而且是比现实自我更易为他人接受的理想自我。作为演员，必须根据角色需要戴上不同的面具，以进入戏剧情境与观众交流；作为一个想要更好生存的社会人，我们不得不根据社会语境的要求，戴上与社会语境协调的人格面具。唯有这样，我们才能与社会环境保持和谐关系，并求得自身发展。荣格曾说："他戴上了一个面具，并且知道这个面具与他的意识意图保持一致，同时，该面具也与社会的要求相契合，顺应了社会的舆论，使他的动机一个接一个地获得成功。"[③]

二、名人的隐含作者：代理作者与共同作者

较之普通人，名人的隐含作者形象越发要经过精心打磨，因为名人要比普通人处理更为复杂的人际关系，也要承担更多的社会责任。自 2007 年开始，相关媒体曾经举办过三届中国演艺名人公众形象满意度调查，分别从作品质量、社会责任、公益事业三个方面进行打分。所谓演艺名人公众形象满意度，

---

① 余向军：《"隐含作者"与艺术人格》[J]，《西南民族大学学报·人文社科版》，2004 年第 3 期。

② 罗吉·福勒：《现代西方文学批评术语词典》[Z]，袁德成译，成都：四川人民出版社，1987 年版，第 200 页。

③ 荣格：《心理类型》[M]，吴康译，上海：上海三联书店，2009 年版，第 394 页。

其实就是看这些明星在多大程度上满足了大众对他们的心理期待。每个人都有自己生活的圈子，师长亲朋、同事邻里，与不同的人有不同的相处模式，不同的关系对身处其中的个体的"自我"也会有不同的期待，我们日常生活所展现的自我状态其实无不在满足这些社会期待。所以人格面具是每个人生存于世的基本道具，戴上人格面具之后所展现的第二自我是他人眼中我们所理应保持的常态。

"一个简单的伦理事实是：我们都至少在某种程度上将别人（尤其是作者）创造的较好的隐含形象当作自己的生活榜样。"① 普通人作为生活榜样，其影响力范围仅及其生活的小圈子，但名人作为生活榜样的影响力却可能会波及全国乃至全球，因为名人不仅有自己私人生活的小圈子，他们生活的重心更在于如何面对大众；普通人如果不符合社会文化认同范式，最多会引发自身生活圈子的小小动荡，比如品行不好的孩子可能会带坏三两个同学，而名人的不当言行却会引发较大范围的模仿，败坏社会道德风气。所以我们对名人的隐含作者形象要求更高，这是很正常的，在大众心目中，名人有责任和义务为社会垂范，并帮助避免与矫正一些不良的社会风气。

也正因此，名人的隐含作者形象基本全是正面的，这是他们自身生存的基础，也是社会对他们的要求。所以我们看到，对于演艺名人的公众形象，社会判断标准就是德艺双馨，要求其在业务上打磨出经典作品，并时刻提醒其以正能量的形象出现，天灾人祸环境下明星们的捐款数额是大家关注的焦点，每年都会有芭莎明星慈善夜之类的活动，等等；对于体育明星，秉持努力拼搏为国争光的精神是社会对他们的要求，所以刘翔因伤退赛引发非议，很多人认为自己心目中曾经的民族英雄伤害了他们的感情。哪怕基于社会的审丑心理以标出性成名的网络红人，也不是一味地展示其负面隐含作者形象的。一待他们赖以成名的标出性在社会上营造出的热度开始减退时，他们便开始采取措施使人们的视线从其标新立异的"标出性"上移开，而转向其行为所折射出的另一特质：为了梦想而努力。这是力图通过去标出性成为"励志"的象征。而且，经过一段时间的渲染，人们已经习惯了其不守常规的形象，突然却发现他们也有正常的一面，甚至在某些方面比大多数人还强些，这些特质就成了他们一贯形象中的标出性，造成强烈反差，分外引人注目。比如芙蓉姐姐通过汶川地震捐款、瘦身、做讲座等一系列举措，其励志的正面公众形象逐渐占了上风，成功扭转了在大众心目中的负面形象。这都是名人的隐含作者迎合社会期待的

---

① 韦恩·布斯：《隐含作者的复活》[J]，申丹译，《江西社会科学》，2007年第5期。

表现。

不过，很多名人的隐含作者并非全是本人。笔者认为，名人的隐含作者可分为三个部分：名人自身的主体能动性、代理作者、共同作者。名人的主体性此不赘言，下面具体分析下名人隐含作者的代理作者与共同作者。

第一，代理作者。蒋诗萍曾分析过品牌的隐含作者，认为就编码的传播者而言，"隐含作者"是企业想要传达给受众的品牌价值，可称之为"代理作者"。[①] 名人形象和品牌形象的建构过程是有相似之处的，比如演艺名人要受背后的经纪公司制约，体育明星要受所在体育训练组织制约，而且在直接领导组织之外还要受相关职能部门管辖。这些都决定了名人的隐含作者也不能由名人自己做主设计与表现，就编码环节而言，名人的隐含作者只是其上级管理机构的代理作者。

第二，共同作者。现代社会是信息社会，我们所接收到的名人隐含作者形象其实是通过大众传媒向我们传递的种种信息建构而成的，众所周知，媒介机构向我们提示的是经选择、加工、重构过的信息，所以，大众传媒也是名人公众形象的共同作者。这一共同作者的立场当然也会受到政治、经济、文化等各方面的影响，不过关于这一文本间性的讨论就是另一个话题了。另外，大众作为名人隐含作者形象的接收者，其所具备的主体能动性也会相当程度地反弹到名人隐含作者的建构过程中，不过由于这一过程也要经大众传媒作为中介，这里不再单独解析。

三、名人隐含作者的语境顺应

语境顺应论是由比利时国际语用学学会秘书长维索尔伦（Jef Verschueren）在其著作提出的语用学概念。维索尔伦认为，作为一种交际工具，语言需要随语境不断变化，这是由于语言具有三大基本属性：变异性（variability）、协商性（negotiability）和顺应性（adaptability）。变异性是泛指传达信息时有不同的表达方式可进行选择；商讨性指语言选择的灵活性和策略性；顺应性指发言人应根据不同的语境，策略性地选择正确的语言表达方式，以实现交际意图。

"语境"原本也是语言学概念，由波兰人类学家马里诺斯基（Bronislaw Malinowski）提出，笼统地说即使用语言时的环境。马里诺斯基将之分为"情

---

① 蒋诗萍：《隐含作者与品牌形象——基于文本理论与认知视角的分析》[J]，《西北大学学报》（哲学社会科学版），2015 年第 4 期。

景语境"和"文化语境",或称"语言性语境"与"社会性语境",语言性语境指上下文、前言后语及段落篇章搭配组合等语言自身的环境,而社会性语境则指语言发生的具体场合、文化背景、交流方式及目的等非言语性因素。后来,语境问题的研究者越来越多,语境论也从人类学领域扩展到其他学科领域。在符号学中,"语境"就成为一个极重要的概念,因为它在符号的意义解码中起着关键作用。将符号学语境与语言学语境对照来看,语言性语境可归属为符号文本自带的内部语境,而社会性语境则相当于符号文本的外部语境。符号文本自带的内部语境,即伴随文本。符号文本的外部语境一直无法划定学界公认的边界及分类范围,因其涵盖面实在太广。语言是符号的一种,符号学语境也是在语言学语境的基础上扩展而来的,符号与语言的关系实在是密不可分。如果我们将语境顺应论用于符号学研究,就会发现这一理论在符号学领域也是适用的。

语境顺应理论中的语境很明显指的是社会性语境,维索尔伦称其为交际语境,认为交际语境包括语言使用者的心理语境、社交语境及物理语境三个维度。心理语境指交际者的认知、心态及情感因素,物理语境指时间、地点等交际的物理条件,社交语境则涉及交流双方的社会关系及规范人们言语行为的社会制度和文化背景等。在三种交际语境之中,心理语境与物理语境带有很明显的随机性与灵活性,而社交语境则带有相对的稳定性与约定俗成性。所以,无论就对交际活动产生影响的广度还是深度来说,社交语境顺应在语境顺应论中的位置都较另外两种显得更为重要。铸造隐含作者形象与顺应社交语境的目的相同,都是为迎合社会规范,如果我们用语境顺应论来打量名人的隐含作者,就能更好地理解社会文化因素对名人隐含作者的影响。笔者认为,名人对语境的顺应主要表现在时代话语顺应或历史语境顺应方面。

所谓顺应,意即顺从某种趋势而调整自身以适应外部环境的变化,这个"变"是主客双方的,由于客观条件发生变化,主体不得不采取应激反应。对于万事万物来说,发展是常态,没有一成不变的事物,包括有着深厚积淀的社会文化,只不过文化的演变呈渐进的趋势,在一定时期内从其外观上看呈大致稳定的状态。语境顺应论认为,语言在稳定性与规约性之外还具有变异性,其产生和意义解码都会随时代变迁而发生变化,其实这是一切符号的共性。不同时代的同类符号之间会出现明显差异,同一符号在不同时代也会被解读出不同的意义,这些都是符号使用者对时代语境变迁所做出的动态顺应。隐含作者形象作为符号的一种也不例外。正如荣格所说,作为适应环境的工具的人格面具强有力地受到环境的影响。①

名人隐含作者对语境的顺应主要表现在两个方面。

一是对隐含作者形象的慎重选择与小心维护，这是对一定时期与一定地域内文化语境的顺应，也是对受众的情感顺应。

隐含作者的出现本身就是一种文化现象。人生存于世，对周围的人有一定意义和价值才会得到社会认同，才不致被看作行尸走肉。卡西尔认为，所有文化形式都是符号形式，因此我们应以符号动物代替理性动物作为人的定义，并认为只有这样，才能指明人的独特之处，才能理解对人开放的新路——通向文化之路。② 人是符号动物，也是文化动物，不管是否通文墨，每个人都离不开文化的浸润。一个国家或民族的历史、地理、风土人情、行为规范、思维方式、价值观念等文化信息不容抗拒地渗透入每个人的成长过程。德国哲学人类学家蓝德曼（Michael Landmann）在《哲学人类学》中指出："人不像其他生物那样简单地存在着，他要寻根究底地询问并解释自己……相应的人的形象常常是每一文化领域形成的基础……我们必须是文化的存在，……放弃文化就是放弃我们自己。"③ 作为社会成员，为获取他人认同而展现出符合社会规范的隐含作者形象，已成为人类流淌在血液中世代相传的本能与自婴幼儿期养成的习惯。所以每个个体，都是文化语境的顺应者，我们根据自身的条件与生存需要，来选择最适合自身的隐含作者形象，与他人相处。如果一意孤行，不顾社会看法而只愿展现最真实的自我，往往会惹得四邻非议，家宅不宁，而对名人来说后果更为严重，甚至可能会招致全社会的侧目与口诛笔伐。所以文化语境顺应是每个人自身所携带的文化语境信息对自我的约束，也是为寻求社会认同而对周围人的情感顺应。

名人对隐含作者形象的选择在其成名之初就应是极为慎重的，因为不顺应主流文化语境就不可能获得广泛的社会认同，也就不可能成名，可以说正确的隐含作者形象选择是成名的前提条件之一。当然，对已经被大众接受的隐含作者形象如不能小心维护，可以预想到的从风光无限到身败名裂的巨大落差所带来的沉重打击也让名人不得不时时刻刻如履薄冰。正因此，名人必须谨言慎行，展示出符合社会期待的第二自我。几乎每一个名人背后都有专门的包装团队为其精心打造尽可能完美的公众形象。名人在镁光灯前似乎无所遁形，生活

---

① 荣格：《心理类型》[M]，吴康译，上海：上海三联书店，2009年版，第396页。
② 恩斯特·卡西尔：《人论》[M]，上海：上海译文出版社，2004年版，第34页。
③ 蓝德曼：《哲学人类学》[M]，彭富春译，北京：工人出版社，1988年版，第260—261页。

中的方方面面都被发掘毕尽，但事实上，我们依然不可能看到他们真实的自我，而只能看到其戴了人格面具的隐含作者形象。明星赵薇是妇孺皆知的国民妹妹，可以说有电视处皆闻小燕子，且其一向以为人真诚坦率著称，但即便如此，我们依然不可能透视出她全部的真实自我："她有那样一个炽烈喧嚣的公众形象，可是只要肯了解她的人都知道，其实我们不知道她在做什么。"① 这位薇迷的话生动地道出了名人的公众形象与真实形象的分界。可是，我们并不能说名人就是虚伪的，同每个普通人一样，隐含作者形象仅仅是人类生存于世必备的道具，是如同枯叶蝶的背部、蜥蜴的皮肤一样的使自己免受外界伤害的保护色。

二是随文化动向及时调整自己的隐含作者形象，这是对时代语境的顺应。

人对世界的认识一天比一天深入，科技的发展也在一天比一天进步，无论曾经代表着先进生产力的发明创造还是曾具备无限前瞻性的伟大思想，随着历史的进程都有可能会变得滞后于时代，成为后来者口中"巨人的肩膀"。世界瞬息万变，跟不上时代的脚步，就注定被时代抛弃，这是残酷而无法回避的事实。《荀子·议兵》中曾言，战法应"与时迁移，随物变化"。的确，敏锐地识别时势变幻，并及时调整策略，才不至于在战场上被动挨打，一败涂地。俗话说，商场如战场，不能根据时代的需要锐意创新，及时转型，由业界领头羊到破产倒闭也不过短短几年的工夫，曾经的全球手机巨头 Nokia 的惨痛经历明白无误地告诉了我们这一切。时代的洪流不可抗拒，我们所能做的只能是顺应时势，而且反应要及时，因为时不我待，如果反应迟钝可能会再也追赶不上时代的脚步。根据文化动向，隐含作者形象是首当其冲要调整的，因为也许思维模式没那么容易改变，但显露在外的隐含作者形象表明的是我们与时俱进的态度。

社会的转型与文化的变迁会带来新的价值诉求，也会使已有的社会道德规范悄然发生转变，作为大众榜样的名人，大都会关注这些社会文化动向并及时调整自己的隐含作者形象，以为新的社会规范早日普及起到表率作用。当然，以历时的视野来看，这样的选择不一定都是正确的。郭沫若就是一个很典型的及时顺应时代语境的例子。在热血澎湃寻求救国自救之路的 20 世纪初，文风热情大胆的《女神》使郭沫若暴得大名，被目为时代文学精神的象征。在随后的历次运动中，无不有他充满激情的声音，不管前后的立场差异看起来有多

---

① 我我：《明明还爱她》［OL］，网易娱乐论坛"薇妙薇俏版"：http://bbs.ent.163.com/bbs/zhaowei/160812756.html.

大。比如他曾对"文化大革命"热情撰文讴歌，但未及半年，四人帮大势已去，他马上掉转枪口予以抨击。郭沫若对时代语境变幻的反应实在太过灵敏，以致后人对他的人格产生怀疑与诟病。或许过犹不及，但在时人看来，他总是明哲保身的聪明人代表。众声喧哗之下没几个人能保持清醒，而且即便像屈原那样"上下求索"，到底也挡不住大势所趋，普通人对时势嘀咕几句通常无人搭理，名人却极可能在群情激愤之下因不同见解而成为众矢之的，所以，顺势而为成了大多数名人的选择。比如，在当下的草根文化语境下，名人不约而同地调整自己的隐含作者形象，以示对草根文化的尊重。

在等级观念鲜明的前草根文化时代，"高雅"的名人一定要与"粗鄙的"草根划清界限。优越的家庭出身、优雅的谈吐、华贵的衣着都能为其"名人范儿"加分；而出身市井或农村通常成为一生隐隐作痛的红字，甚至步步血泪的奋斗史也被视为成功路上不甚光彩的烙印。1995年央视春晚，郭达、蔡明联袂出演小品《父亲》，出身农村、原名蔡桂花的歌星海伦小姐，在记者采访时谎称父亲是演员、母亲是作家，但来看她的农民大老粗父亲却无意间拆穿了她的谎言，其经纪人的话发人深省："你说她是个农村丫头，这七八年不就白忙活了吗？"尽管小品的本意是教人不忘本，但却暗含了一种社会价值观：出身底层社会是可耻的。而在草根文化时代则完全不同了，如果有人炫耀自己的"上层社会"出身，往往会惹来恶意的围观，相反许多草根明星会有意提及自己的草根出身：农民、农民工、服务员、个体户等。出身草根阶层俨然已成为一件可以坦然面对且带有隐隐荣光的事情。

当下的中国，媒体尽力迎合草根，政府不敢忽视草根，民众十有八九认为自己属于草根。因为意识到草根的力量已不可阻挡，绝大多数名人不约而同选择顺势而为，给自己戴上草根的面具。名人使自己表现出草根化的特征，即在展现社会化的自我。事实上做出草根姿态的名人未必真的愿意如此说话行事，但今时今日，草根即他们的保护色，草根化的隐含作者指导下的名人形象显然比真实的名人形象更受欢迎。因而，虽然做出草根姿态的名人是真实作者，但是，其背后的隐含作者更重要，决定着名人在公开场合的表现，这既是名人对自己的保护，也为参与建构一种新的更合乎时代精神的意识形态贡献了一分力量。虽然，一个时期内主流意识形态的对错当时是极难评价的，正所谓是非功过，后人评说。

第二节 名人隐含作者的价值预设与自我危机

由于名人的榜样作用，名人的言行经常会引起小小的社会震荡，轻则危及自己的名声与事业，重则波及社会意识形态。所以，名人的举动绝不仅仅代表着个人的行为喜好，名人动向通常代表着社会文化动向，他们是为公众示范的时尚、外形、人格的角色模型。因而在人们心目中，名人展示在公众面前的隐含作者形象是经过价值预设的：具备社会影响力的公共知识分子、起引导社会风气作用的偶像等。

事实也的确如此。事物的价值是一种主导人类行为的观念，制约着我们的选择、行为过程及目标。因为这一观念先于实践，所以我们可称其为"价值预设"。价值预设对我们的目标确立及过程操作起全局性导向作用。名人隐含作者的价值预设，就是指名人在社会规范的指导之下，在内心提炼出一个社会通行的价值系统，将其作为自己的公众行为准则，以有的放矢的行动获取更高的社会认可度。

在价值预设的前提下，名人大部分的时间和生活都在围绕着既定的目标进行角色扮演，一切以群体价值观念与社会认同为中心，而不得不压抑或牺牲自己的个性。长此以往，极易导致自我危机。

一、名人的隐含作者价值预设

（一）名人象征意义预设

第一章已说过，在成名之初，是通过名字的符用理据性上升完成其象征化进程的。而其象征意义往往是在符用理据性上升之前就已预设好的，因为唯有先预设好造势目标，才可能引导舆论围绕着这一中心进行，使其理据性在越来越多的使用中尽快上升，避免众说纷纭造成人气资源浪费，甚至出现某种不愿看到的论调脱颖而出占据强势地位，导致不可控的局面。

这些预设的名人象征意义总是很美好的、符合社会主流价值体系的、为大众所喜闻乐见的。只有这样，才能使围绕该象征意义塑造的隐含作者形象投合大众的情感需求，获取大众的认可与支持。像许多明星经纪机构，在推出新人时总是有一系列周密的策划：围绕着何种象征意义，用哪条宣传途径，依据哪部戏、哪个广告或哪个绯闻为出发点，将其打造成什么样的形象。比如香港著名的英皇娱乐集团有限公司，对其旗下著名的少女组合 TWINS 的打造，就是较著名的成功案例。

TWINS 指两个相貌普通的矮个女孩，钟欣桐和蔡卓妍，2000 年出道前蔡卓妍是名不见经传的小模特，钟欣桐是英皇公司的前台文员。她们身材不高挑，长相也不出众，圆圆的脸看起来还都有点婴儿肥，最过分的是作为歌手出道的她们唱歌还会走音。但就是这么平凡如同普通中学女生的小女孩，以惊人的速度走红两岸三地，成为无数少男少女的偶像。TWINS 的成功与公司对她们包装之前的准确定位是分不开的。她们总是以笑容亲切、清纯可爱的青春少女形象出现，言行举止也青涩一如普通女生，正是这些使广大少男少女消除了与身为明星的 TWINS 的距离感，将她们视作自己的青春代言人。

看似最平淡无奇的其实往往是最符合主流价值观念的，也最能引发强烈的情感共鸣，继而收获广泛的社会认同。所以，在预设名人象征意义的时候，清纯的青春少女、温婉的贤妻良母、淳朴的居家好男人等形象看似代表着最为平实普通的社会文化内涵，其实却是最受欢迎的选择；而所谓前卫的时尚达人、酷帅的青春叛逆者、颓废的玩世不恭者等看似具备吸引眼球的亮点的形象却很难被选中，仅在一些因个人特色过于鲜明而只能选择走小众路线的准名人身上体现出来。还有一些在想博出位却又确实无他途时，也只得剑走偏锋，选择一些大众所厌弃的象征意义作为自己的标签，但这仅仅是为先吸引眼球出名再说，如芙蓉姐姐和凤姐之流，成名之后还是会努力向受众面广的社会文化内涵靠拢，将自己"洗白"成平民神话与励志奋斗的象征。

当然也有一些名人的象征意义并没有经事先预设，因为他们是因极偶然的事件一夜成名的。比如最美妈妈吴菊萍接住了坠楼的小孩，还有黑龙江佳木斯市最美女教师张丽莉在交通事故中舍己救学生，她们在做这些事情时自然只是出于善良、母性的本能及对学生的责任感，之前根本没成名的打算更谈不上意义的预设。可报道她们的媒体却有着明确的价值倾向，在报道时无不有意将她们塑造成善良勇敢、博爱大爱的象征。这里显然有社会与政治意识形态影响的因素，许多人都说当今的中国社会人情冷漠，人人只求明哲保身，所以媒体借大力宣传好人好事之机以唤醒社会良知，净化社会环境，这既体现了媒体的社会责任感，也折射出一定的政治意识形态干涉，类似的榜样宣传式名人打造事件其实都是其背后隐晦的名人推手对对象名人的现实主义价值预设。

（二）名人言行方式预设

一旦成名，名人的言行就不再仅代表个人，而是代表着一个群体乃至一个领域，因为名人之所以为名人，大多数是由于其在某一领域表现出众，是同行中的佼佼者。同一个领域内做着相似工作的人多不胜数，但所做工作能引起大众注意并获得广泛认同的人却寥寥无几。在大众眼中，能够在某群体或领域内脱颖而出的人自然而然就成了群体或业内代表，他们不再是单纯的自己，而是成了标示群体或业内动向的旗帜，当然由于文本间性的联系，有时也会被认为代表着更大范围内的社会风向。

政界名流所发表的言论，极少有人会认为是他个人的观点，而是代表他所属政党或国家发言。比如美国政界的驴象之争，驴是美国民主党的象征，象是美国共和党的象征，美国的政治竞选其实就是这两党间的竞争，像美国现任总统奥巴马赢得大选，却绝不会有人认为这仅是他个人的胜利，而是认为这是他所属政党民主党的胜利，而且其政治主张也被认为是代表着民主党的意见。

商界精英对某一事件的反应，也会被认为是大多数同行的态度。房地产是近年来中国经济的支柱产业，节节攀升的房价牵动着亿万中国百姓的心。于是人们密切关注着房地产市场的风吹草动，几个大房地产商如深圳万科企业股份有限公司前董事长王石和SOHO中国有限公司董事长潘石屹，只要一发表关于房地产的言论，就马上会成为各大网站房地产新闻版块甚至新闻头版头条。但他们的言论往往也会被多重解读，会被认为代表着中国房地产商或商人的态度，其背后利益集团的态度，甚至被许多人认为暗示着政府态度。

公共知识分子则通常是另一种形象，他们往往被认定为一个大众与名人之间的中间群体，立场是属于真理的，必须密切联系大众，与名人圈却也有交集。所谓公共知识分子，即：具有学术背景和专业素质的知识者；对社会进言并参与公共事务的行动者；具有批判精神和道义担当的理想者。[①] 按照这样的标准来说，公共知识分子的言行应该客观中立，决无偏向，既不媚俗又不媚上，只充当人类思想、精神与真理的灯塔，这应是公共知识分子言行方式预设的目标与中心。可惜的是，当代"公知"偏离了这一价值预设目标，就没扮演好社会期待他们所表现出的隐含作者形象，因而在大众心目中的位置也每况愈下。

领导在正式场合的讲话总是备好讲稿，头脑或口齿灵活的先列好讲话提纲，戴着镣铐跳舞，对自己的讲话艺术没有信心的则事先千斟万酌好具体细节。名人的言行方式也总是事先预设好的，要在社会规范的框架内进行，而不能随意发挥，因为只要是名人，就是公众人物，名人提出的观念很可能会在极短的时间内就扩散为集体认知，成为舆论的主导力量，所以名人不能偏执于自己的个体认知，而需要承担一定的社会责任，扮演好社会所期待的楷模角色，努力避免负面示范效应。

---

① 《谁是公共知识分子？》[N].《北京晨报》，2012.2.22。

（三）名人代言形象预设

名人代言的多是我们的生活用品，食品、服饰、化妆品、家居等，总之衣食住行，与大众生活联系最密切的部分。名人是大众模仿的对象，名人广告则向大众展示一种理想的生活模式，提供一种大众所为之向往、为之努力追求的美好生活图景。从这点来说，广告中所出现的名人形象其实是许多人的工作动力与生活目标，因而出现在广告代言中的名人形象必然是经过预设的，必须符合当下社会的时尚潮流、消费观念、生活方式与态度等，必须能够最大限度地带动现代经济的发展。

概而言之，广告代言中的名人所代表的符号价值不应脱离社会主流价值观念系统。他们的形象须正面健康，这样既符合主流审美，易于为大众接受，又能与社会主流价值体系的构建相辅相成。也因此，我们可以看到以标出性著称的名人基本不在广告代言人之列，如以叛逆为标签的李敖和韩寒，虽然名气大、成名久、粉丝也不少，但却鲜有广告商找上门来，更不用说芙蓉姐姐与凤姐等以审丑成名的所谓名人，如果有产品找她们做形象代言毫无疑问是自毁形象，不仅背离了品牌形象塑造的初衷，还会遭遇更深一步的社会道德层面的批判。

具体来说，用于广告代言的名人，其符号价值要与目标受众所崇尚的价值体系相吻合。这是以市场细分为前提的，与面向大众的产品所走路线不同，对产品代言人的公众形象要求也有所不同。很多品牌在选择代言名人之前，对自己的产品已经有清晰的品牌形象定位与目标受众定位，那么选择代言名人时则往往要经过市场调查，摸清楚目标受众所欢迎的气质与形象，也要了解清楚目标代言人在目标受众心目中的隐含作者形象。著名公关人段志敏曾举过这样一个例子：

> 我记得 2000 年 Chanel 在香港想请李玟做亚洲区的形象代言人，当这个计划公布出来后，遭到一致反对，大家都认为李玟是一种辣妹的形象，她可能适合做一些比较狂野、比较牛仔的服装品牌代言人，但 Chanel 给人一直是高贵淑女的形象，所以李玟个人的形象跟 Chanel 品牌形象是不一致的，最后 Chanel 只好弃用李玟。①

这一案例充分说明名人代言形象预设已成为广告业内公认的需要慎重考虑

---

① Blue Focus Director MAO Yuhui interviewed by Magazine [OL]，资料来源：http://www.bluefocusgroup. com/en/news _ 001. php?id=484.

的一环。公众形象接受度高且与品牌形象契合的代言人，可以提升产品的被认可度与美誉度；反之则不但达不到预设的目标，甚至与预想南辕北辙，严重阻碍品牌的发展。

二、名人的自我分裂

（一）现代人的自我分裂

当人们处于不同的情境时，就需要扮演不同的角色。人们活动的场合总的来说可分为两种——家庭与公众场合，"这两种截然不同的环境要求两种截然不同的态度，根据自我与当时态度的认同作用所达到的程度，产生出性格的双重性"[①]。

自给自足的小农经济占主导地位时，自我尚未经太多的伪装，因为大多数人不需要在别人手下讨生活，而且生活的圈子也极有限，由生到死几十年，身边来来去去始终就那么有限的几百人乃至几十人，太多的伪装既没必要也没成效。当然，每个人都想把好的一面展现给大家，哪怕在小圈子里也不愿臭名昭著，所以第二自我还是有一定表演余地的，但这余地是有限的，无论在时间还是空间维度通常都不足以对真实自我造成太大困扰。

现代人则不同。生活不可能再自给自足，人与人之间的合作不可避免，而且交通工具及通信工具的发展使地球越来越小，生活的圈子越来越大。每个人都须展现出广受欢迎的品质，才不至于处处碰壁。因而，很多时候，现代人不得不听任第二自我挤压真实自我。这也是心理问题越来越多的根源之一。

真实自我与第二自我共处于同一躯体与精神世界中，难免要经常发生冲突与斗争。人的成长就是适应社会的过程，人们在这一过程中不得不压抑天性的真实自我，而在越来越多的时间与场合表现出戴了人格面具的第二自我。由于人体的自我调适功能，大部分人能够维持两种自我的平衡，但现代越来越复杂的社会场景变幻带来越来越大的社会压力，很多人不能及时调适自我，在这样的情况下，很多现代人呈现出德国哲学家、精神病学家雅斯贝尔斯（Karl Theodor Jaspers）所称的"交替人格"特征。交替人格患者在不同时期会表现出两种完全不同的人格特征，就像英国作家史蒂文森笔下的"化身博士"那样，真实自我与第二自我之间的冲突越来越激烈，以致成为无法控制的病态，这就不可避免地出现了自我分裂。

---

① 荣格：《心理类型》[M]，吴康译，上海：上海三联书店，2009 年版，第 393 页。

（二）名人的自我分裂

普通人需要展示第二自我的时候毕竟有限，而且即便一时不慎流露出不那么高尚的真实自我，通常对自身和社会也不会造成太大的影响。而对于经常抛头露面的名人来说情况就完全不同了。镁光灯无处不在，狗仔队如影随形，使名人的一举一动都逃不出媒体与大众的视线，于是他们不得不时时地打起精神以展示出更符合大众口味的第二自我。"这种态度持续的时间越长，越需要频繁地出现，它就越是成为习惯性的态度。"① 长此以往，名人的第二自我就会占据统治地位，导致真实自我的丧失。有道是"谎言说了一千遍也就成了真理"，按照同样的逻辑，面具戴得久了也就成了揭不下来的一种习惯，在向他人隐瞒真实自我的同时也会使自己受到蒙蔽。

名人找不到真实的自我，对自我的评价会变得完全依赖于第二自我所引起的公众反应。时刻暴露于公众的关注之下，使他们比起一般人更缺乏时间与私人空间进行自我调适，也就比普通人产生了更强烈的危机感。而且名人的身份又依赖于公众的认知，其自我评价也就更易受到公众认可度的影响。在种种不利因素的影响下，名人的自我危机难免一触即发。茫然无助的情绪使名人心生恐惧，酗酒、吸毒、乱交、癫狂等一系列的举动就会成为名人的自我避难所。这在符号学中被称为自我的"向下还原"或"向下位移"。

德国社会学家卢曼（Niklas Luhmann）认为，心理自我可上下移动为六个层次：一个"心理的"自我，向上成为"（人际）互动的""组织的"，甚至"社会的"自我；向下可以成为"有机生物的"，甚至"机械的"自我。法国存在主义哲学家让·瓦尔（Jean Wahl）将自我的上下运动解释为"向上超越"和"向下超越"。美国符号学家诺伯特·威利（Norbert Wiley）则将之分为"向上还原"与"向下还原"，他认为向上还原是对自我作社会学的解释，向下还原是对自我作生理学的解释。中国符号学家赵毅衡则称之为"向上位移"与"向下位移"。②

自我的向上位移，其实是向第二自我倾斜，即以社会的眼光来调适与塑造自我，这样自然容易导致真实自我的丧失。自我的向下位移，则是摆脱社会桎梏，恢复人的本性，但自我向生理本能过分位移，自我会渐渐丧失意识控制能力，这时完全揭掉人格面具的人会表现得与只听从生理意志行事的动物无异。每个社会人都会作向上位移的努力，以让自己更适应这个社会，提高自己的社

---

① 荣格：《心理类型》[M]，吴康译，上海：上海三联书店，2009 年版，第 393 页。
② 赵毅衡：《符号学原理与推演》[M]，南京：南京大学出版社，2011 年版，第 356 页。

会接受度。因众所周知的原因，名人自我在向上位移方面所做的努力较常人更多。但人格面具戴得太久使真实自我没有喘息的机会，会使名人陷入真实自我丧失的恐慌之中，正如玛丽莲·梦露的哭诉："我这一生都在扮演玛丽莲·梦露。梦露，玛丽莲·梦露，玛丽莲·梦露，我只是自己的赝品。"物极必反，当名人被这种自我的向上位移压得实在喘不过气时，他们往往会以向下位移的方式拯救真实自我，但这一拯救往往会放纵自己走向另一个极端，呈现出一种屈从于本能的欲望的堕落，导致心理自我的解体与崩溃。

曾经红极一时的美国歌星小甜甜布兰妮，就是一个典型的自我向下位移的例子。布兰妮曾是全球少男少女的头号偶像，可之后她却一度迷失了自己。2002年与男友分手后，她经历了滥交、吸毒、闪婚等一系列的荒唐事件，2008年，她两度因精神崩溃被送往精神病院。布兰妮的悲剧看似源于恋情失败，但事实上这可能仅仅是她给自己发泄压力所找的一个借口。2007年布兰妮曾在家人劝说下进入勒戒中心，在勒戒中心，布兰妮不停地说："我是骗子，我是冒牌货。"这说明长期佩戴玉女面具带给她的压力已大到难以忍受。

向下的位移表达的是布兰妮对长期伪装的第二自我的厌弃，和对真实自我的救赎。但是，由于她是影响力巨大的公众人物，她自我救赎的所有举动都成了对社会的不良示范，媒体与公众的口水与目光变成了她更大的压力，这在她身上形成了更大的恶性循环，使她在自毁的路上一去不返，直至精神彻底崩溃，成了众人眼中真正的疯子。

名人的公众形象远离乃至长时间地遮蔽真实自我，使名人产生自我丧失的恐惧，于是便以向下位移的方式拯救真实自我。名人自我的向下位移通常表现为对肉体的自虐与自残，如厌食、暴食、酗酒、吸毒、滥交等。他们以为对生理本能的放纵就是对真实自我的靠近，但事实上所造成的却是自我意识的丧失与身份的失落。当他们发现无限的向下位移也无法挽救真实自我，因为真实自我早已被侵蚀得支离破碎时，丢失自我所带来的巨大的绝望感与空虚感会使他们丧失存在的意志，最终选择自杀表达对媒体和追星族的憎恶，以及对公众的忏悔。

三、草根文化对名人自我分裂的影响

每个人都渴望自我能够相对稳定，特别是处于一种自己较为满意的状态时。名人自我的一部分——展现在公众面前的身份，如偶像身份、公共知识分子身份等，往往是他们努力的后果，是某种程度上愿望的达成。这种身份是名人期望稳定拥有的，没有人愿意从金字塔顶跌落，因为身份的巨大落差往往意

味着自我的崩溃。但是，人是社会的人，在外界环境的激荡下，固守自我是行不通的，唯有调适自我才是正确选择。要稳定身份，就必须改变自我的其他方面。名人在稳定身份的目标下，往往采取向上位移的方式使自我适应环境的变化。

"向上的位移，使自我变成'他人的自我'、'主体间性的自我'、文化符号学的自我。"① 意即自我应受社会意识形态的指挥，主动去适应社会的变化。在草根文化蔚为大观的当下，名人的向上位移通常是这样表现的：

其一，收起精英话语，展现草根精神。在博客流行时期，"老徐的博客"与"潘石屹的博客"的主人本是名人徐静蕾和潘石屹，但前者满目家长里短、细细碎碎，充满草根情怀；后者则常常追忆童年的苦难与创业的艰辛，充满了忆苦思甜的草根色彩。咪蒙是自2015年底以来以微信公众号成名的网红，篇篇公众号文章阅读量都达到10万以上，其文字风格以犀利、刻薄、泼辣著称，使她爆得大名的两篇文章分别为《致LOW逼》《致贱人》，从题目就能看出浓郁的草根气息。但纵览咪蒙的人生经历及前后文风转变，我们会发现这种草根气息是刻意而为。咪蒙是山东大学文学硕士，曾供职《南方都市报》从事记者、编辑工作达十余年之久，这份报纸的读者定位就是精英人群，其内容生产也一直坚持精英话语的定位。在以草根话语成名之前，她是不折不扣的精英话语发言人。她本来称自己喜欢的作家是钱钟书、王小波、木心、艾柯等，但后来又说自己的第一爱好是读"恶趣味"的书，这里显然自相矛盾，或者说证明了她的所谓"恶趣味"是在迎合广大草根的口味。

其二，淡化精英色彩，注重草根姿态。著名女演员姚晨学院出身，星途坦荡，2007年还获得了"福布斯中国名人颁奖礼最具潜力名人奖"。她却从不以精英自居，而是以草根的视角去看问题，发感慨，并且展示自己遭遇的与草根同样的生活困惑。这种草根姿态，使姚晨受到广大草根的拥护与喜爱，粉丝破千万，成为名副其实的"微博女王"。

由以上可以看出，名人的自我位移多是一种围绕着身份稳定而做出的反应。不过，随草根文化的浪潮涌现出的草根名人，其自我稳定—位移的方向则不尽相同。很多人认为，草根一旦成为明星，就自觉地脱离了草根阶层，而步入了精英群体。但事实上，许多草根明星却拒绝被精英化，始终保持着草根本色。或许是因为他们清楚地意识到，草根阶层才是自己赖以成长的土壤；也或许是出于一种自我稳定的心理需要。比如"大衣哥"朱之文，总是穿着一件军

---

① 赵毅衡：《符号学原理与推演》[M]，南京：南京大学出版社，2011年版，第303—306页。

大衣南征北战地参加选秀，如果说原来是因为那件军大衣是他最好的衣服，但成名后他依然不脱下大衣就有另外的解释了：在 2011 年的《我要上春晚》第 26 期选拔赛中，他盔甲在身演绎电视连续剧《三国演义》的主题曲《滚滚长江东逝水》，在应刘德华的要求换上大衣后，他说穿着演出服浑身别扭，还是穿着大衣自在，这明显是对自我稳定的追求。

名人为追求身份稳定，须进行自我位移；草根一旦身份有变，又追求自我稳定。这就陷入了一个悖论：自我某方面的稳定必定伴随着另一方面的位移。因为身份与"深度自我"（伯格森提出的概念，即反思的自我）都是自我的组成部分，它们好比是自我的外延与内涵，相互依存。但是，二者之间很难达到稳定的状态：我们通常以身份为轴心，让深度自我围绕着身份转，所谓"立场不同，观点相左"正是其生动的注脚；如果能淡泊名利，只忠于自己的内心，那就无须为自我与身份的关系烦扰。可是，攘攘尘世毕竟凡人居多，包括那些被神话的名人，所以，我们的自我与身份总是处于意图稳定却又互相追逐的怪圈。

自我是一种概念，是基于现实经验（物质所有、社会角色、个人特点等）所生发的关于自身的感觉与思考的集合。自我阐释，便是一种对自我进行认识、评价与说明的活动。自我是以"他者"为镜像得以确定的，因为"他者"映射着"自我"与社会的诸种关系。当下中国文化的多元性，特别是近年来草根文化的盛行，加剧了语境元语言分歧丛生的状况，从而导致自我阐释的不确定性。对于名人来说，自我阐释主要在"神性"与"人性"之间摇摆。

名人的产生，本就带有"神"性的色彩。名人从人群中凸显出来，是为给人们提供可以顶礼膜拜的对象。这根源于人们的心理需求。马斯洛将心理需求分为五个等级：生存、安全、爱、自尊、自我实现。前四个等级都是人的本能反应，而自我实现却是人类有意识进行的精神追求。成为名人，或退而求其次，找一个名人来崇拜，正是其表现之一。远古时期，名人仅为传说中被神化的英雄，有着超越自然的力量；这是一种自我实现的投射，对于生存与安全的渴望，使他们产生对无法解释的自然力的敬畏，他们想要战胜自然却做不到，于是便虚构出一个神或将能力超常的英雄神化，造成一种虚幻的自我实现。所以在早期的史书中，名人传记尤多。英雄史观在古今中外都不乏拥趸者，某种程度上也是受了这种书写方式的影响。名人文化的产生则源于宗教的衰落与君主制的消亡，随着现代社会的发展，文化重心移到了名人身上，填补了因皇族没落与上帝之死造成的信仰空缺。① 埃米尔·迪尔凯姆（Emile Durkheim）认为，宗教仪式为集体兴奋提供了发泄渠道。那么，作为宗教替代品的名人文化也起着同样的作用：名人在引导消费、引领潮流方面，甚至政治领域都有着巨大的号召力与凝聚力；神在传说中永生，而名人在音频、视频中不朽。也正因此，猫王的故居成为八方歌迷拜谒的圣地，"赫本头"成为永不过时的高贵典雅发型。

草根文化，则极力将名人从圣坛拉向人间。首先，草根文化来自民间，其精神内核中的多元、平等、开放等特质，使公众对名人的神圣性提出了质疑。其次，网络使世界变成了地球村，也使西方风行的后现代意识以惊人的速度渗透了当代文化，草根文化中便蕴涵着颠覆传统、反叛权威、去神圣化、去中心化等诸多后现代因素。话语权力的公众化与网络技术的发展又为这一意识形态的具象化提供了技术支持。于是对名人的戏仿、讽刺、恶搞行为层出不穷，名人在草根狂欢的氛围下成了公众宣泄现实世界压力的一个出口。

草根文化语境与传统文化语境对名人的要求是如此不同：草根文化对名人提出亲和力的要求，这与传统文化中名人高高在上的形象迥然不同；草根文化的重要阵地如博客与微博等，强调生活化与人际互动，这与"保持神秘感与距离感才能产生吸引力"这一大众常识产生了矛盾；程式化的生硬表情遭人诟病耍大牌，为迎合草根而表现得过于亲切又被贬低缺乏星味儿……"神性"有着千百年来的深厚基础，而"人性"却有着亿万受众的广泛支持，再加上名人自身的行为习惯与心理接受度等因素，往往使身处两种文化语境冲突之中的名人难以很好地协调二者的关系，从而导致了自我阐释的不确定性。

草根文化语境下，名人的自我分裂症状变得愈发严重。以往小心维持的"精英式"第二自我与其真实自我尽管不免存在分裂，但长期以来已成了习惯，且势必影响到其真实自我，"就在不同自我相互交谈的影响下，观念和思想一点点地起了变化"②。而生活在具体时刻提出了问题，现在的社会文化要求他们的第二自我一变而为与原来截然对立，可以说是分裂之中的再分裂。一定程度的自我分裂是人生存于世的正常表现，但四分五裂的自我却是人生不能承受之重。

---

① Chris Rojek：*Celebrity*：*Focus on Contemporary Issues*［M］. London：Reaktion Books，2001，P. 14.

② 莫里斯：《开放的自我》［M］，定扬译，上海：上海人民出版社，2010 年版，第 96 页。

第三节　名人第二自我——主流意识形态的风向标

名人作为公众人物，一举一动都要接受观众与媒体的检阅，有观众的支持，名人才能成为各自领域的常青树。故而，尽可能多地争取受众是每一个名人的首要任务。影视明星要争取收视率，政客要拉选票，广告名人也要尽力争取顾客的青睐以卖出产品。而要获得高支持率，名人身上必须表现出社会主流意识形态，因为主流意识形态必然是特定社会为大多数人所认可的价值观念。所以，名人面向媒体与大众所呈现出的某些共性，便可以看作社会主流意识形态的风向标。[①]

横向来看，不同的文化在同一时期会生成不同的社会主流意识形态，比如美国文化的核心长期以来就是个人主义，而中国文化的核心却是集体主义；纵向来看，随着时代的变迁，社会主流意识形态也会有很大的变化，像中国在短短几十年间，人们的穿衣时尚已经由清一色单调的绿军装回力鞋转变为姿态万千的华服美衣了，消费观也很自然地由艰苦朴素一转而为追求奢适与品位。这些都可以从名人所表现出的第二自我上面清晰地表现出来。我们仅以中华人民共和国成立之后几十年为例来说明这个问题。

一、中华人民共和国成立后 30 年（1949—1978 年）

中华人民共和国成立之初，可谓百废待兴。历经一百多年的战乱，国民经济完全崩溃，经济形势要求人们必须厉行节约，并鼓足干劲大搞生产建设。在这样的情况下，所有的媒体，包括报纸、杂志、电影、电视，甚至还有当时为人们所喜闻乐见的话剧、戏剧等文艺活动都基本只能围绕着新华颂与劳动颂等两个重点进行内容安排。阿尔都塞强调意识形态国家机器与强制性国家机器的区别，它是以散漫的、各具特点的独立专门机构的形态，如宗教、教育、家庭、法律、工会以及文化艺术、大众传播媒介等来运作的。[②] 当然，有效的宣传必然离不开叙事，空洞的说教是引不起人们共鸣的，而叙事必然离不开对人

---

① 这里的主流并非指统治阶级意识形态。笔者观点如下：何谓"主流意识形态"？先看对"主流"一词的界定，《现代汉语词典》的解释为，比喻事物发展的主要趋势；《辞海》的解释为，主要指事物的本质方面，决定事物发展的方向。由此可推出，在一定时期内占主导地位、引领其他意识形态发展方向的意识形态，即这个社会的主流意识形态。

② 参见路易·阿尔都塞：《意识形态和意识形态国家机器》［M］//《外国电影理论文选》，上海文艺出版社，1995 年版，第 645 页。

的描述，所以媒体报道以及文艺宣传总的来说可以归结为一个主题：英雄颂。也就是通过对英雄形象的塑造，完成爱国主义宣传教育和激发人们的社会主义建设热情。在这样的社会文化语境下，20 世纪 50 年代至 70 年代中国所塑造的英雄形象主要分为两种：革命英雄和建设英雄。

英雄形象塑造的渠道之一是文艺宣传。在 1961 年 6 月举行的"新侨会议"（中宣部全国文艺工作座谈会和文化部全国故事片创作会议）上，周恩来曾明确提出："群众看戏、看电影是要从中得到娱乐和休息，你通过典型化的形象表演，教育寓于其中，寓于娱乐之中。"所以革命历史题材与经济建设题材的英雄传奇便承担了这一任务，通过对艰苦革命岁月的缅怀与对革命先烈碧血丹心的讴歌，提醒人们珍惜眼下来之不易的和平岁月；通过对社会主义经济建设大潮中模范先进人物的颂扬，培养国民在革命英雄所创建的新社会秩序中的主人翁意识。

从一个例子可以看出英雄形象塑造在社会意识形态宣传中的地位。1962年，中国曾评选出"新中国 22 大电影明星"，在这 22 大电影明星中，除专演反面角色的陈强外，其他都是以演英雄形象著称的。而且陈强能够入选，也是因为他在当时的革命题材电影中出色地充当着反面教员，其角色往往能引人入胜地触发观众对反面角色的仇恨之情。革命英雄谱中，既有江姐、赵一曼、李向阳等铁骨铮铮的共产党人形象，也有林道静、潘冬子等深受革命影响而逐渐成长起来的普通革命群众形象；建设英雄谱中，既有李双双这样泼辣正直的农村妇女新形象，也有金花那样追求淳朴爱情的同时不忘积极投身生产建设的少数民族好姑娘……他们共同构成了一幅时代英雄画卷，共同完成了对中华人民共和国成立之后和平建设时期的社会价值观的表征。

电影与戏剧等文艺形式所塑造出的英雄形象当然不尽写实，肯定有虚构的成分。这也正说明了对名人的第二自我进行修饰是社会主流意识形态宣传的题中应有之义。因为相当一部分舞台英雄形象是以生活中存在的真实人物为原型的，但人们对他们的认识却大都源于舞台叙事，看到的是他们经编剧、导演、演员，以及相关机构等层层把关后呈现出的人格面具。

英雄形象塑造的渠道之二是媒体报道。在中国，报道某个人物的光辉事迹时，媒体往往态度一致，合力塑造出一个高大全的英雄形象，并号召人们向其学习。比如几十年来最典型的无私奉献的模范人物雷锋，其精神之所以经半个世纪而不倒，其根本原因当然在于政府的大力提倡，因为它符合社会主流价值观，有助于促进社会和谐与经济建设，不过雷锋精神的深入人心与学雷锋活动的普及靠的是媒体不遗余力的报道。

雷锋事迹最早是在 1960 年由沈阳军区《前进报》发掘的，通讯报道的名字叫《毛主席的好战士——雷锋》，由于《前进报》将通讯稿转发给了辽宁省各大媒体和新华社，不少媒体对雷锋事迹作了后续报道，所以雷锋事迹迅速传遍辽宁，并在全国范围内产生了一定影响。1962 年雷锋不幸牺牲，辽宁人民对其进行沉痛悼念并掀起学习雷锋的高潮，辽宁媒体对这一现象进行了浓墨重彩的报道。1963 年春《人民日报》的跟进报道进一步扩大了雷锋形象在全国的影响。很快，中央政府开始介入，向各级组织下达学习雷锋的通知，使学雷锋活动由辽宁蔓延至全国。中央精神也离不开媒体的配合，各级媒体开始以各种形式宣传雷锋事迹，消息、通讯、宣传画、雷锋语录、连环画、回忆录、歌谱等各种传媒样式齐上阵，全方位的宣传活动使雷锋的名字妇孺皆知。宣传活动的最高潮应该是在 1963 年 3 月 5 日，罗瑞卿事前曾指示：毛泽东主席"向雷锋同志学习"的题词在 1963 年 3 月 5 日由新华社统一发表，各报同时刊登。自此，雷锋成为全心全意为人民服务精神的象征。

由雷锋形象的塑造过程可以看出媒体典型报道在其中的重要作用。不过归根结底，媒体的行动离不开政府精神或明或暗的指示，当时与雷锋精神类似的英雄人物典型还有"铁人"王进喜、"掏粪英雄"时传祥等，他们的被推出无不与时代意识形态相关。这些时代英雄可谓是时代精神文明建设所打造出的一个个"品牌"，意在通过品牌示范效应，作为全国人民的道德楷模。雷锋精神是什么？在生活上，指艰苦朴素的作风；在学习上，指刻苦钻研钉子精神；在工作上，指主人翁意识；在为人处事上，指全心全意为人民服务的崇高品质。[①]"铁人精神"是什么？"为国分忧、为民族争气"的爱国主义精神；"宁可少活 20 年，拼命也要拿下大油田"的忘我拼搏精神；"有条件要上，没有条件创造条件也要上"的艰苦奋斗精神；"干工作要经得起子孙万代检查"的科学求实精神；"甘愿为党和人民当一辈子老黄牛"的奉献精神等。[②]

综上所述，中华人民共和国成立后 30 年名人身上所体现的精神主要为：热爱祖国、艰苦奋斗、忘我奉献、勤俭节约等。这些都是当时社会最主流的意识形态，也是媒体尽力要通过名人表现出来的社会最通行的价值观。当时被塑造成时代英雄的名人肯定在这些方面比起普通人表现更突出，但依然不会尽如媒体所宣传的高大全的形象，尽管可能是出于宣传需要。时势造英雄，英雄之所以为英雄，其所表现出的第二自我必然是符合时代主流意识形态的。

---

① 参见 http://baike.baidu.com/view/168009.htm。
② 参见 http://baike.baidu.com/view/104258.htm。

二、改革开放探索期（1979—1992 年）

自 1979 年起，以邓小平为首的第二代领导人开始探索一条新的发展模式——改革开放。改革开放，即改计划经济为市场经济，改闭关锁国为对外开放。这些改革基本都属于经济体制范畴的改革，但马克思说得好，"经济基础决定上层建筑"，经济体制的变革必然会在政治与意识形态层面造成深刻影响。

改革开放之前的 30 年间，人们的审美样式千篇一律。在衣着打扮方面，艰苦朴素就是美。因为服装款式与颜色的单调沉闷，当时的国人被西方人形容为"蓝蚂蚁"，绿军装与回力鞋就是当时最时髦的装束了。在文艺欣赏领域，也丝毫体现不出人们文化水平的差异及审美的多样化特征。在毛泽东提出的"双百方针"指导下，中华人民共和国成立后的中国文化曾出现过一个鼎盛期，但短暂的繁荣过后，革命斗争与生产建设成了不变的主题，到了"文化大革命"时期更是"一个作家、两本小说、七个样板戏"就一统天下，任何不同主题的小说诗歌都只能偷偷传抄，如彰显知识与爱情力量的小说《第二次握手》和北岛的《波动》等。1979 年开始的改革开放，不仅解放了经济，更解放了思想，也给社会政治、经济、文化等各个领域都带来了全方位的大发展。

名人对社会文化语境是很敏感的，社会文化语境一旦变迁，名人第二自我马上会随之改变。改革开放使革命斗争与保守的计划经济体制和压抑的文化环境不再是社会文化与国家建设的主题，于是相应地，英勇无畏的革命英雄与忘我奉献的生产建设英雄形象也不再是名人第二自我所表现的主流。江山代有才人出，各领风骚数十年。承载着不同的社会价值观与社会期待，新一代名人形象开始鲜明起来。

（一）潮——港台文化的流行

无论提起新中国的改革史还是文化史，邓丽君都是一个绕不开的名字，她清纯甜美的形象和温柔婉转的歌声，刷新了人们在过去的二三十年间推崇英姿飒爽不让须眉的巾帼英雄的审美观，震撼了早已习惯高亢明亮、激情昂扬的唱腔的听觉。20 世纪 80 年代初，以邓丽君为代表的一批港台歌星演唱的歌曲开始在中国的大城市流行，将邓丽君的歌曲定性为"黄色歌曲"和"靡靡之音"，并禁止媒体播放。但随着改革开放的春风，所有僵死的事物都渐渐解冻，到了1988 年，港台歌曲由"靡靡之音"摇身一变而为"潮"——中央电视台第一次播放了包括小虎队、王杰等当红歌星的 MTV，节目名称为《潮——来自台湾的歌声》。① 随后，港台地区流行的文艺节目，以及发型和衣着款式，甚至说话的腔调在大陆地区被接受与模仿的程度越来越高，引发一波波的大陆时尚潮流。由李铁梅到邓丽君，说明人们的价值观发生了几大转变：由革命的转变为生活的，由实用的转变为审美的，由单一的转变为开放的。邓丽君甜蜜温柔的歌声，使人们找回了在革命斗争年代所失落的对传统美的欣赏与对现代美的追求，也使人们在长期的单一的政治意识形态指导下铸就的坚硬与粗粝的内心变得柔软包容。

（二）个体的觉醒——伤痕文学、反思文学与朦胧诗的繁荣

文人的感觉总是较普通人灵敏而细腻，社会环境的变化在作家群体及其塑造的文学形象身上往往更能提早表现出来。

在改革开放尚未正式开始的时候，就已经出现了伤痕文学与朦胧诗的萌芽。

伤痕文学着眼于对"文化大革命"十年的批判与否定，"文化大革命"那疯狂的政治狂热对人性的摧残给许多人的身心造成了极大的痛苦，宛若一场梦魇，伤痕文学就是清醒之后对噩梦的回顾与对曙光的憧憬。伤痕文学摆脱了前面 30 年间"假、大、空"的文学观与为政治目的生编硬造的创作方法，开始体现出生活与人的真实性。它摆脱了僵死的英雄文学模式，开始注重对小人物的刻画。对人性、人情和人道主义关怀的关照，说明文学终于摆脱了纯粹作为政治附庸的工具地位，开始回归其情感宣泄功能与凸显人的主体性，人性、生命、爱情等话语的主体地位又一次得到肯定。伤痕文学之后的反思文学其实是伤痕文学的进一步深化与发展，只不过视野投向比"文化大革命"十年更远的中华人民共和国成立后的历史，思考也不再满足于暴露黑暗与展示苦难，而是努力去追寻历史动因，更宏大的视野与更深入的思考使反思文学显得更具深刻性。

在新旧文学与新旧思想交锋的文化背景下，刘心武、卢新华、冯骥才等作家及其作品迅速成为颇具争议性的话题，引发了当代文艺史上几次著名的争论。某种观念或某个话题愈是引起关注，愈说明它所具备的时代意义，因为它既引发了许多人的共鸣，也戳到了另一些人的痛处。作为文学观念变革的先声，伤痕文学及反思文学看似摆脱了文学作为政治附庸的地位，但事实上，其文化取向依然根源于社会文化语境的变革与民众的价值期待。在政治与经济环

---

① 参见夏海淑：《激情 80 年代 偶像奔流 80 年代》[J] //《环球》，2008 年第 23 期。

境改革的同时，文学观念与模式的变革绝不仅仅是一种巧合。

压抑、保守、意识形态单一化的社会制度改革为包容、开放、意识形态多元化的状态，所以名人的第二自我马上就转变为对前一个时代的反思与自省，这里面既包括刚经历过切肤之痛的个人内心真实的想法，也是为显示自己与时俱进的社会责任感。对社会人来说，互文性理论与语境顺应论什么时候都是放之四海而皆准的真理。朦胧诗人身上更体现了这一特点，也许因为他们更年轻，更敏感，更大胆，也更需要寻求价值观的认同。

朦胧诗较伤痕文学更早地表现出对生活的怀疑与对现实的不满，并表达出寻求变革的勇气。在黑暗中寻找光明与对人的尊严、价值和权利的追求是朦胧诗很重要的主题，这种在疯狂的政治狂热中却能保持独立思考的精神难能可贵，显示了主体意识的觉醒与个性精神的萌芽。"在没有英雄的年代里，我只想做一个人。"北岛早在1970年写下的这句诗充分说明了朦胧诗人的个体觉醒是走在时代前沿的。"我们不能再等待了，等待就是倒退，因为历史已经前进。"这是朦胧诗群在《今天》诗刊公开吹响的号角，20世纪70年代初就已相当活跃的"地下诗群"，在1978年底终于有了自己的根据地——《今天》诗刊。朦胧诗人前卫，独立，追求充满个性的自我，而又有深刻的思辨性与强烈的时代使命感，他们道出了从狂热、迷惘到觉醒的一代人的心声，因而他们成为那个时代最闪亮的明星。

三、改革开放创新期（1992 年一）

到了1992年，改革开放已走过13个年头，取得的成就是显而易见的；人民基本解决了温饱问题，国民生产总值比改革开放前也翻了不止一倍。更重要的是，人们初步解除了长期以来的思想束缚，以更开放的姿态去追求美好生活。在中国掀起了学英语的热潮与出国热，以往被贴上"资本主义生活方式"标签的许多商品与行为方式，逐渐成为时尚，比如碳酸饮料"可口可乐"的畅销与涉外餐厅里的跳舞热。但是，改革开放在中国毕竟是新生事物，属于摸着石头过河的探索性行为，所以出现问题与矛盾也是必然的，这点从邓丽君的甜歌一开始被定位为"靡靡之音"就能看出。在改革开放遭遇瓶颈的背景下，1992年邓小平南方讲话进一步解放了思想，深化了改革，成为中国改革开放史上的里程碑。

南方讲话最核心的内涵在于：解放思想，不要纠缠于"姓资"还是"姓社"的问题；明确目标，"改革开放的判断标准主要看是否有利于发展社会主义社会的生产力，是否有利于增强社会主义国家的综合国力，是否有利于提高人民的生活水平"。南方讲话之后，中国正式提出建立和发展社会主义市场经济，并于 1993 年开始了现代企业制度建设。

　　改革开放的目的是发展经济，但经济体制开放的同时，不可避免地带来文化的交流与思想的碰撞。数以亿万计的打工妹与农民工到城市谋生带来城乡文化的交流，引进外资、劳务输出、海外游、出国留学等使跨文化交流成为全球化中的重要一环。在这样的社会文化背景之下，潮、个性等西风东渐便顺理成章，尤其在互联网与自媒体出现之后，多元意识形态的萌芽借助现代科技的东风，短短几年内就绿满天涯。我们还是借名人的第二自我来说明在改革开放创新期中国社会主流意识形态的变迁。

（一）市场经济意识——判断名人地位的重要砝码

　　计划经济时代容不下市场经济意识。直到改革开放后，媒体登商业广告时依然顾虑多多，1979 年 1 月 4 日，《天津日报》登出也许是中华人民共和国成立以来第一条商业广告——蓝天六必治牙膏广告时，不像今天的广告千方百计要引人注目，反而把广告藏在第三版下面最不起眼的角落里，因为在当时，这是一个很危险的举动，一切为自己谋经济利益的行为，很容易被人与资本主义联系起来。不过时过境迁，在改革开放创新期，"黑猫白猫论"成为指导国人创造财富的引路明灯，人们纷纷出外打工，下海经商，挣钱堂而皇之地成为许多人最大的生活目标与最迫切的愿望。国人的市场经济意识空前高涨，身家几何成为判断一个人社会地位的重要砝码。

　　看各大小媒体新闻，占据绝大部分版面的永远是两类人：企业家和明星。明星的地位之所以比起以前有大幅度提升，也是因为当今名即意味着利，名气能够创造财富。在这个年代，英雄几乎快要沦落，而代表着财富的明星与企业家却人人艳羡。另有两份排行榜可以作为佐证，说明中国人对财富的狂热追求。"胡润中国百富榜"与"福布斯中国名人榜"是近年来在中国影响最大的两个排行榜。"胡润中国百富榜"是一份中国企业家的财富排行榜，一年评选一次。"福布斯中国名人榜"则是根据收入与曝光率对文化娱乐产业的明星每年所进行的一个排行。财富的多少可以说是中国目前判断名人地位的一个最重要指标，这一点胡润与《福布斯》团队都意识到了，所以他们能凭借一份并不复杂的排行榜取得成功。胡润是一名英国注册会计师，但他的事业却在中国，而且是凭一个看似简单的创意在中国站稳脚跟的，那就是创立了一个追踪记录中国企业家群体变化的机构。1999 年，胡润首创"胡润中国百富榜"，此后就靠卖榜建立起自己在中国的事业。目前其旗下拥有《胡润百富》杂志，时常组织系列论坛和活动。《福布斯》则是美国的一本商业杂志，一向以提倡企业家精神著称。有趣的是，这两个排行榜重点关注的对象都是中国，《福布斯》除一个"福布斯全球名人榜"外，对除中国之外的其他国家的名人并不进行调查排名（仅在 2008 年曾对韩国明星收入前 40 名作过统计）。在当下的中国，名人与"经济头脑"的联系日益密切起来，要想证明自己的成功，时尚秀、慈善秀等都只是辅助手段，最有力的证明就是经济头脑，明星范冰冰一句话"我没有想嫁入豪门，我就是豪门"令无数人叹服，称其为"范爷"。靠着出色的经济头脑与拼搏精神，2013 年，范冰冰终于荣登"福布斯中国名人榜"榜首。

一个名人的成功，很大程度上赖于其作为一名商人的成功。这是全力寻求经济增长的中国对名人的时代要求。其实这一点与当代全球价值观也是吻合的，"在过去，要想登上福布斯全球名人榜，只要戏演得好、歌唱得好或是球打得好便足矣。而如今要想头顶'成功名人'的光环，则还需要经营服装、香水生意，甚或是投资科技初创公司"①。这是《福布斯》公开宣称的名人评选依据。

（二）个性与多元——名人形象从脸谱化的高大全到类型与层次的多元

个性，顾名思义，指个人所独有的不同于他人的性格特征。个性在如今的中国是一个常见的形容词，表达一种赞美。但在西方社会的意识形态进入中国之前，个性一词对国人来说是比较陌生的，大家都穿一样的衣服，有着类似的简单朴素的生活方式，甚至连心目中仰望崇拜的对象都没有差别——因为名人数量的有限导致无从选择，而且那些名人的品质、性格是如此相似，个个都是英勇无私、忘我奉献的高大全形象，所以民众只能将他们作为一个英雄群体来崇拜。其实即便是英雄，也肯定会有个体的差别，人无完人，性格上的小缺陷避免不了。但当时的社会文化语境要求名人表现出完美的第二自我，这是政治环境的要求，也是媒体对民众长期灌输单一价值观的结果。

西风东渐之后，一切都不同了。西方发达国家先进的科技与较高的生活水平都令人羡慕，相应地，其价值观也就容易产生影响力。当代西方文化所一贯提倡的个性张扬意识，就这样随着国门大开流入了中国，于是国人也不愿再在各方面都随大流，而努力想要显示出自己在某方面的与众不同。这一价值观念的变迁在对名人的接受度上也清晰地表现出来。

周杰伦是当今华语流行乐坛最受欢迎的男歌手，按理说这样的歌手应该是

---

① 《福布斯中文版发布 2012 年中国名人榜》［OL］，资料来源：http://www.21cbh.com/2012/forbeschina_507/131550.html.

吐字清晰、嗓音圆润，最符合主流审美的那种类型，但周杰伦的成功与这些有助于成功的音乐特质并不挨边，周杰伦的成功靠的是个性，确切地说，是新鲜的音乐风格。他打破了华语原有的音乐形式，将 Rap、Hip-Hop、R&B 等流行音乐元素引入中国流行乐坛，在中国引发了一场听觉革命。周杰伦的音乐革命不但形成了极强的个人风格，而且开创了中国多元化流行音乐先河，更值得一提的是他还开辟了世界流行音乐中国风，为中国音乐在全球的传播做出了一定贡献。最具个性的音乐却获得了最广泛的认同，我们只能说，个性已经成为大多数中国人价值体系的一部分，而曾经占主流地位的细致入微的人云亦云却已被挤到价值体系的边缘。

另一位才华横溢的偶像式明星韩寒也是靠个性取胜。韩寒的个性表现在他不同于同龄人的思辨角度与行为方式上。当年一篇《杯中窥人》使他在新概念作文大赛中脱颖而出，一个 16 岁的少年，思考角度之奇特与笔锋之犀利令人惊讶，而他其后的退学行为及在写作、编刊、赛车领域的不断尝试，都显示出他不走寻常路的决心。韩寒的作品、行为及言论常引发一波波热议，是新一代青年中个性张扬的代表。可以说，正是张扬的个性使韩寒引人注目，如果像其他少年作家一样循规蹈矩地读书就业，就不可能有今日粉丝无数也树敌甚众的韩寒。与演员的辨识度作用相类，鲜明的个性才会吸引到有某种审美偏好的人。

在改革开放深化与自媒体出现之前，主流媒体垄断了话语权，其所传达的观点必然与政府所倡导的意识形态保持高度的一致性。在有限的媒介渠道中，每个人都看到类似的画面，听着类似的话语，长此以往，必然导致每个人对世界的认识趋同化，而一致的经验与一致的感觉，又催生出一致的理想与追求。所以当时的名人所表现出的第二自我也几乎毫无二致。但在众口难调的今天，在信息全球的趋势下，想要获得整个社会的认同几乎是不可能的事情，所以不求全面认同的特立独行反而是更明智的选择。比起以前单一的英雄模式，如今的名人类型与层次都极为丰富，政客、企业家、明星、科学家、网络红人、草根达人等，不一而足。名人构成的多元化反映出受众文化背景的多元，审美的多元、品位的多元、价值取向的多元。正所谓各花入各眼，不同的名人对应不同的粉丝，合适的受众群体所认可的社会价值体系是名人第二自我孕育的土壤。因为名人的第二自我，经精心修饰的人格面具，一部分是名人自身为投受众所好而主动戴上的，一部分则是他人出于社会期待与自我实现心理为之虚构出来的，与受众自身的社会经验与文化心理保持一致。

第五章　名人符号泛化与当代社会心理危机

第一节　名人泛化与符号泛滥

泛化是当代文化的一个重要表现。娱乐的泛化早已成为这个社会的鸦片，使各个领域都呈现出喧嚣热闹的表象；审美的泛化消弭了艺术与日常生活的界限，使一切世俗的物品都披上精美的外衣，以掩盖其内在的庸常，而艺术也在这个过程中由神秘的象牙塔沦落入喧嚣的市井；品牌的泛化使所有商品都变得高端洋气起来，仿佛油盐酱醋都能咂摸出高雅的味道。就像浩浩荡荡的春潮，泛化冲垮了文化各个流域的堤岸，形成声势浩大而又混沌一片的文化洪流。作为文化核心的名人，自然不可避免地被裹挟其中。

这是一个娱乐至死的时代，全民娱乐，娱乐的地位至高无上，经济、新闻、体育，甚至一向面孔严肃的政治、宗教与教育等一切文化内容都心甘情愿地沦为娱乐的附庸，"我们生活在娱乐经济里，而娱乐业是建立在明星和名流的权力之上"①。所以，名人泛化必然与社会文化的泛娱乐化相伴相生，共同图绘一个娱乐至死的"美丽新世界"。波兹曼的预言也许已在全球范围内成为现实，在他的担忧与警示中文化还是成了一场滑稽戏，名人成为滑稽戏的主角。从一方面来看，这是对当代文化的一种合理解读方式，文化的肤浅与弱智化导致了人们追求的失落与精神的迷茫；但从另一方面看，名人泛化现象绝不像表面上看来仅仅是喧嚣浮躁的娱乐现象，在某种意义上，名人泛化可以看作符号泛化的表现，揭示出当代社会对意义的普遍寻求。

---

① 文硕：《这就是娱乐经济》[M]，北京：中国广播电视出版社，2002年版，第79页。

一、名人泛化的表现

（一）名人数量由少到多

前面提到过，美国曾有关于名人数量的统计数据，但美国的历史本来就不长，所以这个数据只适用于现代社会。纵观历史，不同时代的名人数量是随着社会的发展逐渐增多的。

首先，名人数量与社会分工有关。传统意义上的"名人"，指在某一领域能力突出并因而获得社会广泛认可的精英人士，所以名人数量与生产部门的多寡是成正比的。远古时期，人口本来就少，专业分工又极为粗糙，名人数量自然极少；而随着社会分工越来越细，所谓"三百六十行，行行出状元"，各个行当都会出现业内翘楚，名人数量也就相应地增多。

其次，名人的数量与媒介渠道有着直接关系，因为"名"必须靠媒介传播。在口头传播时代，名人信息只能靠口耳相传，速度慢范围小，一个人的名字与事迹要想举国皆知，中间必然要经过长长的链条式传播过程，难度大时间长，自然名人数量极少。后来依次进入了文字传播、印刷传播、电子传播与网络传播时代，情况则大不相同。在传播广度上，使名人传播由以前的点对点进化至点对面，大大扩散了名人传播的范围，尤其在网络时代，整个世界都变成了地球村，地球那端的美国名人对我们来说简直如同国产名人一样熟悉，眼界由全国扩大至全球，每个人所知道的名人数量当然要远远多于以前。在传播速度上，名声缓慢的口耳相传过程要历经数月甚至数年才能造成一定影响；文字传播大大提高了信息传播的准确性，对速度影响不大；不过到了印刷传播时代，报刊已经可以使一个传播过程由数月缩短至数日；而到了电子传播时代，一夜成名的案例变得屡见不鲜。而且在网络时代，关于名人数量还出现了一个以前从未有过的现象，那就是层出不穷的各类名人也在源源不断地被淘汰，尽管太过轻易地成名也容易导致太过轻易地被遗忘，但毕竟曾经做过家喻户晓的"名人"，从这点上来说，当代的名人数量简直多得惊人。

（二）名人构成由单一到多元

名人的构成也是随着时代变迁不断变化的，呈现出由单一向多元逐渐发展的趋势。

名人的构成曾经是非常单一的，中外皆是如此（这里不谈政治名人，因为统治者的地位从来都是高高在上，永远不会发生变化）。

在封建社会的中国，名人基本全由得第的读书人即士大夫构成，这有几方面的原因。在文字传播时代，具备自我表现的文化资本的只有读书人；不过更重要的是，将功成名就的读书人塑造成万众景仰的对象，符合当时统治阶级所提倡的主流意识形态，在"万般皆下品，唯有读书高"的观念影响之下，万民争相自觉自愿地去接受儒家教化，服从封建统治。在当时名人的构成中，士大夫之外还有一小部分贵族，但并非主要构成部分，因为中国古代虽然有贵族世袭制，但是这种世袭只能维持三五代，且品佚是一代低于一代的，就如同《红楼梦》中的宝玉，再怎么受尽家族千般宠爱，想要维持家族荣华，还是不得不从科举出身。

西方封建社会的名人则几乎全由贵族构成，因为西方没有科考制度，且其贵族制度比起中国更不合理。首先西方没有科举，与贵族相对的"贱民"几乎完全丧失了向贵族阶层流动的机会。其次，西方的贵族身份往往可以维持数百年之久，造成门第与阶层的固化。

到了近现代，随着资本主义的萌芽与科技的进步，中国的科举制度与西方的贵族制度都逐渐解体，于是名人构成也就相应发生了变化，科学家与企业家成了新社会制度下的"新贵"，即我们所熟知的在知识界与经济界出类拔萃的现代精英。不同于以往士大夫的忠君报国与贵族的血统传承，现代精英往往对社会发展有着实实在在的贡献。比如笛卡尔与卢梭的思想对人类的启迪，瓦特与爱迪生的发明对生产力的推动，史蒂夫·乔布斯与比尔·盖茨对人类通讯及生活方式的改变，等等。后来随着娱乐经济的兴起，在这些精英之外，还有一些体育明星及娱乐明星等，共同构成了名人体系，明星也是自己领域的翘楚，而且很多人的商业才能与企业家比起来毫不逊色。所以总体来说，我们所处的社会，不久之前的名人体系全是由社会精英构成的。

不过，这世界实在变化太快，在短短几年间，名人忽然由受人景仰的纯粹精英群体变成了一个混乱无序、参差不齐的杂货铺一般的存在。有些名人算是红得较合理且正面的例子，比如选秀明星或达人虽然不见得出类拔萃，但往往还可以说有一技之长或某点打动人的特质；一些或是被无意抓拍或是有意摆拍的"最美×××"也可以说或触碰到人们心底柔软的琴弦或弘扬了社会正气。可有些名人照世俗的眼光来看绝对是反例，却照样红透半边天。这样的名人，名则名矣，却与名人的本义相去甚远，人们参与哄抬名气，制造名人，同时却又在围观、耻笑、谩骂，将本来高高在上的名人群体从空中拉下地面，变成一个乱哄哄的集贸市场般的消费场所与充满狂欢色彩的情绪宣泄场所。

（三）名人的日常生活化

就在大约十年前，名人与大众的距离还非常遥远，我们常常在书报杂志上见到那些名字，或在广播电视上听到他们的消息或看到他们的身影，但这咫尺荧屏的距离极难抹平，名人与大众的世界几乎没有交集的可能。的确，在草根文化的始作俑者——博客出现之前，或者更早一些，在 BBS 普及之前，在大多数人心目中，名人是毛泽东、邓小平等政界领袖，是钱学森、袁隆平等杰出的科学家，是李嘉诚、张朝阳等商界传奇，是巩俐、姚明等演艺或体育明星，等等。从美国《时代周刊》历年所评选的最具影响力人物的类别设置也可一窥端倪，其每年类别划分或稍有不同，但大致包括：政界风云人物、企业家、科学家和思想家、英雄偶像、文娱界明星等。这些名人的成就与其努力、天赋、运气都密不可分，其高度非常人可及，而且他们的名气也是以大众的认可为基础，但大众在其中的具体作用却很难说清。可近年来涌现出的名人与大众的关系就完全不同了。

1. 大众与名人的互动成为常态

这种转变来源于网络的互动性与参与性。网络引发了巨大的媒体革命，已渐渐成为最重要的娱乐媒体与社交媒介，并终将取代报纸、电视等传统媒体的地位，成为最重要的新闻媒体。中国互联网络信息中心于 2017 年 1 月 22 日发布第 39 次《中国互联网络发展状况统计报告》（以下简称为《报告》）。《报告》显示，截至 2016 年 12 月，中国网民规模达 7.31 亿，相当于欧洲人口总量，互联网普及率达到 53.2%，超过全球平均水平 3.1 个百分点，超过亚洲平均水平 7.6 个百分点。全年共计新增网民 4299 万人，增长率为 6.2%。[①] 这些数据是惊人的，而且可以预见其增长势头强劲，因为欧美等发达国家的互联网普及率均已达到 70% 以上。在网络引发的新媒体革命下，说个体成为参与名人制造与决定名人地位高低的直接力量一点儿也不夸张。BBS、博客、微博等自媒体成为名人与大众联络感情、提升人气的工具，也成为大众与名人直接对话的窗口。一个不经意间发的帖子可能引发无数人的点击与追捧，使一个普通人一夜蹿红，像天仙 MM、芙蓉姐姐、凤姐都是被数以百万千万计的点击率捧红的；一条短短的微博也可能引来转发与骂声无数，瞬间抹黑一个本来公众形象良好的名人，像章子怡、郭德纲、杨坤等名人所遭遇的形象危机也皆来自于网民的围观与谩骂。网络释放了每个人都具有的表达欲，与名人对话可能引起的关注释放了个体的表现欲，围观、追捧、谩骂准名人或名人则使人产生一种参与创造新事物的兴奋或毁灭旧事物的使命感。总之，在互联网时代，名人走下神坛，走到大众不需要仰视而可以直接对话的面前。

---

① 《2016 年中国网民数量达 7.31 亿 相当于欧洲人口总量》［N］，《新京报》，2017.1.22.

2. 名人被物化为消费品

物以稀为贵，虽然这样形容名人有些不敬的嫌疑，但在名人可以在选秀节目中成批制造、在网络上一夜成名的今天，名人确实不再是高不可攀的精神领袖，而沦为如同商品一样可以模仿、复制的消费品。名人不再高高在上，而是尽可能地走近大众，通过无限量的抛头露面与尽可能的交流沟通，拼命地向观众推销自己。在物质极大丰富的时代，几乎紧扣着消费者的每一项现实需求都会衍生出一种商品；在名人制造领域也是一样，几乎紧扣着消费者每一项心理需求都可能衍生出一种名人，美丽的、智慧的、富有的、才华横溢的就不用说了，可炫富的、自恋的、乐于出丑卖乖的……靠大众的围观全都能出名。只能说名人已成了商品，只要有市场，就有卖方。而且大众喜新厌旧，对待名人一如对待物品，导致每天都有新鲜的面孔取代昨日的面孔，名人不停更新换代的特征也一如易耗的日用品。

3. 名人成为日常生活的一部分

当代社会生活的外延无处不有名人的存在，他们渗透到大众的人际交往、娱乐休闲以及消费购物等一切的日常生活当中。在人们的社交活动中，名人成了茶余饭后的谈资，人与人关系的粘合剂，名人八卦毕竟比交流天气情况要有意思得多，而且借评论名人也可以更方便地表达出自己的价值取向与审美品位，使双方的交流显得更有趣，更委婉，也更高效。娱乐休闲活动也离不开名人，娱乐节目中大小明星流光溢彩，名演员、名主持、名嘉宾的加盟给人带来一场场视觉盛宴，更不要说泛娱乐化已成为现在普遍的一种社会现象，各个领域都有名人助阵以刺激受众在海量信息轰炸中日渐麻木的兴奋点。大众的日常消费活动受名人的影响更大，人们目之所触、耳之所及，广告、海报，甚至油盐酱醋的外包装上，全都活跃着名人的面孔。我们的消费活动不可避免地受着名人的影响与支配。在消费观念上，潜移默化地受名人所倡导的消费潮流的指挥；在具体的消费选择上，又因为移情作用而受到产品代言名人的影响。

二、名人泛化的原因

（一）名人圈通道由窄到宽

以往的名人群体是一种类似社会阶层的圈式的存在。这个圈子当然并非牢不可破，但由圈外进入圈内的通道却极为狭窄。

比起网络传媒大行其道的今天，广播、电视、报纸、杂志等传统媒介渠道要狭窄太多，媒介资源因而显得较为珍贵，所以，对于要报道的对象选择总是慎之又慎，必须是它们所能接触到的最具新闻价值的人物，才能出现于公众视野。说白了，那个时代的名人很大程度上是媒体选择的结果，镁光灯打在谁的身上，谁就成为众人瞩目的焦点。国家领导人是主要的报道对象，因为要树立领袖的光辉形象，增强国家的凝聚力；对国家建设确有贡献的各行业的佼佼者，是报道的另一重点，如两弹元勋邓稼先、"杂交水稻之父"袁隆平等伟大的科学家，因为要使人看到社会进步，鼓舞人心；而对"全心全意为人民服务"的雷锋、"女包公"任长霞等英雄偶像的大力宣传，则是为树立全民的道德标杆，净化社会环境……总之，因为官方媒介垄断了话语权，那时的名人所象征的意义是统一的。诚如喻国明教授所言，"平台和载体的特性对文化本身的原生性有着重要的支撑或是限制作用。在传统媒介通道和容量有限的情况下，出现具有官方认同基因的一元化、专业化、单纯的精英文化是一种必然"①。

随着社会制度与传媒环境的变迁，大众与名人之间的通道被拓展开来，草根想进入名人圈已不再困难。封建社会想要成名多通过科考，"十年寒窗无人问，一朝成名天下闻"，多少人为了名利去挤这座独木桥，有的甚至从总角之年一路考到耄耋垂老也未能如愿；而到了当代，成名的渠道变得多种多样，只要你敢想，只要你敢做：芙蓉姐姐仅靠一个"S"造型就红遍网络；凤姐仅靠"博览"《故事会》和《知音》就名动全国；而犀利哥什么也不做，忧郁的眼神与原始版的"混搭"就使他在短短一周内红遍亚洲。简言之，电子传播与网络传播时代，媒介渠道越来越多元化宽泛化，名人数量遂越来越多，其构成也由单一向多元转变。

（二）后期现代主义的渗透

"后现代主义"一词，作为一面反映现代主义的镜子出现于20世纪30年代；到了60年代，这一词开始在纽约流行，表示对学院派中现代主义的超越；到了七八十年代，它的应用开始广泛化并在欧美流行开来。②不过从这时起，"后现代"这个术语也开始遭到学者的质疑，因为"后现代"与"现代"的对立夸大了时代的断裂性，很多学者认为更准确的说法应为强调变化的"后期现代主义"（Late Modernism）（笔者在下文中也采用这一术语），而非强调超越的"Post Modernism"。1985年，后期现代主义思潮开始涌入中国；但从20世纪80年代后期到90年代前期，后期现代主义在中国的影响还只是集中在文

---

①　王永强：《草根传播2.0："郭德纲"们奋然前行》[N]，《中国经营报》，2006.2.18。
②　迈克·费瑟斯通：《消费文化与后现代主义》[M]，南京：译林出版社，2000年版，第10—11页。

化研究领域；直到 90 年代末，新生代作家才开始将之运用于具体的文学创作实践；之后，随着西方意识形态的广泛传播，后期现代意识开始逐步渗入各社会领域，不过，这一意识形态真正的引人注目还是源于一个契机——"自媒体"。准确地说，后期现代主义在中国的广为流布始于 2005 年，其时自媒体的表现形式之一——博客开始蓬勃发展，为平民提供了一个话语平台，其后的微博进一步降低了自媒体的门槛，彻底颠覆了精英话语与精英文化的垄断地位，建构了中国的后期现代主义文化。

将名人泛化的几种表现与后期现代主义的主要特征加以对照，我们会发现其内涵竟不谋而合。

后期现代主义的一个主要内容是反权威主义：强调平等化，致力于精英文化与大众通俗文化之间界限的消弭；反对真理预设与权威垄断，寻求话语权的平衡。这一点可以在名人与大众近年来建构的互动关系中得到体现。名人文化本来是一种精英文化，但近年来却越来越主动地去精英化，向草根文化靠拢；名人文化原本滋生出许多的个人崇拜，近年来名人却屡遭戏谑、嘲弄，网民大肆讨伐某所谓"权威"或"专家"的场景也屡见不鲜。恶搞杜甫就是一个典型的名人去权威性的例子。在杜甫诞辰 1300 周年的 2012 年，一组名为"杜甫很忙"的恶搞图片在微博上被疯传，图片上的杜甫市井粗俗，无所不为。对杜甫这样一个忧国忧民的伟大诗人的恶搞行为是否妥当姑且不论，但它却的确折射出了权威主义的坍塌。

后期现代主义的另一个特征是消解整体性和同一性。现代性理论认为世界是统一的整体，人类永远在追求普遍真理的道路上行进着，人类历史是连贯的、不断发展的、不断进步的。后期现代主义则将前期现代性的这种认识观看作僵化的形而上学体系，对其展开激烈的批判与颠覆。在社会由同一性的前期现代向多元化的后期现代的转变中，名人的构成也是由单一向多元发展的。在名人纯粹由精英构成的前期现代社会中，名人所代表的社会意识形态是统一的，即官方倡导的主流意识形态。而在名人构成多元化的后期现代社会中，社会意识形态也呈碎片化与多元化状态。这应该不仅仅是一种巧合，如果参照格伯纳的"涵化理论"，也能得出同样的结论。

"涵化理论"是以一定的社会观和传播观为出发点的。它的基本观点是，社会要作为一个统一的整体存在和发展下去，就需要社会成员对该社会有一种"共识"。电视媒介之所以在建构社会主流意识形态过程中发挥着重大作用，是因为电视可以在全社会范围内广泛地、长期地、潜移默化地培养人们对于社会的共同印象。在电视媒介所建构的拟态世界中，主流媒体垄断了话语权，其所传达的观点必然与主流意识形态保持高度的一致性。所以说，在互联网出现之前，占主导地位的电视媒介对建构统一性的现代世界起了很大的辅助作用。我们如果将涵化理论中的"电视"替换为"名人"，会发现这同样是说得通的。名人是主流意识形态的风向标，在名人构成多元化之前，名人全是官方所垄断的主流媒体选择的结果，所以其所代表的社会意识形态也是一致的，而大众在接触不到其他意识形态的情况下，就会在所景仰的名人影响下形成一种整齐划一的价值体系。同样用涵化理论来观照后现代主义现象，信息的多元化与碎片化必然导致社会意识形态的碎片化与多元化，社会意识形态的改变又必然会第一时间在对社会语境最敏感的风向标——名人身上表现出来。

最后，看后期现代主义的另一个特征——反理性主义，它反对前期现代主义对一切事物进行阐释以求探寻其本质意义的理念，而追求感官审美，强调欲望的释放。"由于缺乏将符号和形象连缀成连贯叙述的能力，连续的时间碎化为一系列永恒的当下片断，导致了精神分裂似地强调对世界表象的紧张体验：即生动、直接、孤立和充满激情的体验。"① 反映到名人文化中，这也是为何当下的网络名人与选秀如浪潮般一波波涌现又转瞬消失的原因之一，因为人们从这些名人身上寻求的也不过是片刻的情绪释放与消费快感，而不是像对待令人崇拜的精英一样试图从他们身上发掘出令人深省的社会文化内涵。名人文化中所呈现出的一种审丑趋向，围观并追捧芙蓉姐姐与凤姐等世人眼中夸张、搞笑的"丑角"，其实就是反理性主义的表现。

（三）名人泛化与意义的追寻

在符号消费社会，物的使用价值退缩至最不起眼的角落，而物的符号价值成了消费的决定性因素，但是对物品符号价值的追求总还是要基于一种最基本的对物的需求：人总是要靠食物来维持生命的，所以在满足口腹之欲的同时吃出情调不失为一举两得；人总是要靠衣服蔽体以保护自身，所以在穿衣戴帽的同时试图穿出品位也在情理之中。而名人是无法消费其本体的，能消费的只有其符号价值，所以从这个角度来说，大众消费名人是在消费纯粹的奢侈品。因为从定义上看，名人同奢侈品一样，是超出人们生存与发展需要范围的非生活必需品；从经济学上讲，奢侈品又是指无形价值/有形价值关系比值最高的产品，名人的特点也与之吻合。在温饱线上挣扎的穷人不可能去购买奢侈品，同样也不可能去消费名人，而只可能将名人作为内视崇拜对象与精神寄托。名人

---

① 迈克·费瑟斯通：《消费文化与后现代主义》[M]，南京：译林出版社，2000年版，第180页。

之所以呈泛化趋势，与奢侈品对人们所具有的诱惑力一样，源于在物质极大丰富时期大众对符号价值的痴迷，也即对意义的追寻。

人是符号动物，是符号区别了人类世界与动物世界，因为人类所独有的抽象思维活动以及文化的构建与传承正是以符号为起点的。符号的出现是为了意义的表达，所以也可以说，是对意义的追寻区分了人类世界与动物世界。人类生存于世，追寻意义是在吃喝拉撒睡等动物本能之外的最基本的精神需求。既然人类自诩为高等动物，那我们就必须找出我们存在的理由，与其他动物所不同的理由。所以人类几千年来一直在追问并探索生命的意义，以确定自己的生存价值。如果人在生活中感觉不到意义的存在，而只剩下生物本能的支撑，那么人很快就会陷入精神的空虚与绝望之中，会放纵自己的肉体堕落入纵情享受的生物本能或者结束自己的生命。尼采说过"知道为何而活的人几乎能回答任何怎样活着的拷问"（He who has a why to live can bear with almost any how），这句话倒过来就是，"每一个不知道为何而活的人，也无法回答如何而活的问题"。

人类永远无法穷尽生命与生活的意义，所以才会如夸父逐日般不停地奔跑在这条道路上。这是人生的悲哀，也是人生的希望。对意义的追寻是人类永远的主题，如果"当价值的来龙去脉业已澄清之际，宇宙在我们眼里也就失去了价值，变成了'无意义的'了"[1]。而正因为我们热衷于意义的寻求，所以才会导致符号的泛滥。符号的泛化，既意味着意义的缺失，也意味着寻找意义的努力。名人是典型的符号，名人泛化正是符号泛化的重音。

一个普通人在世人眼中仅仅是大众群体中的一员，不具备单独的符号性，也就无所谓意义可言，但名人作为符号之一种，即使在尚未完成象征化的时候，也具有相对鲜明的特征，能够被解读出一定的社会文化内涵。因为名人所负载的意义相对清晰鲜明，所以大众会去追逐名人、消费名人，仿佛这样就标志着自己与此名人处于同一格调，享受同一品位，自己的人生意义也就能因此说出个一二三来。为什么有人为芙蓉姐姐与凤姐辩护？因为自己的价值观与她们必然有一定程度的吻合，为她们辩护，也是为自己的人生追求与存在价值辩护。

有一种现象叫作"名人通吃"，就是某些人一旦成名，就能马上在各个领域畅行无阻，比如娱乐明星"演而优则商，商而优则仕"，体育明星"赛而优则免试入学，则演，则商，则仕"。名人能够在各领域通吃，一方面说明大众

---

① 尼采：《权力意志：重估一切价值的尝试》[M]，北京：商务印书馆，1991年版，第277页。

对名人的迷信并没有完全破除，另一方面说明大众对符号价值的重视表现在各个方面。名人通吃现象在中国表现得尤其突出，与中国正处于社会转型期不无关系，名人构成发生变化，旧的价值体系虽被摧毁而影响还在，新的价值体系又未确立，陷入迷茫而又亟须方向的矛盾在中国人的身上表现得淋漓尽致，名人是他们在生活方向不明的情况下最容易抓住的稻草。名人也乐意扮演引路人的角色。于是我们看到以下情形。

公共领域只要一有风吹草动，马上就会有知名专家、学者发表观点，引导大众沿他们的思路看待问题。当然这也是因为大众在面对情况时总是习惯性地先把眼光投向名人的结果。人们在对某人某事或某现象发表看法之时，总喜欢引用名人的理论或观点作为佐证，以支撑自己的观点，好像这样就能使论据更为有力。为什么不自信地直接说自己的想法，而要参考名人的说法呢？是为显示深度，显示渊博，更是因为自己提不出有力的有意义的说法。

经济领域，名人引领消费潮流；我们消费看广告，广告要名人代言引起关注，打造品牌；我们消费看品牌，品牌要名人代言以强化影响力。广告强调的是符号价值，品牌强化的也是符号价值。这自然是为投大众所好。在符号消费时代，符号价值是大众选择商品的准绳，但事实上大众对商品的符号价值缺乏一定的判断力，他们只是在名人身后跟风，依据与商品相邻接的名人符号来判断商品的符号价值。

名人，蕴涵着意义的符号，成了现代社会原子般分散的人与人之间的纽带。但事实上，我们追随的并非名人，而是意义。人类永远致力于意义的追寻，而现代人作为人的生存价值，很大程度上就体现在对名人符号的消费上面。

三、"地球村"视角下的名人泛化

名人符号作为文化的表现形式之一，其所承载的社会文化意义也在永不停歇地流变。名人原本高高在上，属于圣坛与庙堂的存在。随着社会的发展以及对大自然的认识，神的色彩逐渐淡化，精英文化代替了神谕，名人演变成为一个阶层，一个封闭的场域式的存在。而在商品文化统治的当代，娱乐崇拜代替了信仰崇拜，名人成了大众娱乐与消费的对象，而且开放与多元的媒介渠道也为名人与普通人之间打开了通道，名人泛化成为当今社会的一大景观。

从古至今，名人场①在其范围上经历了两次重新界定：孤独的神－名人场；名人场－名人泛化。这一认识与麦克卢汉的地球村理论殊途同归，都揭示出社会发展的某些规律。"部落化"是麦克卢汉在《理解媒介——论人的延伸》(*Understanding Media：The Extensions of Man*，1964) 一书中提出的概念。麦克卢汉认为，人类历史从远古至今，经历了"部落化—非部落化—重新部落化"三个阶段。这三个阶段与文化传播史的口语传播、印刷传播和电子传播三个阶段有直接对应的关系。口语传播这一面对面互动交流的方式与洪荒时代的部落文化相辅相成；印刷传播使人们的感官系统偏重视觉，摧毁了人们感知世界的整体性，割裂式的认知方式造成了人类生活的非部落化；电子传播将人的感官再一次全部卷入，人类社会于是重新部落化。将名人神话的流变过程与之比较，会发现其一一对应的密切联系。

（一）孤独的神—部落化

之所以称早期的名人为孤独的神，是由于他们数量极少而地位崇高。所谓时势造英雄，早期的名人身上所呈现出的"孤独的神"的特性与时代环境是密不可分的。根据麦克卢汉在《理解媒介》中的阐释，部落化的要素有以下几点：口语传播促进一切感官的均衡发展，因而人们对世界的感受是整体的；生产未分工，因而人们必须通晓各种技能；人们的生活圈子是封闭的而非开放的。这几点也是那一时代的名人特征形成的主要因素。

第一，部落化时代在文化传播史上属于口语传播时代，部落内部人与人之间的日常交流方式是面对面地口授耳传。麦克卢汉认为一切媒介都是人类感官的延伸，依据他的这一理论，口语传播模式需要人调动自己的所有感官。当所有感官都被卷入日常认知活动中，人们对世界的认识就是整体而非偏颇的。

第二，部落化时代的生产力还很落后，还未达到生产分工阶段，人不能靠专门技艺换取生产生活资料，而必须全面掌握生产生活技能。这一点与口语传播的人际交流方式也是相协调的，都促进了人的各部分感官的全面平衡发展。

以上两点造成人们对世界的看法以及对自身的认识都是整体的。因此，在这样的社会文化状态下产生的英雄是全能的。虽然羿射日、禹治水，各有所长，但这只是英雄之间的比较，单看每一个英雄，都是生存技能无不精通的全才。这有一定写实的成分，因为浪漫的英雄形象也是扎根于现实生活土壤的，不过在人们的想象中以及流传的过程中渐次被夸张，终至被神化。

---

① 关于"场域"及"名人场"的意义，后文会有深度解读，此处仅仅是对现象的描述，故对这两个概念不作详细阐释。

再看第三点，由于口语传播的时空局限性，也由于交通的不发达，造成人们的生活圈子是封闭的而非开放的。当然更深层的原因是落后的生产力尚无力营造良好的生存环境，人们只能相互团结，依靠集体的力量保障自己的生命安全与基本生活需求，而不可能去探索远处的风光。所以，部落人的生活方式是集体的。基于此，这时的名人只可能是能保护他们的安全或能为他们带来更多生活保障的英雄，英雄的事迹在人与人之间口耳相传，渐渐演变为战无不胜的半人半神，成为整个部落的精神寄托。

不过，名人的数量与人口基数是成正比的。而一个部落的人数极为有限。比如中国保留至今的最原始的母系部落摩梭族，有文字可考的历史已有2000多年，但1991年人口仅4万人，到2010年也不过发展到5万余人。《新唐书·李绩传》中有这样的数据："酋长率部落五万降于绩。"而30多年前在巴西亚马孙丛林中发现的皮纳哈部落仅有约350人。若以5万计，也就相当于如今一个乡镇的人数。我们对比来想，对于部落名人的数量也就有了一个大致的概念。

而且在部落化时代，英雄事迹大都在部落内部流传，因为如前文所述，在口头传播时代，信息只能靠口耳相传，口语具有易碎性，传播速度慢、范围小，再加上部落的封闭性，信息多在部落内部传播，能够在部落间传播而被其他部落所熟知的名字必然属于惊天动地的大英雄。所以在部落时代名人不仅数量极少，而且增殖缓慢。

作为旧规则的破坏者与新局面的开拓者，部落时代的名人必然是智勇双全的孤胆英雄，在带领部众前进时独自探索，在功成身退后被敬上神坛。

（二）名人场—非部落化

麦克卢汉认为，劳动分工的出现和拼音文字的发明打破了部落人感官平衡的状态，使人类社会开始了"非部落化"进程，机械印刷术和工业化的出现则强化并加快了这一倾向。随着部落化向非部落化转变，人们所崇拜的名人也发生了变化。名人由孤独的神进化为一个场域式的存在，由零星的点而转变为一个集合。

1. 拼音文字与劳动分工对"名人场—非部落化"的影响

在人类社会由部落化向非部落化的转变过程中，作用最大的是拼音文字的发明。约3500年前，腓尼基人发明了22个字母，后经希腊人、古罗马人以及英国人的相继改进，形成了今天的26个英文字母。拼音文字发明后，视觉在信息沟通中的地位越来越重要，打破了部落人口耳交流的感官平衡。不同于东方的象形文字，拼音文字的最大特点是形式的任意性，文字的外形与其指称对象之间没有必然联系，字母的组合是空间的线形展开，也具高度抽象性。古希腊人早已证明，眼睛是最适宜表达理性的感官，所以由感官平衡到视觉侧重使人变得强调理性。由于视觉的统治地位使信息沟通双方的其他感官卷入度极大降低，而且文字阅读与书写是一种很私人化的活动，部落人学会识字后，"几乎一切情绪的和团体的家族情感都被剔除了。他摆脱了情感的羁绊，能从部落中分离出来，成为文明的个体"[①]。在这样一种被非部落化的过程中，因为强调理性，对神话英雄的崇拜渐次让位于对哲学家、思想家与科学家的敬仰，苏格拉底、柏拉图、亚里士多德等伟大的名字从两千多年前闪耀至今即是明证。

文字的发明还使信息传播突破了时空限制，使人与人之间的信息传递不必像口语传播时代局限于咫尺之内，人类的传播活动因此变得疏离而割裂，人类社会也由此被非部落化了。突破时空限制的信息传递范围迅速扩大，而且能使信息更为精确而持久。从另一个角度来看，名人信息亦如是，名声借助文字能够流传到较远的地方，名人信息传播范围的扩大，使每个地方的人们所熟悉的名人的数量大幅度增加。

生产力的发展使劳动分工出现并越来越细化，这造成人们专精一门，不再像以前那样技能全面，不同的工作侧重不同的感官使用，打破了原来感官平衡发展的状态。而且随着分工的细化，名人的构成开始变得多样化，各行业的佼佼者都会在社会上赢得广泛的名声，这一因素也使名人的种类和数量渐多。

以上种种因素，使名人由孤独的神进化为一个场域式的存在，由零星的点而转变为一个集合。人们学会分析和用割裂的眼光看问题之后，物以类聚人以群分，名人场就此形成。

2. 机械印刷术和工业化对"名人场－非部落化"的强化

机械印刷术和工业化强化了前面几点。15 世纪中叶古登堡发明的金属活字印刷术使信息的批量生产成为可能，而且机械印刷术大大提高了传播效率，降低了传播成本，而且机械印刷术能够在同一时间将同一信息进行准确的多向传播，在很大程度上扩展了信息传播的范围。这是大众传播产生的技术条件。工业化则使社会分工更为严密细致，使人类的世界观愈发割裂化，而且工业化对文化素养的要求也在客观上促使了文字的普及和印刷术的发展。18 世纪后期工业革命在各国的全面展开，机械化的生产工作需要普遍提高劳动者的素质，于是教育开始普及，为数众多的平民成为潜在的读者群。

---

① 马歇尔·麦克卢汉：《理解媒介——论人的延伸》[M]，何道宽译，北京：商务印书馆，2007年版，第120页。

机械印刷术和工业化催生了大众传播，而众所周知，名人信息可以说是大众传播中最受欢迎的一种。而在名人圈中，一个很明显的事实是，传媒在表面上占有话语权，但事实上却受制于政治资本及经济资本的拥有者。因此，名人圈中的名人往往是话语权的实际掌握者。这是社会不平等的表现之一，也是非部落化的重要表象——部落化一个重要的特征是平等，而非部落化则与之相反。久而久之，名人圈中的位置愈发趋于固化，这从一个侧面更加重了社会的割裂。不过，任何事物都有两面性，机械印刷术和工业化的影响还可以作另一种解读。

机械印刷术和工业化促进了教育的普及，而教育的普及不仅为大众传播准备了潜在的读者群，也为大众创造了进入名人场角逐的资本。教育使他们拥有了一定的文化资本，尽管有限，机缘凑巧却也能作为敲门砖使用。就如林南对社会资本的解读："文化精英或者资本家控制着生产市场……劳动者因向精英提供文化再生产的劳动而获得补偿；这也可能产生剩余价值和资本，因为劳动者可以进行再投资，继续积累文化符号和意义，进一步地发展与精英的关系，从而提高他们在社会中的相对地位。"[①]

（三）名人泛化—重新部落化

经历了漫长的口语传播、文字传播和印刷传播时代，人类迎来了电子传播时代。1837 年美国人莫尔斯发明出第一台简便实用的电报机，拉开了人类社会电子传播时代的序幕。随后，电话、广播、电视等电子媒介相继问世，成为人类电子传播进程中的一个个里程碑。20 世纪末期互联网的出现，则将电子传播活动推向了高潮。在互联网上，麦克卢汉"地球村"的设想再也不是一句空谈，他所提出的电子媒介会使人类重新部落化的见解也得到了日渐广泛的认同。在人类重新部落化的当代，世界发生内爆，一切事物间的界限都渐趋消解，人与人之间又一次变得平等。在这样的背景下，名人场由封闭走向开放，名人不再是仅限于享有特权的精英，更多的是自我意识觉醒的平民。

在文字传播时代和印刷传播时代，文字在所有媒介中占绝对统治地位，使人们由整体的部落人发展成为割裂化的非部落人。而到了电子传播时代，媒介的演进使人们的世界观与生活方式都发生了改变。

声音和图像又重新回归人们的文化，使文字的统治地位摇摇欲坠；电子信息的同步性，将声像与文字同时推送到人们面前，使人在接收信息时不得不调

---

① 林南：《社会资本：关于社会结构与行动的理论》［M］，张磊译，上海：上海人民出版社，2004 年版，第 16 页。

动一切感官，要求人的深度卷入，"由于电力技术将不能用图像显现的关系强加于人——这些抽象关系是瞬息万里的速度产生的，所以它能将视觉拉下马，把伴生感觉和视觉之外的密不可分的其他感觉重新扶上支配的地位"①，所以人的感官不再偏重视觉与线性结构，而是又一次获得平衡发展。电子媒介的即时互动性则改变了不同步的文字交流引发的疏离与理性偏重。即时通信工具如电话、手机、网络音频视频等，这些聊天工具彻底消除了时空距离，对话双方即使远隔万里也犹如面对面交谈，类似于以前部落化的交流方式。人们看待世界的方式也由割裂化又一次整体化。割裂的非部落人用分析的眼光割裂世界，于是狭隘的精英文化占据着统治地位，精英式的名人高高在上，成为一个封闭的场域式的存在。而眼下的名人群体却呈开放状——开放的集合已不能称之为场，无论是精英还是平民，有特色即可成为名人，相对同质的英雄，这种对名人的社会包容性其实代表了人们看待事物的另一种形式的整体化。

文字阅读与书写都具私密性，电子媒介却迫使这个世界互动起来。这是一个讯息同步的世界。往大里说，国家闭关自守的时代一去不回，有人戏言"华尔街打个喷嚏，世界就会感冒"，这话一点也不夸张。往小里说，在手机、网络等现代通讯媒介的覆盖下，社会人想要静处一隅，是绝对不可能的事情。互动，而且是即时的互动，就意味着交流双方的卷入度与参与度必须是深入的。对卷入度的要求正是部落化所强调的一个方面。

只不过，以前的部落化是由于地缘关系，而今天的重新部落化却更多是出于心理上的接近。人们进入某个论坛也好，聊天室也好，QQ群也好，多是出于兴趣，有着共同爱好的人构建了一个又一个的网上部落。麦克卢汉曾将广播比喻为部落鼓，如果他能见到今日互联网的盛况，肯定不得不承认，比起广播，网络的鼓点更密，鼓声更大。因为网络的匿名性与零准入门槛，它表现出平等与开放的特性，而平等正是部落化的一大特征。网络为人们提供了自由发表言论的平台，而且也使平等意识进一步深入人心。这也正是名人泛化的最重要原因，网络为这一现象既提供了技术支持，也做了思想准备。名人泛化的一个重要原因就是，表现自我的平台已经对大众开放，每个人都能成为名人，而这与人类社会重新部落化的原因显然有重合之处。

曾经被理性思维离析得类别俨然的社会，如今被感性整合的方式将一应界限抹平：善恶、美丑、雅俗，都失去了统一的标准；政界、商界、文艺界，都

---

① 马歇尔·麦克卢汉：《理解媒介——论人的延伸》[M]，何道宽译，北京：商务印书馆，2007年版，第151—152页。

打着亲民的幌子拼命地娱乐……尤其在网络世界，一切现实的身份、背景都化为乌有，人们通过在网上寻求的认同来重塑自我，这就形成了一个个不同的部落。在这巨大的熔炉中，名人与平民的界限也正逐步消弭于无形，所以，我们现在能看到形形色色的名人，代表着一个个现代部落，成为种种细微需求与幽微人性的象征符。

第二节　名人泛化与现代人的自我危机

现代人面临着严重的自我危机。一方面由于外部环境对自我的挤压，另一方面是由于自我元语言能力的不足。名人泛化现象也是导致现代人自我危机的重要因素之一。作为当代文化的核心，名人文化的变迁难免会引发社会文化语境总体的动荡，名人泛化的后果之一就是加剧了语境元语言分歧丛生的状况，而语境元语言的分歧又加剧了大众的自我危机。社会文化的语境元语言对自我危机的影响主要表现在自我阐释的不确定性方面。

一、名人泛化→语境元语言的分歧

正如许多符号学概念一样，"元语言"这一术语也发端于语言学，是指"用来分析和描写另一种语言［被观察的语言或目的语（object language）］的语言或一套符号，如用来解释另一个词或外语教学中的本族语"[①]。由此可见，"元语言"是用来解释语言的语言或符号。不过，元语言不是孤立存在的，而必须是某种语言中最基本的概念集合或系统，像语法书、语言学教科书、词典等都是元语言。或许伦敦语言学派的创始人弗斯（J. R. Firth）在其论文《语言学理论概要》（*A Synopsis of Linguistic Theory*，1957）中所说的话更为明了了，"每个科学领域都应该开发出适用于其性质的一套特殊语言，这个过程代表着科学工作的最基本组成部分"[②]。在符号表意中，意义的生成与解释规则，称为符码；而符码的集合，则是元语言，包括成文的各类工具书与行为指导规则，也包括不成文的但具有约定俗成性质的行为道德规范或意义阐释系统。赵毅衡认为，元语言大致包括三类：社会文化的语境元语言、解释者的能力元语言、文本本身的自携元语言。韩礼德认为："社会现实或文化本身就是

---

① 参见哈特曼、斯托克：《语言与语言学词典》［Z］，上海：上海辞书出版社，1984 年版，第 213 页。

② 参见 http://baike.baidu.com/view/10291477.htm。

一座意义的大厦——一个符号概念。"① 事实不仅如此，我们所经历的社会现实还是一切意义生发的基础。所以语境元语言是元语言组成因素的最主要来源，而社会文化的特性也使其成为元语言中最复杂的一类。符号文本与社会文化的关系千丝万缕一般，将之置于不同的语境常会得出完全不同甚至截然相反的意义。比如在许许多多的小说、影视剧乃至真实案例中经常看到的法理与人情的冲突、道义与规则的冲突。元语言作为意义集合，本身就充满了冲突，因为意义系统的不可自洽性，元语言结构内部的模糊、矛盾等都是题中应有之义。而作为基于最复杂的社会现实所构建起的一个意义集合，语境元语言内部的分歧、矛盾与冲突无疑在三种元语言中最为多发。

每个人的成长环境与所受文化熏陶都不会是纯粹单一的，社会文化的复杂性在每个身处其中成长起来的个体身上都打下了深深的烙印。少不更事，几乎全部对世界的认识都从父母师长及书本中得来，经选择与修饰的言语所熏陶出的对世界的印象往往是简单美好的；及至初涉社会，才发现真实的人情世故与自己积累的经验是那么不一致。这时，我们身处的世界就出现了语境元语言的分歧。从小，我们就被教育要扶弱助残，扶老奶奶过马路是好人好事描写中经常出现的桥段，可南京彭宇案给了多少向善的人当头一棒。还有更复杂与微妙的情形，比如从小我们就被教育要诚实，但长大后却不得不在许多场合说着"善意的谎言"。

想要理解社会的复杂性，社会所构建的语境元语言集合只能更复杂。因为正如波兰逻辑学家塔斯基（Alfred Tarski）在《形式化语言中的真理概念》中所言，元语言本质上比对象语言更丰富，如此元语言才能去解释下一层的对象语言。② 所以，社会的日益复杂化直接导致了语境元语言的内容更新或变革，因为任何一种新的社会事物或社会变化，都必然要求相应的语境元语言集合的扩容或调适。作为一种社会文化现象，名人泛化加剧了语境元语言分歧丛生的状况。

一边是感动中国的道德标兵，另一边是不择手段日进斗金的致富楷模；一边是挥汗如雨奋斗数十年的成功典范，另一边是一脱成名的网络红人；勤俭节约是我们从小就被教育的所谓美德，但赫本代言的奢侈品牌纪梵希却寄托着每个成年女性心底关于优雅的梦想；电视上是新生代明星在倾情演绎裸婚时代，

---

① 韩礼德：《作为社会符号的语言》[M]，上海：外语教研出版社，2003年版，第12页。

② Alfred Tarski. "The Concept of Truth in Formalized Languages" [C]. *Logic*, *Semantics*, *Metamathematics*. Oxford University Press, 1956.

网络上、杂志上却是铺天盖地的关于某名人世纪婚礼的报道……

名人有百种，以往的媒体总是有选择地去报道并统一口径，但今日的媒体为逐利却只顾追"名"，不同媒体相互拆台，甚至同一家媒体昨拿矛今握盾，都是避免不了的行为。媒体目标明确，受众却越来越迷惘，不知道该相信哪一家媒体与信奉哪一位名人。当然更深层次的影响在于，不明白哪一种被宣扬的价值观才是正确的。

二、语境元语言的分歧→自我阐释漩涡

以往，各媒体常一呼百应，共同构建出协调一致、互相促进的语境元语言集合。如"文化大革命"结束后关于真理标准问题的大讨论，1978年5月11日，《光明日报》公开发表了经胡耀邦审定的文章《实践是检验真理的唯一标准》，新华社于当天将这篇文章转发全国。到5月13日，全国大部分省级以上党报都转载了此文。很快，这篇文章在全国引发了一场大讨论。

在名人形象塑造及意义传达方面也是如此。如雷锋这一名人符号的塑造，就归因于语境元语言集合中各因素的通力合作。1963年3月1日，毛泽东的题词"向雷锋同志学习"首先发表在《中国青年》杂志的5、6期合辑上，3月4日新华社向全国发通稿，3月5日《人民日报》《解放军报》《光明日报》等报纸都在头版刊登了毛泽东为雷锋题词的手迹。之后，各地各单位都行动起来，全国都掀起了学习雷锋的热潮，雷锋成为全民榜样。

语境元语言一致的情况下，受众的阐释活动能够较轻易地得出明确的意义。在20世纪六七十年代，雷锋在几乎所有中国人心目中都是道德的化身，是值得学习的楷模。可这一信仰在90年代末有些动摇了，先是美联社记者质疑雷锋做好事的照片真假问题，接着越来越多的人开始怀疑雷锋事件的纯粹性。而进入新世纪，雷锋精神竟然成为一个鲜有人提及的词汇，2013年3月5日"学雷锋日"当天，影片《青春雷锋》在南京首次上映，多家媒体报道几近0票房，后经电影出品方辟谣说首映日观众实为90人次，但对比近年来动辄首映日几千万甚至上亿的电影票房，这个数字依然颇显尴尬。更何况这部影片还有着官方保驾护航。据报道，"这部片子打着'十八大献礼影片'的吓人名头，而且在上映之前的3月4日，国家广电总局专门向各省、自治区、直辖市广播影视局，各电影院线公司等下发通知，要求保证场次放映《青春雷锋》

《雷锋在 1959》和《雷锋的微笑》这 3 部雷锋题材电影"①。笔者无意在此探寻国人由盲目崇拜到自由思考意识的觉醒问题，所涉及的仅为这一转变历程所带来的语境元语言的变化。语境元语言的变化将必然地侵入阐释过程，可能带来结论的差异，也可能带给阐释者一定的困扰，因为语境元语言的不稳定较易导致阐释意义的不确定。当两种元语言同时起作用导致两种阐释悖论性共存时，就出现了"阐释漩涡"，维特根斯坦的《鸭—兔》画、荷兰版画家埃舍尔（M. C. Escher）的《鸟与鱼》（*Birds and Fish*）都是阐释漩涡的经典例证。在生活中，同一行为会遇到被欣赏为"率性"的褒扬，也会遇到被喝斥为"无礼"的贬抑，这也是两种不同的元语言集合在同一个阐释对象上起作用的结果。

总之，我们在看待问题时，常常由不同的是非标准推出不同的意义解读，哪怕在同一个人的同一解释活动中，也常会出现"横看成岭侧成峰，远近高低各不同"的情况。在这样的同一解释努力中出现元语言冲突，使意义解读无法明确，就导致了阐释漩涡。自我阐释也不例外。当阐释漩涡在生活中初始出现时，我们可能还会感觉有趣，因为世界向我们展开了它新奇而令人思索的另一面，但当处处是漩涡，各种事情都得不出明确的意义，我们难免困惑甚至痛苦，因为所处环境的复杂性超出了自己能力元语言的解释范围，这时我们可能会怀疑自我元语言能力的不足，于是就出现了自我阐释漩涡。

当下社会的名人泛化现象加剧了社会文化的语境元语言的分歧，而这一分歧造成了相当一部分人的自我阐释漩涡。由名人泛化所引起的现代人的自我阐释漩涡主要体现在价值观方面。

《辞海》中"价值观"词条的解释为：关于价值的一定信念、倾向、主张和态度的系统观点，它起着行为取向、评价标准、评价原则和尺度的作用，受到主体所处的社会历史条件、社会地位、教育水平等诸多因素的影响，是具体的、历史的。② 简言之，就是一套关于什么事物与行为方式是"值得的"的取向性观念系统。价值观不仅指引着人对客观事物的态度和行为方式，还决定着人的自我认识，因为"值得与否"的看法直接作用于人的生活追求与行为动机。名人泛化现象对大众价值观的影响主要表现在消费观、道德观两个方面。

（一）消费观

广义大众传媒时代的实质就是符号的消费，而符号消费潮流在很大程度上

---

① 董啸：《雷锋电影零票房 不是雷锋惹的祸》[OL]，搜狐娱乐，2013 年 3 月 7 日。资料来源：http://yule.sohu.com/20130307/n368049257.shtml.

② 《辞海》[Z]，上海：上海辞书出版社，2009 年版。

是由名人引领的，名人广告、名人代言全是为给商品增加符号价值。名人提供的替代意义，帮我们做出购买的选择。太多的人不知道自己的需要，不清楚自己的风格与品位，一切都跟风，名人推荐什么我就买什么。苹果公司前CEO乔布斯说过，消费者不清楚自己要买什么，除非将物品放在他们眼前。可是，现在的名人符号太多，其象征意义也各不相同甚至互相矛盾：同一张报纸，这个版面上领导视察粗茶淡饭，那个版面上富豪嫁女十里红妆；这个明星说今年流行优雅复古风，那个明星却身体力行推广着性感前卫潮。分歧乃至相互冲突的语境元语言集合导致了大众在观点接受时的选择困难，形成了关于自我消费观的阐释漩涡。

（二）道德观

名人言行一贯被奉为社会默认的行为准绳，我们写作时引经据典以增加说服力，我们日常辩论时也会以"××（某名人）就是这样说的（或这样做的）"来为自己辩护。道德不同于法律的强制性，靠的是社会的约定俗成，大多由名人首倡，因为"上行下效"才顺理成章，普通人的话通常没有这样的号召力。

名人在社会道德观体系的构建中起着示范作用，是社会的道德楷模，其一举一动都可能成为大众模仿的标杆。所以，名人在道德观构建中既能起到积极的正面作用，也能产生消极的负面影响。同为三国人物，孔融让梨的故事成为中华民族礼让教育的典范，曹操的"宁可我负天下人，不可使天下人负我"的名言也被某些无情的野心家奉为圭臬。因为名人的话有着很强的影响力，所以为了达到某一教化目的，某些名人名言常常被断章取义。比如著名的成语"以德报怨"出自《论语》，常被引用来教育众人要学习孔夫子的宽宏大量，但事实上孔子的原文是"以德报怨，以何报德？以德报德，以直报怨"，联系语境就可看出孔子的意思被彻底地曲解了。

所以看似社会默认的道德观体系其实很大程度上是利用名人符号构建起来的，不管名人符号所传递的信息是真是假，也不管用直接还是间接的方式为统治阶级所用，建构起统一的有利于统治的道德话语才是最终目的。但在名人泛化的今天，名人符号意义多元，使原本规范整饬的道德观体系陷入复杂混乱。

上海宝贝、木子美、干露露等人的先后走红，一次次挑战着人们的道德观。木子美的言行大胆前卫，但还有干露露母女姐妹联袂展现性感并坚称决非炒作。纵然骂声无数，但同时每个名人身后又有无数的粉丝为其摇旗呐喊，可见这些看似离经叛道的言行事实上有着一定的社会接受度。

这给很多人造成了阐释漩涡，但这些全新的名人符号一次次冲刷着大众的道德接受底线，司空见惯后，大众的态度也由质疑转为麻木，在是非对错的明辨前缴械投降。

三、自我阐释漩涡与自我危机

自我阐释，是一种对自我进行认识、评价与说明的活动。自我是以他者为镜像得以确定的，所以不可能脱离社会文化的语境元语言独立存在，而是在语境元语言的基础上进行的活动。当下社会的名人泛化现象加剧了社会文化的语境元语言分歧，而这一分歧又造成了相当一部分人的自我阐释漩涡。譬如，近年来明星亲子类综艺节目盛行，个中代表有江苏卫视的《爸爸去哪儿》、浙江卫视的《爸爸回来了》等，节目中的主角爸爸与时不时作为嘉宾出场的妈妈多是文娱圈名人，而小朋友们在参演这类节目后也都成了小明星。由于节目颇受欢迎，这些大小名人也就话题不断，其中最惹人争议的要数《爸爸去哪儿》第一季中由王岳伦和李湘的女儿王诗龄引发的关于是否要富养孩子及怎样富养的话题。王诗龄参加节目时年方3岁，但已是全身国际大牌，每样单品都价值几千甚或上万，这与我们一贯所接触的育儿专家们所提倡的朴素育儿观及从小所受的要保持艰苦朴素作风的教育显然大相径庭。另外，同一节目第三季中刘烨一双儿女诺一和霓娜的打扮却与王诗龄相反，我们时常会见到妹妹穿哥哥的平价旧衣。由于刘烨的妻子安娜是法国人，于是由此又引发了关于东西方育儿理念与价值观念的讨论。我们视名人为模仿对象，将名人作为自我行为与观念判断的参照标准，但在名人们态度行为不一致的社会元语言环境之中，我们难免会陷入自我阐释漩涡，而自我阐释漩涡发展到一定程度就会形成自我危机。

所谓自我危机（threatened egotism），是指有利的自我评价（favorable self-appraisals）及其动机偏向（即有利的自我观念）受到质疑、否定的心理状态。自我危机发展到一定程度，会演变为抑郁、精神分裂等身体官能症状。弗洛伊德认为这些精神疾病皆源于内心的自我防御机制未能充分调适所致。尽管学界对弗洛伊德的这一观点各执一词，但认为自我危机主要来源于自我认知评价却是普遍的认识。面对压力不够自信则易导致自我价值感的波动，造成自我评价的不稳定性；自尊感偏低，自我感准确度就差，这说明自我评价与自我观念易受到外界反馈的影响而动摇。① 综上所述，产生自我危机的主要因素为自我评价的不稳定性与不确定性。

也有学者将自我危机称为社会认同威胁。社会认同理论是 20 世纪 80 年代

---

① 参见理查德·格里格、菲利普·津巴多：《心理学与生活》[M]，王垒、王甦，等译，北京：人民邮电出版社，2003 年版，第 405—409 页。

初步形成，有学者以此为理论基础对个体所出现的这种心理、精神症状进行分析，提出社会认同威胁概念："个体通过与外群体相比较，不能得到肯定、积极的评价，或者个体无法确定自己所属的社会群体、社会类别或社会范畴，无法形成自己的社会认同，或者个体的社会认同与通过比较获得的认知产生偏离的这些现象被统称为社会认同威胁。"①

结合上述学界理论可以发现，自我危机理论是从主体角度而言，由于自我心理不够强大而导致自我贬低或自我怀疑，当这种自我负面评价发展到一定程度就会摧毁个体建构起来的自我认同系统；而社会认同威胁理论则是从客体角度而言，强调社会环境与他者在个体自我危机产生过程中的巨大影响。但事实上，这两种理论之间有着密切的联系。当个体足够自信的时候，他往往会固守自我正面评价，而选择忽略负面评价，如此周边环境及他者就很难对其自我评价造成不利影响，由上也可推导出有自我危机倾向的个体与社会认同威胁之间的恶性循环。

早在 20 世纪 30 年代，现代人就开始面临自我危机：文化的各种表意活动，对身份的要求过多、过复杂，身份集合不再能建构自我稳定自我，相反，把自我抛入焦虑之中；当世界进入后现代文化，文化与价值观的多元使自我稳定更成了一种幻想。② 英国著名社会学家齐格蒙特·鲍曼（Zygmunt Bauman）也曾将现代世界的特征概括为不可靠性、不确定性、不安全性。从客观条件来讲，这样的社会环境对个体间接造成了社会认同威胁。人们感受到这种威胁，便会转向符号消费以寻求自我认同，这时名人这一消费社会的标识性符号便成了大众寻求自我认同的重要媒介，但名人的泛化解构了传统社会精英话语的一致性，于是反而加剧了大众的自我危机。

对于当代中国来说，本就处于社会转型期，人们对传统文化与现代文化的碰撞所引发的自我矛盾与冲突尚未及调整，又已置身于具有典型后现代特征的草根文化的浪潮中：谦虚内敛的堂训言犹在耳，个性张扬的西风已然满山满谷，光荣与羞耻间的界限悄然模糊。角色的混乱导致自我的无所适从，自我的稳定性与确定性都成了奢望。充分自觉地反思自我与及时恰当地调整自我才能使身份—自我保持平衡，可社会结构的动荡使身份也随之变动不居，大多数人自身的能力元语言毕竟有限，当自我的不稳定性与不确定性产生的压力大到个

---

① Tajfel H，Turner J C. *The Social Identity Theory of Intergroup Behavior* [M]. Chicago：Nelson-Hall，1986，P. P. 7—24.

② 赵毅衡：《符号学原理与推演》[M]，南京：南京大学出版社，2011 年版，第 369 页。

人的能力元语言无法承受时，自我危机便爆发了。名人泛化正是时代狂潮中的浪花一朵，是导致现代人自我危机的因素之一。

第三节　名人泛化与信仰危机

尼采说，上帝死了。福柯说，人也死了。可见，一旦信仰失落，人的精神支柱也会随之坍塌，仅剩行尸走肉般的躯壳。在宗教衰落与君主制消亡之后，人们陷入了无家可归的失落、恐慌与虚无，还好有名人及时填补了信仰空缺。虽然名人往往不像宗教信仰那般承载着人生追求的终极价值，到底暂时寄托着人们的热情，安抚着人们日趋浮躁的灵魂。可近年来，随着名人的泛化，人们那临时的精神家园也再一次面临失落。

一、名人是一种文化信仰

（一）名人文化的产生

名人的产生根源于人们的心理需求，所以自远古时期，就有名人文化。但历史的名人文化与现代意义的名人文化绝非一个概念。

前现代的名人文化，根源于科技力量的不发达，科学知识的不足与传播条件的限制造就了既往的名人文化的面貌。现代意义的名人文化，则发端于公共社会的繁荣与电子科技的发展，电影兴起后出现的明星制正是其肇始。

明星，现代名人最重要的组成部分，通常指演员、歌手、艺人，也常被用来指其他领域中引人注目的人物，如体育明星、政治明星等。明星这一称谓来源于明星制。明星制是 20 世纪初好莱坞的一种商业手段，是电影公司为争取固定的目标受众，而着意强调演员以吸引粉丝的一种方式。嘉宝、梦露等演员就是明星制先后推出的"明星"代表。自此，现代意义的名人文化形成了。

以皇族与贵族为代表的前现代名人，是神秘与神圣的，其生活与大众的世界相去甚远。而现代意义的名人是小报与杂志娱乐新闻的主角，他们哪怕任何细致动作，都可能被立即加以传播，还会被渲染夸大甚至扭曲。在这娱乐至死的消费社会，名人也恰逢其时地开始具备娱乐性与商业性，吻合时代语境的名人文化遂成为现代文化的重心。

现代名人文化产生的直接契机是科技革命，科技革命打破了神学权威，导致了宗教的衰落与君权神授的君主制的消亡。当然，如果从哲学层面来讲，可以追溯到启蒙运动，是思潮、知识及媒体上的启蒙，开启了现代化和现代性的历程。① 公共领域及公共文化的发展自启蒙时代起开始勃兴，自由平等之概念也渐次深入人心。这些导致了上帝之死与皇族没落，同时也造成了信仰空缺。"以启蒙运动为代表的现代性既拯救了'人'，又葬送了'人'。"②

中国的名人文化看似移植于西方，但其产生的根本原因与西方名人文化并无不同。只不过，中国的信仰空缺源于儒家文化的衰落。儒家思想又称"儒教"，虽然并未像其他宗教那样明确设立教规教义，也没有固定的宗教组织和宗教仪式，但儒家事实上是中国最大的宗教，而且是两千多年来全民信奉的"国家宗教"，"四书五经"等孔孟之学的影响力远在释、道之上。"无孔子文化则无中国文化。自孔子以前数千年之文化赖孔子而传，自孔子以后数千年之文化赖孔子而开。"③ 这话说得一点儿也不过分。自汉武帝实行"罢黜百家，独尊儒术"后，儒家思想就成为中国文化的正统思想，在此后的两千多年中，主导着中国文化的发展，构建了中华民族的伦理道德规范体系，成为中国人赖以安身立命的精神家园。但自五四运动"打倒孔家店"以来，儒家信仰被认为是束缚国人思想自由的桎梏，应被批判与摒弃，儒家信仰渐次式微。特别是改革开放以来，内圣外王的儒家思想更被视为迂腐过时的言论。

信仰，《辞海》中解释为："对某种宗教，或对某种主义极度信服和尊重，并以之为行动的准则。"④ 檀传宝认为："信仰是指包括宗教信仰在内的所有对于终极价值的确认。"⑤ 冯天策则认为："信仰是人类在无限的空间和永恒的时间中构建的宇宙图式，在复杂多变的社会生活中确定的社会模式和价值尺度；在盲目的人生旅途上认定的目的和归宿。"⑥

但是，目前人们普遍缺乏学者口中的行动准则与价值尺度，以及对于人生终极价值的明确认知。所以，在信仰层面，东西方陷入同一种困局，即旧的信仰被推翻，而新的信仰未确立。如韦伯所说，这是一个"一切终极而最崇高的价值从公众生活中隐退"⑦ 的时代。随着神的形象的颠覆，西方人丧失了一向追寻的上帝所代表的彼岸幸福的目标；而随着儒家思想的式微与一度曾引发集体狂热的马克思主义信仰的被冲击与质疑，中国人丧失了安身立命的根本所在

---

① Milan Zafirovski. *The Enlightenment and Its Effects on Modern Society* [M]. Springer. 2011, p. 136.

② 何中平：《现代性与"人之死"》[J]，《求是学刊》，2010 年第 4 期。

③ 柳诒徵：《中国文化史》上册 [M]，中国社会科学出版社，2008 年版，第 231 页。

④ 《辞海》[Z]，上海：上海辞书出版社，2009 年版。

⑤ 檀传宝：《信仰教育与道德教育》[M]，北京：教育科学出版社，1999 年版，第 214 页。

⑥ 冯天策：《信仰导论》[M]，南宁：广西人民出版社，1992 年版，第 4 页。

⑦ 转引自荆学民：《中国社会信仰论》[M]，北京：人民出版社，2008 年版，第 349 页。

与现实生存的意义。但人之所以为人，与动物的区别正在于精神层面的追求。"作为灵性存在者的人类，某种形式的精神崇拜或理想追求总是其灵性生活中不可缺少的元素。"① 于是，应运而生的现代名人文化挺身而出，暂时填补了人们精神世界的空虚。

（二）名人文化的作用

卡西尔认为，信仰是人们的精神支柱，是价值观的出发点和归宿，是认识世界、追求真理的根基，而集体信仰则是社会群体认同的纽带与凝聚核。② 由卡西尔的话可以看出，信仰对社会与个人都有着极为重要的意义，甚至可以说是其立身之本。对社会来说，某种共同信仰代表着向心力；对个人来说，信仰则是生命的导航。

信仰在社会整合与生存意义构建方面有着无与伦比的作用，这一点由宗教在世界各国的历史地位能够清晰地得到阐释，尤其是基督教在西方与儒学在中国的情形。但随着宗教信仰的衰落，文化与思想日益向多元化发展——更确切地说，这二者互为因果，相辅相生——这促使了个人主义的盛行，也使精神共同体的构建变得困难。名人文化在构建精神共同体方面有着类似信仰的作用。

虽然不可能像宗教所信奉的神祇那样形成举国或民族共同信奉的大局面，但名人还是有着较强的号召力与凝聚力，因为对许多追星族来说，他们所痴迷的名人身上有神性的力量；即便对非追星族的普通人来说，名人依然有着光环效应。譬如，电视上经常出现的公益广告，针对一个主题，常由各位名人联袂宣传或轮番上阵，像"野生救援组织"发起的号召保护野生动物的"没有买卖就没有杀害"公益宣言，所邀请的名人就有成龙、姚明、郭晶晶、李宁等多位知名人士，不同的名人有不同的受众群体，联合起来就是一个较为庞大的野生动物保护共同体。正如薛艺兵对宗教仪式的描述："重复的仪式化活动强化了个体对于群体的归属感，也就强化了'宗教力'的集体力量，在将微弱的个体力量提升到强大的集体力量这个过程中，仪式的功能就是凝聚社会团结、强化集体力量。"③

另外，名人文化起着疏导社会情绪的作用。宗教衰落之后，人的天性所需要的精神层面的追求无处安放，在价值选择方面也失去了向导，迷惘、空虚乃

---

① 万俊人：《现代性的伦理话语》[M]，哈尔滨：黑龙江人民出版社，2002 年版，第 145 页。

② 参见恩斯特·卡西勒：《启蒙哲学》[M]，顾伟铭译，北京：生活·读书·新知三联书店，1987 年版，第 235 页。

③ 薛艺兵：《神圣的娱乐：中国民间祭祀仪式及其音乐的人类学研究》[M]，2003 年版，第 44 页。

至狂躁等情绪一一出现。热闹的名人文化适度地减轻了迷惘，填补了空虚，宣泄了狂躁。

集体兴奋指人们聚在一起所出现的共有的体验强化过程。通过对共同的名人符号的信仰，某一粉丝群体就拥有了某些共同的情感，有了精神上的支撑与行动上的导向。名人符号所代表的意义，承担着群体关注的共同情感，而共同的情感具有凝聚群体精神的功能。

个人的行为及心理总是随语境变化的。集体兴奋力量异常强大，情绪的相互感染能够使群体成员间激发集体狂欢。在每一次集体狂欢中，群体成员都会对自我在群体中的身份有着更深刻的认知，产生更强的群体归属感。科技的革命更新了人们的思想观念，压缩了时空距离，这些都使得现代人的身份定位变得困难，从集体兴奋的角度讲，名人可以在一定程度上引导受众认识自己的身份与构建较稳定的自我形象。这类似于兰德尔·柯林斯（Randall Collins）的"互动仪式链"理论（interaction ritual chains）："互动仪式的核心机制是相互关注和情感连带，仪式是一种相互专注的情感和关注机制，它形成一种瞬间共有的实在，从而会形成了群体团结和群体成员身份的符号；也为每个参与者带来了能量情感。"[①]

所以，套用埃米尔·迪尔凯姆（Emile Durkheim）的话，名人文化"由集体表象而构成的感性认同具有强大的整合功能，它不仅可以使人们在面对面交往的在场群体中实现团结，而且还可以作为宗教的现代形式在广阔的社会空间中掀起狂热的集体兴奋"[②]。

二、名人的祛魅

极端的信任与尊敬形成信仰。对于信众来说，信仰就是精神的支柱与力量的源泉，世界观、价值观以及生存的意义都可以在信仰中得到解释。而祛魅的世界观则如大卫·格里芬（D. R. Griffin）："宇宙间的目的、价值、理想和可能性都不重要，也没有什么自由、创造性、暂时性或神性。不存在规范甚至真理，一切最终都是毫无意义的。"[③]

从客观上来讲，这是由于科学的发展使理性高扬，将人的思想从虚无缥缈

---

① 兰德尔·柯林斯：《互动仪式链》［M］，林聚任等译，北京：商务印书馆，2009 年版，第 79 页。

② 刘少杰：《网络化时代的社会结构变迁》［J］，《学术月刊》，2012 年 10 月号。

③ 大卫·格里芬：《科学的返魅》［C］，《理性与启蒙后现代经典文选》，北京：东方出版社，1992 年版。

的神学权威的束缚中解放出来，但解放了思想却放逐了灵魂，随之而来的信仰坍塌也带来了绝对价值与生存意义的消解。从意识形态方面而言，是随着后现代文化的风行，其精神内核中的多元、平等、开放等特质以惊人的速度渗透了当代文化，使公众对名人的神圣性提出了质疑。但最直接的原因则是名人泛化现象。

（一）媒介的发展与名人的去神秘性

名人一度是神秘的，我们对他们的了解往往仅限于报刊上有限的文字或屏幕上寥寥的画面——文字与画面也往往是经过粉饰的，与真实的名人世界相去甚远。因其神秘，才给了人无限想象的空间。没有距离感，不会引得人们去仰望，去崇拜，去追随。正因神灵遥不可及，才具有心灵的威慑力；近在西邻，则会喜爱亲密，但很少会崇拜信仰，所谓"外来的和尚会念经"也是这个道理。元代散曲家睢景臣的《般涉调·哨遍·高祖还乡》中有这样的文字：

> ［三煞］那大汉下的车，众人施礼数，那大汉觑得人如无物。众乡老展脚舒腰拜，那大汉挪身着手扶。猛可里抬头觑，觑多时认得，险气破我胸脯……
>
> ［尾声］少我的钱差发内旋拨还，欠我的粟税粮中私准除。只道刘三谁肯把你揪扯住，白甚么改了姓、更了名、唤做汉高祖。

皇帝的仪仗是何等声势浩大、气派威严，这位村夫却非但未感到敬畏交加，反而气愤鄙薄，原因无他，知其底细耳。所以，名人若想维持名气长盛不衰，想办法保持与大众的距离感是很有必要的。著名的好莱坞女星葛丽泰·嘉宝，在她如日中天的演艺生涯及息影后几十年间一直在躲避狗仔队，"我只想一个人待着"是她最著名的一句话。她的孤僻天性也被认为极具商业价值，公司规定，禁止作任何可能降低嘉宝身份的宣传活动。嘉宝在电影界的地位崇高，因为她出色的演技，因为她出众的美貌，也因为她出奇的沉默。有不少影迷认为，是她高贵的沉默使她成了最为迷人的人。在一张 20 世纪 20 年代的海报上，嘉宝的头像嫁接在狮身人面像的身上，意喻她是"斯芬克斯之谜"。

嘉宝的幸运在于她没有生在互联网时代，不然，即使她再低调，还是难以逃脱时常被曝光的处境。电子科技与网络科技的发展，使每个人都成为一个潜在的自媒体，所以只要有人出没的地方，就可能隐藏着潜在的狗仔队。只要她出门，几分钟内她的照片与行踪就会通过互联网传遍全球。不仅如此，甚至她的一些陈年旧事也会被居心叵测的人爆料，成为众人的谈资。所以，是现代科技的发展压缩了时空距离，使名人的神秘感与距离感荡然无存。无法改变环境的情况下，也许只能去适应环境，因而，没有名人再宣称去避世，曝光率成了被名人普遍追逐的对象。

（二）名人圈的扩大与名人的去崇高性

由于政治、经济、意识形态等社会原因造成的人的身份与地位差异，也由于科技原因所造成的传媒渠道的不发达，名人圈曾经是贵族与精英阶层的代名词，数量少，构成单一。但随着社会制度的变革，意识形态的更新，以及传媒渠道的拓展，名人的数量由少到多，名人的构成由单一到多元。名人圈，较之以往在成几何级数地扩展。名人圈扩大的结果之一便是名人的去崇高性。

前现代的名人要么由于血统原因有着先天成名的优势，要么在某一领域确实做出了突出的成绩，总之，都有着让人仰视的身份地位。但随着名人圈的扩大，名人的崇高性开始进入历史。

首先，名人圈不再是上层阶级的代表。随着社会制度与传媒环境的变迁，大众与名人之间的通道被拓展开来，草根想进入名人圈已不再困难。我们在电视和网络上会看到形形色色一夜成名的追梦人，甚至包括不按常理出牌的芙蓉姐姐和凤姐，还有原本活得像一棵小草一般卑微的犀利哥。俗话说"物以稀为贵"，数量越来越多、组成越来越多样化的名人稀释了名人的光环效应。

其次，平等、多元的意识形态使崇高性消解，名人也不例外。名人与大众之间的界线消弭。BBS、博客、微博、微信、直播平台、Facebook、YouTube等自媒体，以及眼花缭乱的电视选秀，这些通向成名的阶梯使每个人都成为潜在的明星。当我们意识到自己其实也可以成为名人圈中的一员时，名人也就不再有神秘性和崇高性可言。

三、信仰的失落

"现代主义的真正问题是信仰问题。用不时兴的语言来说，它就是一种精神危机。"① 丹尼尔·贝尔如是说。现代主义的理性驱逐了信仰的蒙昧，却使精神无家可归。蒂利希说："怀疑乃至绝望正是信仰的现代形态。"② 但人生又不能没有信仰："尽管大多数人并不知道为什么身体需要盐，但每个人都出于一种本能的要求摄取盐分。大部分的人从记忆难及的蛮荒时代起就感受到了一

---

① 丹尼尔·贝尔：《资本主义文化矛盾》［M］，赵一凡等译，北京：三联书店，1989 年版，第 74 页。

② 周国平：《人生哲思语编》［Z］，上海：上海辞书出版社，2001 年版，第 314—315 页。

种信仰的需要，需要信仰是一种生命的延续性。"① 失去信仰之后，人生之路就失去了航向，陷入一种迷途似的恐慌。所以，上帝死后，名人就被人们抓来替代神的角色，以栖息自己无枝可依的灵魂。但随着后期现代主义的到来与名人泛化现象的发生，对名人的信仰也开始变得岌岌可危。

（一）感召力的涣散

人不可能生而有信仰，所谓信仰，全赖某人的感召力影响到自己的思想观念，使自己心甘情愿地接受对方影响，由衷地信服并在行为与思想上向其靠拢。如释迦牟尼之于佛教信仰，耶稣之于基督教信仰，乃至孔子之于统治中国意识形态千年的儒家思想。而现在，振臂一呼，万众齐响应的盛况不再，质疑才是正常的声音。感召力的涣散是信仰失落的直接表现。

耶稣、安拉、释迦牟尼等神明都曾吸引过数以亿万计的信徒，就连现代的名人，其象征意义曾在全世界范围内被认可的也为数不少。神在传说中永生，而名人在音频、视频中不朽。名人的拥趸者常遍布全球，且其名声历经几十上百年时间的考验而不倒。如猫王的故居成为八方歌迷拜谒的圣地；赫本被称为坠入凡间的天使，"赫本头"成为永不过时的高贵典雅发型的代表。但现在的名人，再没有任何一个被像神一般地崇拜。看起来不少名人的微博有几百万乃至上千万的关注者，但这个数目里面众所周知有粉有黑有水分，而且就算全是粉丝，与人口基数相比也太微不足道了，更不可能像过去的某些名人一样成为全人类永远的传奇。现在名人都有微博，不管哪个名人发表的言论，下面的评论都不会全是赞同，总有质疑声、反对声，甚至谩骂声掺杂其中。

况且，在网络时代，几乎每个名人都会被揪出瑕疵，找出污点，就连国家总统、主席、首相、总理等政治名人也不例外。每个名人都遭人质疑诟病，每个名人的过去与隐私都被翻了个底朝天。大众发现，原来名人也有各种各样的小毛病，名人也有许多尴尬时刻甚至不光彩的行为。《时代周刊》开过一个专栏，原本叫《明星，他们和我们一样》，后来则更名为《我们和明星一样》。如此一来，名人的感召力涣散就不足为奇了，有谁会去信仰和自己一样的人？

（二）意识形态的多元

服从于某种感召力事实上是服从于某一价值观念体系。儒、释、道，还有基督教及伊斯兰教，每种信仰都有自己所信奉的行为准则与道德标准，如基督教之《圣经》与伊斯兰教之《古兰经》，每种经典都是一套相对完整的价值观

---

① 荣格：《寻求灵魂的现代人》[M]，北京：中国人民大学出版社，1998年版，第80页。

念体系。而当下社会意识形态不再有统一的标准，趋向多元。颠覆传统、反叛权威、去神圣化、去中心化等诸多后现代因素是最时髦的词语。

笔者在前文已经论述，名人符号正是意识形态的具象化。当社会意识形态较统一时，名人符号也会呈现出较单一的象征意义，比如前面提到过的中华人民共和国成立后30年间的英雄形象。当社会意识形态趋向多元化时，名人符号也会呈现出互不相同的意义，眼下的名人泛化现象正是这一论题的恰当注脚。

"意识形态作为一种观念的力量，它并不能直接地作用于社会的经济和政治，而必须被主体内化为信仰方能实际地发挥它的功能。这是因为，社会意识作为社会精神生活的主体，它的形成和发展直接受制于反映社会生活本质的信仰。"① 如此说来，某一名人符号如果恰恰最大限度地吻合了社会的主流意识形态，就会被倍加推崇而成为信仰，孔子的儒学之所以千年不倒，正是因为它符合封建社会统治阶级所需要的社会意识形态。所以成为许多人信仰的名人必然是最能代表当时社会主流意识形态的。在社会意识形态较单一的情况下，因为名人符号也都呈现相似的意义，所以只有最符合这一要求的名人才能成为大众的信仰。比如只有"雷锋"这一名人符号在众多类似的符号中凸显出来，经历了几十年时间的考验。

按照上述理论，眼下的社会意识形态多元化与名人符号泛化是否反映出信仰的多元化呢？恰恰相反，这代表了信仰的失落。因为信仰具有"执著唯一性或排他性。对于某一特定社群和个体来说，信仰不可能是多元的或可以随时改变的。相反，它必定具有唯一排他的性质"，而且"只有当社群和个体的这种确信具有其连贯和持久不变的性质时，才能被称之为信仰"。② 当下的名人虽多，但却鲜有常青树，大多如流星般转瞬即逝。这说明了大众在价值选择时的迷惘与无所适从，更谈不上确定选择后的信念坚守。

（三）名人符号的狂欢

以"信仰"为关键词进行 Google 搜索，可以得到 1.51 亿条结果，以"belief"为关键词则可以得到 2.45 亿条检索结果。③ 无论中西，信仰问题已经成了大家非常关心的话题。符号的在场，代表意义的缺失。越是关心，越表明

---

① 荆学民：《社会转型与信仰重建》[M]，太原：山西教育出版社，1999年版，第29页。
② 万俊人：《信仰危机的"现代性"根源及其文化解释》[J]，《清华大学学报》（哲学社会科学版），2001年第1期。
③ 2013年10月19日检索结果。

现代人对信仰失落的焦虑。

当代社会中缺乏信仰者或老中青年中迷恋算命的人为数不少，甚至某些政府机构在建办公场所时也要先看风水，一些迷失信仰的官员不问苍生问鬼神。这些并不能说明信仰的多元，反而代表着信仰的失落。正因为缺失坚定的信仰，才会病急乱投医，轻信许多能带来心理安慰的东西。"人们为了填补精神的空虚，而拼命地希望抓住任何可靠的东西——从得克萨斯道教，到瑞典的泛神秘主义，从菲律宾的信仰治疗到威尔士的巫术。"①

名人符号也是处于信仰失落语境下的人们所急于抓住的稻草。名人符号象征着一定的意义，名人泛化，既表明社会意识形态的多元与人们个性的多元，也表明人们生活中意义的缺失以及对意义的追寻。时时处处都需要借名人符号来凸显事物的意义，以迎合人们所谓的"品位""个性"；人人都在朝成为名人的路上飞奔，追求自我实现。这种狂欢的现象，正说明人们空虚浮躁的心理。因为对自我的放纵表明"城邦意识"的丧失，而"城邦意识丧失的直接原因就是信仰危机"②。所谓"城邦意识"，是指"古代城邦国家的公民们自愿地遵守法律、尊重他人的权利，抵制以牺牲社会幸福为代价去追求个人富足的诱惑……总之，是指公民们自愿地尊敬他们作为其中一员的'城邦'"③。城邦意识的丧失，表明具有一元性与稳定性的信仰的失落，名人泛化现象正是其表现之一。

---

① 《马克思恩格斯选集》第 2 卷 [C]，北京：人民出版社，1972 年版，第 78—79 页。

② 丹尼尔·贝尔：《资本主义文化矛盾》[M]，赵一凡，等译，北京：三联书店，1989 年版，第 303 页。

③ 蒋建国：《消费主义文化传播、仪式缺失与社会信仰危机》[J]，《现代传播》，2012 年第 4 期。

第六章　名人符号与社会价值观转向

第一节　名人神话的意识形态性

一、传统神话与现代神话

"神话"，其英文形式为"myth"，源出希腊语"mythos"，意为"关于神祇和英雄的故事和传说"。"神话"一词在中国古代文化中未见，但诚如《茅盾说神话》一书所言："'神话'这名词，中国向来是没有的。但神话的材料——虽然只是些片段的材料——却散见于古籍甚多。"① 茅盾对神话的认识也同西方无异："神话所叙述者是神或半神的超人所行之事。"② 各民族神话的内容之所以如此相似，实是根源于人类共同的心理需求与远古时期对自然界认识水平的一致性。鲁迅说："昔者初民，见天地万物，变异不常，其诸现象，又出于人力所能以上，则自造众说以解释之：凡所解释，今谓之神话。"③

作为人类的拓荒者，远古人民对自然规律掌握得不多，对于许多自然现象也就无法做出合理的解释；另外由于生产工具的落后，远古人民的生存条件也极为恶劣。在这样的情况下，提高自身与自然力抗争的能力就成了远古人民最大的渴望。于是，他们便虚构出神仙或寄希望于能力超人的英雄，在想象中完成理想自我的实现。所以，神话实为人类最早的文学样式与各民族文化的源头。将"神话"一词介绍入中国的近代留日学者蒋观云，在《神话历史养成之人物》一文中有云："一国之神话与一国之历史，皆于人心上有莫大之影

---

① 茅盾：《茅盾说神话》[M]，上海：上海古籍出版社，1999年版，第3页。
② 茅盾：《茅盾说神话》[M]，上海：上海古籍出版社，1999年版，第151页。
③ 鲁迅：《中国小说史略》[M]，上海：上海古籍出版社，1998年版，第6页。

响。"① 不过，发展到今日的现代神话，则与其传统意义大相径庭。"如果说传统神话是自然产物的话，那么，现代神话就是人工造就的。社会现象也好，文化符码也好，在其背面，在表面现象的深层，都具有某种阶级集团利益和社会意识形态观念。"②

"现代神话"的概念是罗兰·巴尔特的首创。他在1957年出版了专著《神话学》（*Mythologies*），以"一种科学的幽默"的跳脱文笔，分析当时流行于法国的"现代神话"。摔跤、演员、牛排与炸土豆、广告等日常生活中司空见惯的事物，在巴尔特的眼中无不是由社会意识形态操控的大有深意的现代神话。传统神话，蕴涵了远古时代的人们认识自然与征服自然的渴望，反映出探索人生意义的热情与憧憬美好生活的浪漫。而现代神话，表面上与传统神话有着相同的旨归——传达了一个社会的集体梦想，但事实上却充斥着谎言与欺骗。现代神话，与传统神话一样出于虚构。

无论传统神话还是现代神话，名人都是其中一个不可或缺的元素，在传统神话中这一元素常表现为能力超群的半神，而在现代神话中则表现为万众瞩目的政客、明星或富商巨贾。在这些神话中，名人不仅仅是名人，还是人化的符号，从这些符号身上能够解读出历史意义、时代意义以及人类情感。

二、传统神话中的名人符号

美国当代神话学家戴维·利明和埃德温·贝尔德在《神话学》中如是解释英雄神话的起源："英雄崇拜几乎和人类文明一样悠久。甚至原始人就已认识到，他之所以能够在异己的和经常是敌对的世界中生存下来，全靠其杰出首领的英勇和足智多谋。于是就有了各个部落所尊敬的一系列文化英雄。"③ 由此可以看出，神话中的英雄，毫无疑问是人——最早的名人。

（一）英雄进化史

神话通常分为三类：创世神话、神祇神话、英雄神话。创世神话讲的是世界、人类及文化的起源，神祇神话和英雄神话讲述的是神祇和英雄的事迹。英雄神话出现得最晚，数量也最多。意大利文艺复兴时期著名的哲学巨匠马尔西利奥·菲奇诺（Marsilio Ficino）认为英雄通常是指介于神与人之间的一种特

---

① 蒋观云：《神话历史养成之人物》[C]，原载《新民丛报·谈丛》第36号。现收录于马昌仪编著《中国神话学文论选萃》（上），北京：中国广播电视出版社，1994年版，第18—19页。

② 项晓敏：《零度写作与人的自由》[M]，上海：复旦大学出版社，2003年版，第78页。

③ 戴维·利明、埃德温·贝尔德：《神话学》[M]，李培茱等译，上海：上海人民出版社，1990年版，第37页。

殊的属类。许多学者认同这一观点，在他们关于英雄神话的研究中，"半神半人"成了英雄的一个必备特征。所谓半神半人，其实就是被神化的名人。

创世神话中世界及人类的创造者都是崇高的天神，如中国神话中的女娲、盘古，西方神话中的普罗米修斯、耶稣。女娲抟土造人，炼石补天，既创造了人类，又拯救了人类；盘古开天辟地打破混沌的世界，又以一己之力支撑天地，终至牺牲；普罗米修斯创造了人类，又因为人类盗取火种被缚悬崖受难；耶稣为替人类赎罪情愿被钉死在十字架。这些天神之中，只有耶稣能被称为英雄，因为其他三位天神在神话中都是天生的神明，而耶稣却是由人进化成神。

耶稣在历史上实有其人。耶稣及其生身父母的平生经历中有许多皆有史可考。现行的公历即是以耶稣的诞辰为参照。所以，耶稣是曾来世上走过一遭的活生生的人。只不过，由于其广传福音、救死扶伤，因而先是被人们视为英雄，继而成为天神的存在。

由耶稣由人成神的历史可以看出，英雄本是某一社会中能力超凡的被世人尊敬的名人，在其英雄事迹被众口传唱的过程中渐次被神化为半人半神之躯。按照戴维·利明和埃德温·贝尔德在《神话学》中的说法，当英雄文化"发展得比较成熟，其历史演变较为复杂时，那些熟记本部落大量口头传说的长者，就开始巩固和充实他们的历史，从而使某些前辈完全具有神话的性质。久而久之这种进程就把英勇的斗士变成战无不胜的半人半神"[①]。

在中国的神话史中，还有另一种英雄的神化过程：本来是非神的人杰，受人香火即为神。像关羽，本是东汉末年名将，因其武艺高强且义薄云天，在去世后逐渐被神化，民间尊其为"关公"，历代朝廷褒封为"武王""关帝"、"武圣"。关羽因其忠勇信义被民间与官方共同推崇，在世界各地被华人建庙供奉，而终至成神，民间与道教奉其为"武财神"，藏传佛教尊关公为护法。至此，英雄关羽完成了他"侯而王，王而帝，帝而圣，圣而天"的由人成神之路。

英雄由人成神的过程，其实是名声的升华过程。由于超群的能力与胆识在某一社会群体中享有崇高声望，以英雄的产生过程对照名人的定义——无论是狭义上的杰出显要还是广义上的一定范围内为众人熟知，我们会发现英雄都是符合的。而接下来的世代传扬及建庙供奉无不是出于极端崇敬的结果。英国19世纪著名史学家卡莱尔（Thomas Carlyle）曾说过："英雄崇拜，即以无比的炽热之情，衷心敬仰与膜拜一位神一般的最崇高的人物，这不就是基督教的

---

① 戴维·利明、埃德温·贝尔德：《神话学》[M]，李培茱，等译，上海：上海人民出版社，1990年版，第37页。

萌芽吗?"①

(二) 英雄的意义

各民族最初的神话英雄形象，往往都是人类自身的创造者。创世者的形象是人们通过想象创造的，因而显得千姿百态。比如中华民族所敬仰的始祖伏羲和女娲，都是人首蛇身；开天辟地的英雄盘古一睡18000年，身长90000里。这表现出古人对自然的敬畏。他们的知识水平不足以解释自然力，因而只有将之想象成与自身相似但又高于自身的存在。恩格斯在《路德维希·费尔巴哈和德国古典哲学的终结》中解释过这一现象："由于自然力被人格化，最初的神产生了。"②

但随着生产力的提高，人们对自然界的规律掌握得越来越多，神灵的形象显得不再那么令人生畏、不可捉摸。原始时期的神往往有着动物的特征，比如女娲人首蛇身，西王母豹尾虎齿。在原始人的心目中，那些或神秘或凶猛的动物显然有着令人敬畏的力量。但随着人的力量日渐强大，人自诩为万物之灵长，于是神的形象也越来越与人无异，如《封神演义》所言由人修仙的阐教成为主流正道，而不拒"披毛戴角、湿生卵化之辈"的截教却成了旁门左道。演化到最后，神话的主角都变成了现实存在的活生生的人。至此，神话传说基本演变为名人传说了。因为在三类神话中，英雄神话出现得最晚，却是数量最多的。

神话主角由神到英雄的蜕变，表现了人类生产力的进步、自信心的提高，以及自我的觉醒。比如《山海经·海内经》中有这样的描述：

> 洪水滔天，鲧窃帝之息壤以堙洪水，不待帝命。帝令祝融杀鲧于羽郊。鲧复生禹，帝乃命禹卒布土以定九州。③

这是中国最著名的上古平洪传说。事情发生在三皇五帝时期，黄河泛滥，鲧、禹父子二人先后受命于舜帝，负责治水。鲧和禹都是历史上实际存在过的人物，而且黄河泛滥也确有其事，由此可以看到神话已经越来越贴近现实生活。不过这里"帝"的身份模糊，有"天帝"和"舜帝"二说。笔者认为，此"帝"应指天帝，因其阻止鲧治水，且拥有具备神秘力量的珍宝，这与舜帝的贤明和凡人之身不相符。本来令人尊崇无比的天神在这里成了恶势力的代表，

---

① 卡莱尔：《论英雄、英雄崇拜和历史上的英雄业绩 [M]》，北京：商务印书馆，2005年版，第13页。

② 《马克思恩格斯选集》第4卷 [C]，北京：人民出版社，1972年版，第220页。

③ 《山海经》，周明初校注 [M]，浙江古籍出版社，2000年版，第251页。

这表明时人对自然力不再如以前敬畏，而演变成了一种誓与之争斗的胆量与决心——希腊神话对天神的态度也有类似的变化，同样在戴维·利明和埃德温·贝尔德所著的《神话学》中，有这样有趣的言论："希腊人对神的态度类似于乡民对待富绅：他们当神的面，赞美和奉承神；但在神的背后，却编造不计其数的故事把神描绘成掠夺成性、好争吵、吝啬、嫉妒，对其奴仆——人类的福乐极少关心等等。"① 恩格斯对神话的发展一向有独特的见地，他在《反杜林论》中说："除自然力量外，不久社会力量也起了作用，这种力量和自然力量本身一样，对人来说是异己的，最初也是不能解释的，它以同样的表面上的自然必然性支配着人。"②

而且，鲧禹治水的神话传说中，最为人津津乐道的还有禹之三过家门而不入。鲧为治水不顾自身安危盗取息壤，禹为治水忍别娇妻幼子三过家门而不入，人们对这对父子行为的颂扬都透露出对这种大公无私情怀的钦佩。这说明到了上古末期，英雄神话中已经透露出一定程度的社会道德意义，这与诸多学者论述过的名人符号传达社会主流意识形态是一个道理。以中国神话为例。"愚公移山"与"精卫填海"是英雄神话中的励志篇，表现了人们对锲而不舍精神的歌颂；"共工怒触不周山"与"刑天舞干戚"是英雄神话中的抗争篇，"头可断而志不灭"，表现了人们对命运的不屈服与对权威的反抗。以西方神话为例。赫拉克勒斯的一生是惩恶扬善、勇于斗争的一生；耶稣的一生是胸怀大爱、无私为人的一生。随着历史的脚步越来越近，英雄神话中的名人所代表的道德价值观念已是越来越清晰，也越来越完备。

英雄神话之所以长盛不衰，还在于英雄代表着对陈旧的社会价值标准的反叛与革新。当生产力的进步吹响思想解放的号角，每个人的心中都被唤起了对过时的价值体系的怀疑，但毕竟对一向奉之为圭臬的东西还心存敬畏，不敢冒犯亵渎。于是，敢为天下先的英雄就成为大众代言。

三、现代神话中的名人符号

法国人类学家列维-斯特劳斯认为："神话本身是变化的。这些变化—同一个神话从一种变体到另一种变体，从一个神话到另一个神话，相同的或不同的神话从一个社会到另一个社会——有时影响构架，有时影响代码，有时则与

---

① 戴维·利明、埃德温·贝尔德：《神话学》［M］，李培茱，等译，上海：上海人民出版社，1990 年版，第 66—67 页。

② 《马克思恩格斯选集》第 3 卷［C］，北京：人民出版社，1972 年版，第 355 页。

神话的寓意有关，但它本身并未消亡。"① 现代也有神话，与传统神话的不同在于其文本符码与呈现形式。传统神话以故事的形式流传，现代神话则呈现出不同的面貌与妆扮；传统神话中的人与事往往超出人们的日常生活体验，显示出明明白白的夸张，现代神话虽然同样借助于想象与虚构，但它所采用的夸张手法却巧妙而隐晦，使人产生自然而然的错觉。

无论传统神话还是现代神话，英雄符号都是其中一以贯之的主要元素，只不过改换了相貌、妆扮、性格等外显因素，由横枪跃马、文治武功的传统英雄转变为长袖善舞的当代英雄——政、商、娱乐等各界名人。美国当代神话学家戴维·利明和埃德温·贝尔德在《神话学》这样阐释现代神话：

> 当代神话并不只是在童年和上教堂做礼拜时才有，在成年人的世俗世界中也是不乏证据的。比较明显的例证之一是电视广告，因为广告家只有使用众所周知的神话语言，才能做好广告。当某一演员扮成友善的家庭医师出现在屏幕上时，他在人们面前就是一个当代的神话人物……只要我们相信他，他的药就可以不问其成分如何而有显著的疗效。②

"相信"二字一语道破天机。面对明知是虚伪的东西，我们却选择相信，这就协同打造了一出现代神话。正如《圣经》所言，若不回转成赤子，断不能进天国。当然，这"相信"也不是毫无条件的，名人符号在其中起着导向性的作用。

（一）名人符号的意义与人类情感

研究文献或历史问题时，有一个重要的词叫"考据"，因为人们往往追求正确，避免错误；喜欢真实，摒弃谎言。但这一规律对神话却不适用，尽管神话也是历史的。人们对神话是如此宽容，允许它自由地远离所有的考证，甚至，其创作者与读者都常"通过局部细节量的渲染与饱和使异世界显得更真实"③。传统神话津津乐道于英雄的相貌、武器、坐骑乃至妆扮，现代神话则通过多媒体协同创造出与主题相吻合的情境。当代宗教学家温迪·多尼格（Wendy Doniger）说："神话之所以能在宗教史中出现，是因为神话首先是被

---

① 列维－斯特劳斯：《结构人类学：巫术·宗教·艺术·神话》[M]，陆晓禾，等译，北京：文化艺术出版社，1989 年版，第 259 页。

② 戴维·利明、埃德温·贝尔德：《神话学》[M]，李培茱，等译，上海：上海人民出版社，1990 年版，第 146 页。

③ 方芳：《中国现代幻想文学叙述研究之构想》[J]，《符号与传媒》，2014 春季号，第 153—162 页。

信以为真的故事，尽管有大量证据表明它是谎言，人们依然相信它。"①

譬如，藏传佛教六世达赖喇嘛仓央嘉措虽早已仙去，近年却围绕着他演绎出一幕幕现代神话。有几首"仓央嘉措情歌"被广为传诵，包括《那一天》（那一天，闭目在经殿香雾中，蓦然听见，你诵经中的真言）、《见与不见》（你见，或者不见我/我就在那里/不悲不喜）等诗。但后经证实，这几首诗都非仓央嘉措手笔，作者另有其人。经过杂志道歉、法院认定等一系列的喧闹过后，诗歌作者终于归属分明。但遗憾的是，读者并不买账，这几首诗依然在被大家当作"仓央嘉措情歌"流传。究其原因，平淡的人生需要传奇的点缀，哪怕仅仅是观看与流布别人的传奇。世间最美的情郎吟唱着世间最美的情歌，这是大众乐于看到的神话，就算明知不是真相，也依然愿意陷入那美丽的幻象。

现代神话的成功，不是由于名人诱使我们"相信"，而是由于我们愿意相信明知是伪装的名人。这是人类对自身情感的顺从。布留尔曾指出，神话是原始先民"对集体情感的回答"②。古典神话英雄的超凡力量能够使人们勇于对抗自然力的神秘严酷，现代神话的美好浪漫则能够使人们暂时逃离现实生活的黯淡庸常。所以说，看似夸张虚幻的神话其实是人们心底的向往，是人们必不可缺的精神食粮。

在最典型的现代神话——电视广告中，由各路名人所扮演的广告角色，男性是成功的，女性是美丽的，正是大众理想中的模样。消费特定的物品，我们也会变得与这则商品广告中的模特一样：比如穿了利朗商务男装，就会像陈道明一样大气稳重；用了香奈儿5号香水，就会像妮可·基德曼一样美艳性感。这是广告所要告诉大众的神话，也是大众试图通过消费商品所追寻的价值目标。不同的名人符号象征着不同的意义，消费特定的名人符号其实就是将庸俗的日常行为冠以看似高雅的追寻意义的名号。尽管知道这只是不可能变现的镜花水月，但大众却自欺欺人地乐此不疲。正如臧克家的一首小诗所言：

> 人生永远追逐着幻光
> 但谁把幻光看作幻光
> 谁便陷入了无底的深渊

"有谁追问神的真实性？人们都心知肚明，在那个次元空间中，神和神话

---

① Wendy Doniger. The Implied Spider：Politics & Theology in Myth [M]. New York：Columbia University Press, 1998, p. 1.

② 列维·布留尔：《原始思维》[M]，丁山译，北京：商务印书馆，1985年版，第17页。

是价值，无关真假。"① 对于大众来说，相信名人符号所构造的现代神话，便是在日常生活的琐碎平庸与迷茫焦虑中追寻生存的价值、希望的灯塔。

（二）名人符号与神话的自然面纱

"我试图对法国日常生活的若干神话按时作出思索……这一思索的缘起，就是面对'自然'经常产生难以忍受之感，报刊、艺术、常识不断地拿'自然'来装扮现实，使之呈现'自然'之貌。"② 这里的自然，指"天然，非人为"之意。巴尔特的意思是说，当代的社会环境努力向人们呈现出未经人工操控的自然形成的面貌，但事实上，我们生活于其中的现实是"历史的现实"，意识形态的幻象就藏匿于看似得体的"不言而喻"的叙述中。③

巴尔特认为，神话是赋予事物文化内涵，并使由此所建构的这一新的符号系统自然化的一种方式。名人符号就是这样一种现代传媒神话。名人之"名"，在本质上是社会对其的一种意义赋予。反过来说，这一意义需要通过对名人符号的解读才能呈现。按照巴尔特的神话学理论，是社会意识形态为追求一种自然面貌而披上了名人符号的面纱。

先来看名人符号在现代英雄神话中的作用。英雄崇拜既然是一种变相的自我实现，那么它在人类文明史上就永远也不会消亡。只不过，随着文明的发展，衡量英雄的主要标准已不再是单纯的战斗力。用知识为人类谋福祉的科学家如比尔·盖茨、袁隆平，以商业头脑成就自己也改变大众生活方式的马云、马化腾，以及为大众的休闲时光提供去处的各类娱乐明星及体育明星等，正是诸如此类的现代名人续写着英雄神话。

其一，这些名人是大众津津乐道的传奇，在信息扩散的过程中，真相只会越来越远，夸张与添枝加叶在所难免。正如关羽的青龙偃月刀从北宋穿越回三国时期，现代名人身上也常被涂抹上许多神话色彩。一旦成名，传媒与大众总是千方百计地探寻名人的出身与经历，如果是名门之后再加上曾经有过大起大落的过往，就直接戳中了社会的兴奋点，这个名人的身世会被越传越奇。这与古典神话中的英雄描述其实是一脉相承的。

其二，这些现代英雄之所以成为社会崇拜的对象，正是因为在他们身上体

---

① 何炜：《神话宇宙图式：新媒介的扩增现实与赛博人格》[J]，《符号与传媒》，2011年春季号，第275—287页。

② 罗兰·巴特：《神话修辞术 批评与真实》[M]，屠友祥、温晋仪译，上海：上海人民出版社，2009年版，"初版序言"。

③ 罗兰·巴特：《神话修辞术 批评与真实》[M]，屠友祥、温晋仪译，上海：上海人民出版社，2009年版，"初版序言"。

现出了为大众推崇的时代价值观。在以比尔·盖茨为主角的现代神话中，透露出的是对胆识与科技力量的崇拜；在属于马云的英雄神话中，透露出的是对商业眼光的赞赏；而在明星神话中，透露出的则是对娱乐与幻象的痴迷。对英雄的崇拜出自人的天性，所以依附于名人符号的社会意识形态向大众的传播显得如此自然。

再看现代神话最突出的运用领域——广告神话。

譬如广告中著名演员一洗铅华，穿着日常化的朴素针织衫、棉布裙，扮作深受社会欢迎的慈母贤妻角色，夸赞某种洗涤剂的清洁力或某种儿童保健品的助长功效。明星在红毯上的形象光彩照人却显得刻意，而每个家庭主妇相夫教子的模样则带着自然光环。这一广告里面隐含着贤妻良母这一社会道德观，但这则现代神话更直接的目的是推销商品，只不过推销的真相藏在关爱家人的面纱背后。当然，广告中呈现的形象与这一名人符号的象征意义必须是相吻合的。让蒋雯丽、陈小艺等传统温婉型的明星去扮演家庭妇女的角色很有说服力，会使观众不自觉地将二者联系起来，从而"自然而然"地接受广告所要传达的符号价值。但如果让范冰冰、陈好等以时尚美艳著称的明星去做这类广告，反而会给人一种极不自然的感觉，她们去代言化妆品和饰品却很容易就能进入观众在心目中早就为她们设定好的时尚角色。

在语言文字传播时代与部落化时代，名人这一符号寄寓了古代人民对生活的集体期望与美好展望，也记录了古代人民征服自然、认识自我的心路历程。而且作为集体智慧的结晶，古代神话中的名人符号代表着主流意识形态，传达着越来越清晰完备的社会道德观念。到了大众传媒时代与符号消费时代，名人这一符号不仅在意识形态的神话传播方面妙用无穷，而且在产业神话方面商机无限。于是，大众传媒更着意制造现代英雄神话：名人搭台，政治、经济、文化轮番上场，只不过披着自然的面纱。

随着人们对世界的认识，神话也在不断地变化中，无论是形式，还是为形式所掩盖的社会文化内涵。名人符号作为神话的表现形式之一，其身份面貌以及所承载的社会文化意义也在永不停歇地流变。可以想象，在不久的将来会出现改头换面的未来神话，而未来神话中的名人符号将携带着新的文化密码，以待时人的深入解析。

第二节 "名人场"的解构与经典重估

在社会门类井然的非部落化时代，社会被分割成一个个相对独立的空间，比如经济领域、政治领域、文化领域等，虽然由于众所周知的文本间性的原因，各领域之间难免有相互渗透与相互交叉之处，但其界限大致还是能划清的。在布尔迪厄看来，这样一个个相对独立的社会空间，可称之为"场域"（field）。"从分析的角度来看，一个场域可以被定义为在各个位置之间存在的客观关系的一个网络（network），或一个构型（ configuration ）。"① 根据布尔迪厄的理论，场域所建构的是一种独立于场中个体的客观关系。但是，任何关系的建构都须依靠场中行动者之间的互动才能完成，布尔迪厄也承认这点，他认为场域中客观关系的建构是通过行动者对位置、资本的占有而完成的。名人场域显然是通过场中的行动者——各级名人和传媒——之间的位置及资本分配形成的。

在重新部落化的当代，世界内爆使事物间的界线消解，各个场域也渐呈融合状态，清晰的边界不复存在。在这样的时代潮流中，名人场也由封闭趋向开放。名人场本是精英角逐的场地，因为在社会重新部落化之前，话语权是属于政府与精英阶层的，平民所分配到的话语权是可以忽略不计的，他们通常没有发声的机会，因而只能"被代表"。名人场的解构，是后期现代社会"去精英化"的表现之一。而提起"精英"，总无法避及"经典"话题。布鲁姆曾说，经典及反经典都是精英的。经典曾经仅仅是小圈子内的游戏，而近年来经典重估却成为全球范围内的文化运动。因此本节所要探讨的主要内容为名人场的解构与经典重估两种现象，而因这两种现象都与"精英"有着密切关系，这二者之间是否存在某种关联也是本节要探讨的内容之一。

一、名人场的解构

根据布尔迪厄的场域理论，场的边界位于场的效应中止的地方，不参与游戏的人就不是场内成员。依照场域理论，以前的"名人场"的范围是有限的，其边界也可以清晰地划出，因为名人圈子的封闭性将绝大多数平民拒绝于游戏之外。

由于中国一直以来的社会制度及教育状况，中国几千年来的主流文化一直是精英文化，表达的是精英话语，表现的是精英意识形态。西方的教育制度比

---

① 皮埃尔·布尔迪厄、华康德：《实践与反思》[M]，李猛、李康译，北京：中央编译出版社，1998 年版，第 133—134 页。

起中国更不平等，王室贵族之外的平民几乎没有受教育的机会。在文字与印刷传播的漫长年代里，文字运用能力是文化传播的基础，不识字的平民在发展自己的文化时先天地处于劣势地位。而且即便大众有了使用文字的能力，掌控在统治阶级手中的媒介资源也不可能用以传播民众意见与平民英雄的名声。所以，文字和印刷传播时代的文化只能是精英文化，尽管我们也会看到一些对平民生活的描述，但其实那并非平民自己的声音，而是另一种角度的精英叙事。

精英与平民曾是泾渭分明的两个圈子，或称两个阶层。精英们各有个性：面貌不同，气质不同，对社会做出贡献的领域不同，对社会热点问题的看法也各不相同。而平民们却毫无特色：面容模糊；气质庸常；也许为社会发展贡献过亿万分之一的力量，但没有谁认为离了其中的哪一个会对社会造成任何影响；对问题没有自己的看法，通常只是被代表。总之，他们只是一个个无个性无声音的模糊的群体影像。精英总是万众瞩目，媒体对他们从来也不吝赞美之辞——自己手中的工具当然要为我所用，而大众却被描述为"纯粹数量的东西……即与别人没有差别，而自身只是某种类型的重复……大众的普遍形成意味着组成大众的个体的欲望、观念、生活方式千篇一律，这是毋庸置疑的"①。精英严于律己，积极向上，而大众茫然度日，随波逐流。在这样的主流社会意识形态下，名人场只能是精英逐鹿的场域，大众既无入场资本，甚至也无入场欲望。

场域虽然是一个相对固定的社会结构，但并非一成不变的封闭结构，在这个结构空间中，行动者之间以及行动者与客观环境之间都在不断地发生动态变化。随着条件的变化，其自身结构可能会得到巩固，也可能会被削弱乃至被解构。对于名人场域来说也不例外。近年来，传统的名人场域逐渐变得失衡，乃至破溃。

以前的名人场范围小，人数少，结构较简单，边界整齐划一，是一个较为封闭的系统，场外的人要想进入，必须经过漫长而曲折复杂的道路获取入场资本：古代中国的三更灯火五更鸡，以十年寒窗换来一朝金榜题名的故事大家都极为熟悉，在西方想要从平民阶层进入名流界更需要费尽心力。莫泊桑的《漂亮朋友》是19世纪末法国社会的真实写照，主人公杜洛瓦出身平民阶层，为了爬到所谓的上流社会，不惜利用两次婚姻和一次婚外情作为向上的阶梯，无情无义又寡廉鲜耻。现在想要进入名人场可就容易多了，事实上，如今的名人场已不成其为场，因为它对所有人呈现出开放的姿态。

---

① 奥而特加·加塞特：《大众的反叛》[M]，吉林：吉林人民出版社，2003年版，第7页。

名人场解构首先表现为框架的解构。名人场原本是精英场，而约翰·菲斯克说过，精英是"社会构成中属于支配阶层的少数人，他们凭借某些假定，被认为仅仅属于他们的优异禀赋而实施或宣称对社会与文化的领导权"[①]。可见，原来的名人仅出于支配阶层，也或者说，即使偶尔有名人出身平民阶层，但成名后也就理所当然地改变了原有的平民身份，晋升支配阶层。而今日的名人场，不但有许多草根英雄横空出世，而且在他们成名后，还依然被视为平民神话，甚至他们自己也以曾经的草根出身为豪。比如2012年中国最轰动的选秀节目《中国好声音》的许多学员，在唱歌的同时总不忘渲染下自己的穷苦出身，诸如"大山的女儿""农民的儿子""北漂的日子"等，靠打感情牌为自己赢得不少人气，以致后来有考据派发掘出与所述不符的真相，令许多观众大呼失望。当底层出身成为在名人场中较量的一个砝码，直观地说明了属于精英的时代已成为过去，而平民英雄的时代到来了。

名人场的解构还表现为边界的消解。如果说选秀节目还有一定的门槛——通过海选出现在广大观众面前的前提是你要有某方面的才艺，那么BBS、博客、微博等自媒体对有志于入场竞争的准名人却没有任何限制。现实身份地位的高低不再是能够进入名人场与否的先决条件，才华技能也不再是场内厮杀竞争的武器。进入名人场，不需要基础，因为它的姿态已经放低到每个人的脚底；进入名人场，也不需要敲门砖，因为门早已被打破、摘除、抛弃。人人参与造星，人人可以成名，如今的名人场状况是全民参与游戏的狂欢。

名人场的解构，是多种因素共同作用的结果。从社会制度来说，民主平等的政治制度在世界各国普遍确立，人与人之间的等级鸿沟基本已被填平；从人文环境来说，后现代思潮已在全球范围内蔓延约半个世纪，对各国的价值体系都造成了很大冲击，而其关键词正是解构、多元、狂欢；上述两种因素为名人场的解构扫清了障碍，也打下了思想基础。从具体操作层面来说，科技的发展为名人场的解构提供了技术支持：自媒体这一强大的自我展现平台，为所有人提供了进入名人场的通道；以PS等网络科技手段为技术支撑，通过戏仿、拼接等方式则实现了对精英权威的颠覆。不过，名人场解构的直接原因是话语权资本的转移。

布尔迪厄场域理论中的一个重要概念是"资本"，他将资本分为经济资本、文化资本与社会资本。文化资本与社会资本不仅是资源，更重要的是权利，行

---

① 约翰·菲斯克：《关键概念：传播与文化研究词典》[Z]，李彬译，北京：新华出版社，2004年版，第93页。

动者凭借这种权利占据场域中的某种位置，进而可以支配场域中的资源。每个行动者都程度不同地谋求获得更多的资本，从而获得支配性位置。话语权正是文化资本与社会资本的构成要素之一，所以也是场域中的行动者所重点争夺的对象。法国哲学家福柯说："人是受话语支配的。"的确如此，话语能够表达我们的思想观点，具备意识形态层面的影响力，而人在社会中建构的是一种镜像自我，是根据他者相对自己的外在表现来确立自身的社会地位及社会形象。所以，话语权的分配实际是社会关系的直接表现形式。名人场的解构正是由于话语权资本的转移。

机械印刷术和工业化促进了教育的普及，教育的普及既为大众传播准备了潜在的读者群，也使大众拥有了一定的文化资本。在精英文化主导时代，大众所拥有的文化资本是有限的，机缘凑巧方能作为进入名人场角逐的敲门砖使用，虽然有总胜于无。可当时代发展到今天，教育的普及这一前因，在外力的作用下却结出了惊人的硕果。正是由于每个人都具备了一定的知识水平，当科技的发展为人类搭建好自我展现平台时，我们才有自我表现的能力与自信。

由自媒体引发的草根文化兴起之前，话语权是属于政府与精英阶层的，平民所分配到的话语权是可以忽略不计的，因为他们通常没有发声的机会，而只能"被代表"。是自媒体的出现，打破了以往坚不可摧的"话语壁垒"。方兴东对博客特征的阐释很是精彩：博客具有"五零"特征，即零体制、零编辑、零技术、零成本、零形式。这一描述拿来形容微博等新一代自媒体更为贴切。的确，在自媒体时代，每个人都是一个媒体中心，可以随心所欲地发表自己的观点。根据业界近来颇为引人注目的"长尾理论"对这一现象进行分析，可以预见自媒体惊人的发展潜力：当我们开始意识到"自己"就是信息的发布者时，一种全民式的传播开始发芽，当"小众"的力量已经汇聚成长尾的"大众"力量时，一个具有颠覆性的全民参与信息传播的新时代已经到来了。①

所以，是自媒体使人与人、群体与群体之间有了平等对话的平台，颠覆了原有不公平的话语权分配结构，解构了一直由精英阶层书写的文化，同时也建构了新的文化范式。"这是强制符号的终结，是获得解放的符号的统治，所有阶级都可以没有区别地玩弄符号。竞争的民主接替了法定秩序特有的符号内婚制。"②

---

① 高佳：《从长尾理论的角度看微博前景》[J]，《东南传播》，2010 年第 8 期。
② 让·鲍德里亚：《象征交换与死亡》[M]，车槿山译，南京：凤凰出版传媒集团·译林出版社，2006 年版，第 69 页。

二、全球文化经典重估

经典，《现代汉语词典》解释为："①指传统的具有权威性的著作。②泛指各宗教宣扬教义的根本性著作。③著作具有权威性的。④事物具有典型性而影响较大的。"[①]《新华字典》解释为："①历来被尊奉为典范的著作。②特指宗教典籍。"[②]《辞源》解释为："①旧指作为典范的经书。②宗教典籍。"[③] 由以上权威工具书可见，经典具有权威性与典范性的特征，对我们起着重要的行为导向与情感寄托作用。正如美国著名文学批评家哈罗德·布鲁姆（Harold Bloom）教授所言："没有经典，我们会停止思考。"[④] 正因为经典如此重要，每个国家、每个民族在每个时代都有属于自己的经典，一旦有经典遭遇被颠覆的命运，马上就会有新的经典补充上位。而近年来，经典重估却成为全球范围内的文化运动。如此大规模的文化运动肯定不会是孤立的行为，而是与其他社会因素都有着千丝万缕的联系。依笔者浅见，名人场的解构就可以看作是全球文化的经典重估运动的一部分。

布鲁姆曾说："一切经典，包括时下流行的反经典，都属精英之作。"[⑤] 这是因为，无论文化的建构还是解构，都是话语权的较量，而平民在过去是谈不上话语权的。美国汉学家费正清曾经指出：汉字在古代中国具有"一种社会制度的性质"，由于它非常复杂极其难学，硬生生地划分出熟练运用汉字的官僚士大夫与很少使用书面文字的普通民众两个阶级。而在西方，教育长期由宫廷和教会把持，其培养对象仅限于王室贵族，全面普及的大众教育从 19 世纪中后期才开始。而且即便大众有了使用文字的能力，统治阶级对媒介资源的控制也堵塞了民众意见传播的渠道。所以，在文字和印刷传播时代，只有精英才具有话语权资本。

经典曾经仅仅是小圈子内的游戏，是依据精英的品位被选中，继而有意识地向大众推广的。比如《诗经》这一公认的中国文学经典，尽管对于书中诗歌的采集编选过程有不同的说法，但无论"王官采诗说""孔子删诗说"，还是

---

① 《现代汉语词典》［Z］第 5 版，北京：商务印书馆，2007 年版。
② 《新华汉语词典》［Z］，北京：人民教育出版社，2010 年版。
③ 《辞源》合订本［Z］，北京：商务印书馆，1997 年版。
④ 哈罗德·布鲁姆：《西方正典：伟大作家和不朽作品》［M］，江宁康译，南京：译林出版社，2006 年版，第 29 页。
⑤ 哈罗德·布鲁姆：《西方正典：伟大作家和不朽作品》［M］，江宁康译，南京：译林出版社，2006 年版，第 26 页。

"诸侯献诗说"，毫无疑问都属精英手笔。

中国历史上最著名的反经典事件莫过于新文化运动，对中国文化产生了极深远的影响。但它的发起者胡适、陈独秀、鲁迅、钱玄同等人，全都是不折不扣的精英。而且有意思的是，在这些精英将旧的经典摧毁之后，他们不得不推出新的经典。

所以，经典重估实在是一个循环往复的过程，所谓经典的价值永恒也仅仅是相对的，"经典更新是一个常态的活动，这个过程是持续的，经常慢到不容易为当时人所觉察，似乎经典永恒不变"①。但事实上没有任何一种经典能够不朽，经典所能穿越的时空总是有边界的。布鲁姆在《西方正典》中提到英国批评家柯莫德对经典命运的判断"经典无法抗拒理性，也就当然能被解构"，布鲁姆认为这是他所知道的有关经典命运的最清楚警告，即便是莎士比亚这样的大家作品依然不能幸免。② 笔者对这一观点深表赞同。不过，经典的建构过程并非如人类对真理的探寻般是一个不断超越不断发展的成长故事，而是投合主流意识形态而不断改写的时代篇章。

"经典是特定社会文化语境中的人或机构出于自己的特殊利益而建构的，政治、经济和文化权力在对经典的界定中起着至关重要的作用。"③ 事实的确如此。仍以中国历史上最经典的儒家学说为例。经历了诸子百家争鸣的战国时代，秦代焚书坑儒，使中国的学术文化进入了冰冻期，及至汉代，统治者下令搜集藏书和整理民间传说，解除了自秦朝以来的文化禁锢，推动了学术文化的复兴，但凡事有利有弊，各种歪理邪说也妄图趁机鱼目混珠。董仲舒便是在这样的时代背景下写下了这样一段话：

> 《春秋》大一统者，天地之常经，古今之通谊也。今师异道，人异论，百家殊方，指意不同，是以上亡以持一统；法制数变，下不知所守。臣我以为诸不在六艺之科孔子之术者，皆绝其道，勿使并进。邪辟之说灭息，然后统纪可一而法度可明，民知所从矣。（《举贤良对策》之第三策）

由上可知，汉代之所以推举儒家学说为经典，是为"持一统""明法度"，而后世统治者之所以不断巩固儒家经典的地位，也是出于同一目的。

---

① 赵毅衡：《两种经典更新与符号双轴位移》[J]，《文艺研究》，2007 年第 12 期。

② 哈罗德·布鲁姆：《西方正典：伟大作家和不朽作品》[M]"序言与开篇"，江宁康译，南京：译林出版社，2006 年版。

③ 童庆炳、陶东风：《导言》[Z] //《文学经典的建构、解构和重构》，北京：北京大学出版社，2007 年版，第 3 页。

被选中的"准经典"无不体现着统治阶层的意志，而具体的筛选及宣传推广工作却是由知识分子完成的。所以，以前的经典实为"学派经典"与"贵族经典"。贵族对于经典的选择要有知识界的支持，而学派遴选出的经典也不能触动贵族的利益。《红楼梦》甫一问世，就被广为传抄，但它在彼时却不是经典而是禁书，因为它所表现的思想主题与当时的环境格格不入，所以既得不到知识精英的推介，更触怒了当权的统治阶级。精英与经典这二者实在是同气连枝的，精英以经典遴选立威，经典因精英推介扬名。《红楼梦》在近代以来被确立了经典地位，则表明它所宣扬的社会意识形态所处的地位已由边缘变为中心。《红楼梦》对封建社会思想与制度的反叛以及对自由平等的向往，恰恰吻合了近代的历史环境，这是它被奉为经典的根本原因，不过，《红楼梦》在中国文学史中的无上地位也离不开胡适、俞平伯以及毛泽东等精英人士的推崇。虽然《红楼梦》在中国也受到广大人民群众的喜爱，但这并不代表它就是大众经典，鲁迅说《红楼梦》："单是命意，就因读者的眼光而有种种：经学家看见《易》，道学家看见淫，才子看见缠绵，革命家看见排满，流言家看见宫闱秘事……"但哪怕这本书似百科全书般的存在，作为小说，它的地位在五四运动前也远不能入经典之列。五四运动推翻了经学，于是可供中国人阅读的只剩文学了。而这时知识精英胡适从美国学成归来，为建立新的文学范式，引入了西方的"小说"概念——西方的"小说"与其他文学形式仅有体裁的分别，以将在中国历来被视为市井俚俗等而下之的小说，提高到与其他文学样式同等的地位，于是就有了以小说《红楼梦》为首的一系列中国古典文学名著。由此可见，以思想自由独立著称的近代，经典的推选依然唯精英马首是瞻，事实上，这种情况一直延续到 20 世纪末才有改观，接下来直到新世纪之交，经典的建构方式才发生了彻底的变革："群选经典"与"俗经典"代替了学派经典与贵族经典。

"群选经典"与"俗经典"这两个词是赵毅衡在《两种经典更新与符号双轴位移》一文中提出的，两词其实相当于一个概念，群体共同选出的当然是为大众所认可的。所谓"群选经典"，是指大众"用投票、点击、购买、阅读观看等等形式，累积数量作挑选，这种遴选主要靠的是连接：靠媒体介绍，靠口口相传，靠轶事秘闻，'积聚人气'成为今日文化活动的常用话"[①]。当然，无论是精英文化的批评性经典，还是大众文化的群选性经典，任何一种经典遴选方式，最终的旨归都是大众的认可，甚至要达到成为大众日常生活中熟谙的隐

---

① 赵毅衡：《两种经典更新与符号双轴位移》[J]，《文艺研究》，2007 年第 12 期。

喻的程度，才算达成了目的，比如提起"林妹妹"，几乎所有中国人都会根据语境，清楚地判断这是形容一个人或体弱多病或敏感爱哭或清高孤洁，能进入中国人最基本的元语言集合，《红楼梦》不愧为经典之称。

由此来看，群选经典化比起传统的批评经典化似乎也就少了精英遴选这样一个步骤，大众的认可才是经典生成与传承的根本，但事实远非如此简单。乔布斯说过大众不知道要买什么，除非你将商品放在他们面前，对待精神准则其实也是一样，绝大多数人并不清楚自己应该选择什么来读来看，他人的影响对他们的判断起着至关重要的作用。但面对这样的事实，传统的精英遴选之所以还是败下阵来，是因为在名人泛化的今天，精英的话语已经不复有往昔的权威。

《生死场》是中国现代文学中的经典之作，它之所以获得极高的大众认可度，固然是由于作者萧红的文笔力透纸背，描写出"九一八"前后"北方人民的对于生的坚强，对于死的挣扎"，但也离不开精英扶持。萧红完成这本著作时年方 23 岁，寂寂无闻。为扶植这位"中国最有前途的女作家"，《生死场》在 1935 年是作为鲁迅主编的"奴隶丛书"之一出版的，且由鲁迅作序，胡风作跋。以上因素使《生死场》为当时的中国文坛顺利接受，也使 24 岁的萧红一夜成名。可放眼今日文坛，还有哪位有鲁迅与胡风的话语影响力？

名人的泛化也意味着权威的泛化。为争取更大的受众群体，只能靠多位名人的联手。比如 2008 年最火的小说《山楂树之恋》。这本书是北京凤凰联动传媒有限公司总裁张小波运作的。他先做了 500 本试读本，赠送给多位文化名流，并在网上推出关于《山楂树之恋》的话题。在这个过程中他收集各种名人评论，先在"山楂树之恋官方博客"上公布各位名流的推荐语，被称为史上最强名家推荐阵容，继而在出版时特意做了一个腰封，上面罗列 50 位荐书的名人。网上关于这本书的讨论也不断地进行。话题很快推进到拍电影谁最适合演书中的两位主角。这一话题持续引发热议。演员孙俪声明说自己很想演静秋，而柳云龙跟进表示想演老三，徐静蕾甚至在自己的博客上说，"结尾的时候看得俺老泪纵横"。《山楂树之恋》赚足了名人的眼泪。这么多的名人联手，总算帮这本书收获了不俗的销售业绩。

不过，尽管有这么多精英助阵，《山楂树之恋》依然是群选经典的代表。首先，《山楂树之恋》进入大众视野并非因精英推荐，而是靠网络点击率累积起人气的，首发在海外文学网站上的小说写成后，在短短几个月内就积聚了庞大的海外华人粉丝群，被誉为"网络时代的手抄本"。从根本上说，是大众对这本书自发的热情引起了精英的注意在先，而并非精英的权威引导了大众的判断，名人的权威对这本群选经典的继续经典化只是起到了推波助澜的作用。

不同于批评性经典的纵深比较，群选经典靠的就是这样的大众连接方式，《鬼吹灯》《盗墓笔记》《明朝那些事儿》等曾一度大火的群选经典无不如此。遗憾的是，在享受群选经典带来的即时性感官快感的同时，人们却都在质疑，这样的"群选经典"能否经受起时间的考验真正跻身经典之林。赵毅衡说，既然群选经典化不是一个历史行为，群选经典在历史上存留的能力，也就陷入了可疑境地。[①] 布鲁姆说，深入阅读经典越来越难，细读在以后几代人中肯定会消失。[②] 细思起来的确如此，本就是快餐文化，也就经不起细细品味与深深回味；追求的就是一时的感官快感，也就难以解读出具备历史深度的经典性内涵。

当下的名人场解构现象，正是全球文化经典重估的一部分，泛化的名人，正如群选的经典，没有任何值得时人敬仰和后人缅怀的业绩，仅靠一时的曝光率所赢得的名声，往往也只能昙花一现。

三、名人场解构的符号学分析

任何社会现象都不会是无缘无故存在的，有果必有因。在符号学的视野内，一切蛛丝马迹都是符号文本的外延，等待着被解读出内涵。作为当代文化的中心，名人场的风吹草动都能反映出文化场的动荡，所以，名人场的解构可谓当代文化中的一件大事。下面以符号学理论来分析这一现象，看在这一表象的背后隐藏着什么样的文化内涵。

（一）名人场的解构与双轴关系

双轴观念来源于索绪尔语言学中的"联想关系"（associative relations）与"句段关系"（syntagmatic relations）。句段关系很容易理解，因为 syntagmatic 的释义即为"结构段的，组段的"，而联想关系就有些含糊。索绪尔说："在话语之外，各个有某种共同点的词会在人们的记忆里联合起来，构成具有各种关系的集合……它们的所在地是在人们的脑子里。它们是属于每个人的语言内部宝藏的一部分。我们管它们叫联想关系。"[③] 其实，类同词语的储备是以备精确表达之用。所以，联想关系并非类同词语的简单聚合，而是为在聚合中做选

① 赵毅衡：《两种经典更新与符号双轴位移》[J]，《文艺研究》，2007 年第 12 期。

② 哈罗德·布鲁姆：《西方正典：伟大作家和不朽作品》[M]，江宁康译，南京：译林出版社，2006 年版，第 47—48 页。

③ 索绪尔：《普通语言学教程》[M]，高名凯译，北京：商务印书馆，1980 年版，171 页。

择，而句段关系则是用选出的词组句。符号学家意识到这两种关系在人类文化中的重要性，将索绪尔的两个术语分别改称聚合轴与组合轴，将这一理论逐渐发展完善并扩展了它的应用范围。雅柯布森对这一理论的阐发最为清晰易懂，他将聚合轴称为"axis of selection"，组合轴称为"axis of combination"（笔者在此之所以用雅柯布森的原词，是因为中国符号学界对这两词的译文并不统一，"selection"大多译为"选择"，但"combination"却有"组合""结合"等不同译法）。雅柯布森清楚地说明"选择"与"组合"正是双轴关系的建构方式，但因为符号学界约定俗成的缘故，本文依然称双轴为"聚合轴"与"组合轴"。

聚合轴（paradigmatic）与组合轴（syntagmatic）是符号学中比较重要的两个术语，用以描述符号文本的两个展开向度，是一切符号表意活动得以运作的基本模式。比如一套服装包括抽象（衣＋鞋，或再加上帽子、围巾等配饰）组合（组合轴操作）与具象（具体的某条裙子＋某双凉鞋，或某件 T 恤＋某条牛仔裤＋某双帆布鞋，等等）选择（聚合轴操作）；一顿饭包括诸如"主食＋菜＋汤"的抽象组合与"米饭＋鱼香肉丝＋紫菜蛋花汤"的具象选择；双轴共同操作才能完成符号表意过程。

聚合轴上的操作关键在于比较，有比较才有选择；组合轴上的操作则关键在于连接，将选择出的各个聚合轴因素连接起来，才能成为一个完整的符号文本。任何符号表意活动，莫不是这两轴的交互运动，只不过，有的符号表意活动侧重于某个单轴。批评性经典主要以比较的方式运作，群选性经典则主要靠连接的方式运作，所以我们可以说批评性经典是聚合轴偏重，群选性经典则是组合轴偏重。前面刚刚谈到名人场解构是全球文化经典重估运动的一部分，所以名人的推举也是由聚合轴向组合轴偏向，这和当前文化的组合轴偏向是一脉相承的。后期现代社会中对理性的消解与意义的解构，导致聚合轴上的意义选择日益被忽略。

1. 标准的消解导致选择的无所适从

双轴操作无法分清谁先谁后。先进行聚合轴上的选择，才能进行组合轴上的连接：先选出词语才能进行下一步组句，但有组句的需要是进行选词的前提，每个词选好后还要看用在这个语境中是否精确；先有组合的需要，才有挑选的根据：要参加一场化装舞会，才会去挑选 COSPLAY 的衣服、首饰，选好后还要穿戴起来看下搭配的效果。所以双轴操作其实是相互交织的。按照赵毅衡的话来说："这是一个来回'试推'的操作，没有先后次序之分。"① 但是，任何一种符号表意活动，在双轴之外，却客观存在着一种挑选与组合的标准，用以指导挑选并检验组合效果。比如一顿饭菜的口味要清淡，一句话的语气要缓和，等等。而对于名人这一符号文本，其存在要符合的是价值标准，即意识形态标准。

依据意识形态标准，名人是在聚合轴上被做出的选择，每一个都代表着一定的社会意识形态，组合成完整的社会价值系统，呈现在大众面前。

在后期现代主义在全球蔓延开来之前，社会意识形态是相对固定单一的，善恶美丑都有较统一的标准，名人应该是什么样的也有较固定的模式。所以这就易于在聚合轴上将人与人进行比较，在准名人与名人之间进行比较，在名人与名人之间进行比较，在千万人中脱颖而出被选择出来的名人，往往是很恰切的某一社会意识形态代言人。社会意识形态的固定单一意味着组合轴的稳定，所以以前的名人遴选过程偏向聚合轴上的操作。而且由于社会阶层的固化，名人遴选在很长一段时期都是精英场专属的活动，裁判员和候选人都是小圈子内约定俗成的，聚合轴的操作模式也相对简单。

而在后期现代社会，意识形态多元且多变，标准的消解导致受众选择的无所适从。虽然聚合轴上的操作不可能完全消失，但双轴结构却发生了严重的位移。名人场呈完全开放的状态，虽然在核心处还会有较易操作的比较，比如当代最耀眼的名人——娱乐明星，往往能够较轻易地分出一、二、三线，但是地位的颠覆也在顷刻之间。像台湾歌星徐怀钰，尽管曾是红遍亚洲的"平民小天后"，但在媒体面前消失了三年之后再复出，一切都物是人非，连生计都难以维持。虽然名人也如经典，更新是其常态，但以前是"江山代有才人出，各领风骚数百年"，而且甚至在数百年之后还能成为后人比较的标准，今天的名人更替未免显得太快了些。这说明名人在很大程度上不再是选择的结果，谁占领了媒介渠道，谁就是最受瞩目的明星。

2. 意义的消解导致选择的不被重视

作为象征符号，每个名人都蕴涵着一定的社会文化内涵，这是名人之所以成名的根本原因，也是大众仰望名人的理由。名人曾被视作一座座精神丰碑，使大众敬仰折服。但眼下，新的丰碑不再出现，原有的丰碑也在一座座倒塌。层出不穷的戏仿、恶搞、爆料等，使名人一层层褪去神秘与神圣的光环。后期现代主义对崇高与意义的消解，以及市场经济社会中物质对精神的侵蚀，使受

---

① 赵毅衡：《符号学原理与推演》[M]，南京：南京大学出版社，2011年版，第161页。

众不再像以前那样在乎名人所背负的文化内涵。

浪得虚名，曾是常见的评价，但这一成语现在却极少被人提及，因为没有多少人在意名声获得的过程，而只注重结果。比如，继 2005 年的《超级女声》之后，最火的选秀节目当属《中国好声音》，而其中身价最高的参赛选手之一是李代沫，他唱得并非最好，连 16 强也未能进入，人长得也不算帅，为什么广告代言、电影主题曲演唱纷纷找上门来？就是因为他制造的话题最多，先是惹上了版权官司，接着又被曝出是同性恋，再然后又因比赛中的异常表现被猜疑放水或被黑。大众也好，商家也好，没有人去深究这个人的存在有什么意义，只要不断地看到他的名字与他的面孔，就知道他"红了"，组合轴上的连接就是这样看似没有逻辑的逻辑：因为红了所以受捧，因为受捧所以更红，既不注重理由，也就不存在实至名归与浪得虚名的区别。

喜欢追问"为什么"和"凭什么"的是批评家们，他们在遴选学院经典与精英名人时总要条分缕析地给出理由，这就必然需要纵深的比较，所以这时的双轴关系向聚合轴倾斜。而大众文化背景下的群选经典与草根名人，却不管"该不该"与"好不好"，关注度与眼球率几乎便是全部，基本靠连接而出名，在这样的情况下聚合轴的作用被弱化至可忽略不计的地步，组合便统率全局。

（二）名人场的解构与伴随文本偏重

由点击率堆积出的经典消解了可供分析的深度，也规避了历史的积淀；由大众连接所推出的名人，消解了精英名人的权威，也规避了为社会垂范的责任。这样的文化剧变，反映出当代社会的伴随文本偏重。

伴随文本是如此重要。任何符号文本都离不开一批伴随文本的支撑，伴随文本控制着符号生产与理解。不管我们是否自觉到这一点，我们不可能不靠伴随文本来理解文本。但如果过分看重伴随文本，在符号接收这一端，伴随文本就有可能喧宾夺主，甚至接管了符号接收者的解释努力，这种情况可以称为"伴随文本执著"。[①] 在泛娱乐化的语境下，伴随文本的重要性已盖过文本本身，伴随文本执著成为极自然的一种现象。对于名人符号来说，以副文本、型文本和元文本这三类伴随文本执著最为典型。

副文本与型文本是显性伴随文本，在面对一个名人符号时，首先看到的就是这两种伴随文本。副文本执著，会导致对名人符号进行解读时忽略重点，而将目光停留在服饰妆扮等框架因素上，如对各国第一夫人的内涵解读，第一夫

---

① 赵毅衡：《符号学原理与推演》[M]，南京：南京大学出版社，2011 年版，第 155 页。

人所应扮演的角色虽然没有被明确定位，但在社会约定俗成的观念中不外乎推进公益事业和慈善事业、努力争取妇女儿童的权益等，可如今对各国第一夫人的报道，偏向于聚焦在她们的穿着打扮等副文本方面，这就未免有舍本逐末之嫌。型文本执著，就是偏执于某一类文本，像草根文化当道的今天，许多人不假思索地就认为凡草根名人都是励志的、可敬的，凡精英都是高傲的、虚伪的；又如明知一部影片口碑不好，但冲着片中某个演员去看也是型文本执著。不过，对文化产业影响最大的当属元文本执著。

元文本即对文本的评论，元文本执著，也就是对文本缺乏自己的独立见解，让他人的评论左右自己的独立思考。比如，演员为人津津乐道的不是他的演技，而是关于他的八卦，这是典型的元文本执著。因此，每一部大火的新戏上映之前，都一无例外地要炒作一番，或男女主角的绯闻，或同性主演的不合，或各种原因引发的鸡毛蒜皮的纠纷。元文本执著，会造成一种跟风的态势。因为人类普遍具有好奇心与从众心理，当社会上的大多数都对某个名人持某种观点的时候，自己如果唱反调，难免有成为众矢之的的危险，像2012年夏天的《中国好声音》节目，导师杨坤和学员平安之间闹了一些矛盾，最初舆论一边倒地支持平安，如果有人替杨坤说话，马上就会被围攻。元文本执著，连接就起了作用，所以元文本执著其实也是组合轴偏向的另一种表现。网络资源带给大众海量的信息，想了解哪方面的情况，只要随手一点，包括没想到的相关链接都会呈现在面前。在这样的情况下，极少有人会愿意去独立思考或费力挖掘真相。看到现象不再去追究本质，当然更不会想着放到历史性空间中与其他名人做一下纵深的比较。大众之所以愿意受伴随文本左右只重轻易的连接，除了懒于思考与考据，还有一种起哄的心理在内，感觉自己参与了名人制造。精英文化一直持一个观点，历史是精英创造的。而在群选名人与群选经典的文化背景下，名人与经典在某种程度上好似成了自己的作品，于是对权威的那种敬畏也就极大地消散，甚至感觉自己也成了推动历史进程的一分子。

赵毅衡对此有精辟的论述："这些现象已是当代文化生活的一部分，实际上整个文化产业就是按大众的这些伴随文本偏执来编制的，只是影视公司的策划者，不喜欢我在这里点穿他们让人上瘾的秘诀。"[①] 所以，伴随文本执著是文化产业道德与质量双重滑坡的原因之一。观众总是喜新厌旧的，全民热议的沸沸扬扬不可能长时间维持，对于名人来说，不停地制造话题以占领渠道成了名声的防腐剂。而对于艺术创作来说，短平快就代替了以往的精益求精。

---

① 赵毅衡：《符号学原理与推演》［M］，南京：南京大学出版社，2011年版，第155页。

第三节　名人符号的能指漂移与价值观转向

漂移的能指（floating signifiers）是法国社会人类学家列维－斯特劳斯 1950 年提出的概念，意即因内涵虚空而适用任何阐释（所指不确定），故呈现出魔幻性或修辞性特征的能指。法国人类学家让·鲍德里亚 1976 年在《象征交换与死亡》一书中对这一概念在消费社会中的表现进行了表述。根据鲍德里亚的阐述，能指漂移即能指摆脱了指称"真实"这一古老的义务，完全凭着随意性与不确定性与其他符号进行组合替换。这些摆脱真实羁绊的符号代码，即"漂移的能指"。结合罗兰·巴尔特的符号结构学说，也许能更好地理解这一概念：能指跳过指涉"真实"的第一意指系统，而直接指向纯粹由联想生发的第二意指系统。在第一意指系统中，能指与所指是约定俗成的一一对应关系，如"白色"，毫无疑问地指一种类似于牛奶、棉花或雪的颜色。但在第二意指系统中，能指与所指之间的关系充满了多种可能性，白色可以指向"爱情"，也可以指向"奸诈"；可以指向"健康"，也可以指向"死亡"；可以指向"光明"，也可以指向"恐怖"……所以一旦割裂与第一意指系统的关系，符号就只能"靠着对自身抽象实体的不断拆分与重复来完成再生产"，从而带来"无边无际的投机和通胀"[①]。

鲍德里亚将能指漂移的过程分解为：流动、联接、分离、转移，并指出媒体是"漂移的能指"吸取所指进行重新配对的最佳场所，尤其是在电视广告中间。鲍德里亚以敏锐的观察力捕捉到这些现象，但并没有对其进行详细阐释。而事实上，符号的能指漂移及与其互为因果的所指虚化是对当今社会影响颇为深远的文化现象，其表现及个中原因值得进行深入剖析，其可能导致的后果值得引起社会关注与警惕。以在当代消费文化中扮演着重要引领角色的名人符号为例，也许能较清晰地说明这一问题。

一、名人符号的能指漂移

温饱早已不是当代人所追求的目标，物品的实际功用躲藏在光怪陆离的附加意义之后。在现代工业所造成的生产过剩的前提下，食品广告，宣传的不是其果腹功能，而是休闲伴侣；服装广告，宣传的不是其蔽体与保暖功效，而是

---

① 让·鲍德里亚：《象征交换与死亡》[M]，车槿山译，南京：译林出版社，2012 年版，第 4 页。

或时尚或成功的标志；楼盘广告，没有哪家会说自己能遮风挡雨，而会强调其格调与品位……总之，我们正处于一个符号帝国之中，商家售卖的是符号，我们消费的也是符号。甚至连我们平时的娱乐消遣，参与的也不是游戏本身，而是有许多符号行为在内：挑战自我，追求梦想，等等。

名人泛化是符号泛化的表现之一，因为名人是典型的符号，不但自身就是某些意义的象征，而且这些意义能够通过代言等方式转移到他物上，引导人们去解读事物的附加意义。名人在当代具有无与伦比的符号价值。名人泛化是符号泛化的重音。但事实上，名人与其身上的象征意义之间往往并无必然联系，二者之间的联系完全是经大众传媒努力宣传而达成的符用理据性上升的后果。简言之，名人符号也呈现出"能指漂移"的现代符号特征。

社会意识形态的多元化发展，使得每个个体都参与到多元意识形态社会的整体构建中去；生活的多元化选择，使得每个个体都被卷入整个社会的结构性秩序中。个体与名人的关系也不例外，名人制造、名人符号解码、名人符号象征化，甚至包括每一个体的努力名人化，都被囊括其中。名人的泛化消弭了大众与名人之间的界限，也造成了名人意义的消解。

名人必然代表一定的社会文化内涵，所以成为名人的前提一定要指向某种社会文化内涵。但事实上，就如同商品的广告与泛品牌化"创造与产品无联系的意义"一样，泛滥的名人符号的"能指"与"所指"之间往往并无必然的联系。这也是当代符号泛化所造成的后果之一。为众人所熟知的符号系统，其能指与所指的清晰对应是一个规约化与符用理据化上升的过程，需要一定的时间才能在社会中约定俗成。名人象征化的过程就是一个例子。而且在过去很漫长的历史中，无论是名人符号的产生还是名人符号完成象征化的过程，速度都较为缓慢，给了人们进行符码意义阐释与接受的时间，并将其纳入社会元语言集合，而那些象征化不足而未能进入社会元语言集合的名人符号则渐渐被遗忘在历史长河中。但在名人符号泛化的当代社会，名人符号数量与种类的膨胀速度超出了人们的适应能力，一批名人符号的意义还未弄清，眼前已经涌现出另一批新的面孔。这就导致了大量的名人能指游离于所指，形成意义漂浮。

名人符号的泛滥，泯灭了名人与名人之间的差异，众多漂浮的名人意义混淆纠缠，消解了意义本身，因为过犹不及。当下的名人符号世界，正如巴尔特初入日本，所为之惊叹的符号景观："在这个国度里，能指的帝国是如此辽阔，能指是如此地超于言外，符号的交流竟成为一种华贵的奢侈，一种变幻莫测之举，一种令人心驰神往的玄妙机巧，而且置语言的遮蔽性质于不顾，有时甚至正是由于语言的这种遮蔽性质，上述诸般妙境才成为可能。"① 巴尔特所说的"施指符号超过了言语的范围"，正如同福柯所言"词与物的分离"，导致对象与意义可以被随意地匹配，商家、媒体，甚至艺术家都可以无拘无束地制作出新的符号，并随心所欲地为本无意义的对象安排上意义。这种任意的组合导致了符号的大量物质性生产，也造就了大量同质化的符号与同质化的意义。比如现在各种选秀节目改头换面层出不穷，问及选手参加比赛的动力，个个都说是为了兴趣，为了梦想，这话听上去冠冕堂皇，但所有选手都这样说，又怎么可能给受众留下深刻印象，又怎么可能再被逐步象征化而成为真正的名人落于不败之地？同质化的意义、同质化的名人，让受众如何选择？所以名人如同衣橱里的衣服，仅仅因为新鲜一时吸引住大众的眼球，随后就被弃置在衣橱的角落或丢到垃圾箱，熟悉的常提的还是以往那几个名字。所以我们看到网络红人走马灯似的更新换代，选秀名人一批接一批地被淘汰，但这些名人符号的意义却并没有在大众脑海中留下什么痕迹。

更何况，在名人圈的门槛业已消失的当下，名人与大众的界限消失了，人人都可能成为名人，博客、微博等自媒体的粉丝聚拢功能显示出，每个个体都正力争在整个社会中获得自身的参照与认同，从某种意义上来说，每个人都在努力成为名人的路上奔跑。在人人都可视作准名人的情况下，大众丧失了名人必须承担社会文化内涵与责任的意识，纯粹为出名而出名，为跟风而出名，真的一夜成名了纯属侥幸，到时候将四处漂浮的意义随便拉一条来安在自己身上就是，反正在这快节奏的全民名人化社会中，没人有闲工夫去追究真假。

二、"漂移的能指—虚化的所指"邻接之途

这些名人将自身固有的本质意义模糊化甚至消解，并避开可用货币衡量的价格因素，转而片面强调其符号价值。但众所周知，像标新立异、温暖、积极向上等符号价值都属于感觉与心理体验，主要靠受众的想象性参与生成，因此完全可以靠修辞达成目标。按鲍德里亚的话说："广告所说的东西并不属于数量等价关系或剩余价值的范畴，而是属于重言式的范畴：不是 a＝a；也不是 a＝a＋a'；而是 A 是 A。"② 因为摆脱了对名人真实的原型参照，所以名人产业可以随心所欲地将名人打造成自己需要的符号，以进行漫天要价的投机。名人

---

① 罗兰·巴尔特：《符号帝国》[C]，《世界散文随笔精品文库·法国卷》，北京：中国社会科学出版社，1993 年版，第 416 页。

② 让·鲍德里亚：《象征交换与死亡》[M]，车槿山译，南京：译林出版社，2012 年版，第 39 页。

符号也因这种自由的生产制造而无限增殖。

罗兰·巴尔特提及，在日本符号帝国中，能指超于言外，符号变幻莫测，他所持的观点与鲍德里亚"能指漂移"的概念可以相互印证。能指的"超于言外"与符号交流的"变幻莫测"，说明在符号帝国中，"言"这一用以解读符号的元语言集合已跟不上能指增殖与演变的步调。由于能指与对象物之间原本明确的对应关系已被斩断，取而代之的"能指—所指（第二意指系统）"或称"再现体—（对象缺失）—解释项"的符号结构是一种落于社会传统元语言集合之外的任意搭配，而且正因其任意性，才可能对大众解释陌生的能指，参与能指的增殖与变异。

综上所述，是能指与所指之间现实关联的被割裂，导致了当下社会的能指漂移与符号泛滥。这一方面是由于符号自身作为人类内部交流并与外界联系的中介物的特性，"符号作为传播媒介，就像货币作为流通媒介一样，只关心自身的增殖潜能，而将其与物的关系通道全部切断"[①]；另一方面则根源于人类有精神需求的天性，符号帝国的出现很大程度上是因为想象的虚幻性可以无中生有，能指虽然剥离了所指的真实价值，但却针对人们的欲望随意地制造着虚幻的符号价值。所以，从能指的角度看，能指因摆脱了真实的羁绊呈现出漂移的状态；而从所指的角度看，由于符号价值的膨胀挤占了真实价值的位置，使所指呈现出虚化的特征。

漂移的能指与虚化的所指可以被随意匹配，这为符号价值的售卖者如商家、媒体带来了极大的运作空间，他们不仅可以无拘无束地制作出新的符号，还能随心所欲地为对象符号安排上意义。因为意义的时尚度与符号价值的高低呈正比关系，所以最时尚的意义无疑是大家追逐的焦点，"所有符号都来到时尚中相互交换"[②]，于是我们就看能指与所指的任意组合导致了名人符号的大量物质性生产，也造就了大量同质化的名人符号与同质化的意义。

近年来草根文化兴盛，于是出身草根阶层却要挑战命运的"奋斗、打拼、坚持"遂成为最为称道的时代精神，也成为名人或想要成名者争相附加于自身的符号意义。以近年来最火爆的造星节目电视选秀为例。几乎每一档选秀节目都擅打感情牌，选手与主持人配合演出一场场催人奋进的励志剧或催人泪下的悲情成长剧。这些剧情有真，但假的更多，以致每一档选秀节目，都会有选手

---

① 赵毅衡：《符号学原理与推演》[M]，南京：南京大学出版社，2011年版，第93页.

② 让·鲍德里亚：《象征交换与死亡》[M]，车槿山译，南京：译林出版社，2012年版，第121页。

被"扒皮"。比如近两年最火的歌唱类选秀节目《中国好声音》中，就有人质疑其中有富二代谎称自己是艰辛谋生的小店主和农民，虽然最后因网友只有可疑的照片但没有确切的证据而不了了之。不过在这个节目之前的 2011 年的选秀节目《你最有才》首秀之夜现场，有一个叫李新义的选手冒充农民工，被赵忠祥当场揭穿却是确凿无疑的事实。选秀节目的井喷与平民偶像的大受欢迎，说明了名人文化的草根化趋势。

"现代符号是不加区分的（它从此只是竞争的），它摆脱了一切束缚，可以普遍使用，但它仍然在模拟必然性，装出与世界有联系的样子"[①]，鲍德里亚如是说。我们看众多的选秀名人，无论"奋斗""打拼"，还是"坚持"都不是选秀节目评判的标准，但歌手想要成名，仅凭嗓音是不够的，附加于好嗓子之上的文化内涵才能引发评委与受众的情感共鸣。这个过程其实运用了一种符号修辞手法——转喻。

从符号价值而言，借助转喻，选手的歌声有了情感与故事，选手本人也因附加其上的于绝境中奋发的乐观向上、于挫折中坚持梦想的坚韧不拔精神，而具备了可被受众解读的时代正能量。从双轴关系对符号接收者的影响而言，借助转喻，选手身上的故事与歌声中的情节能够使人印象深刻，因为只有倚重邻接的组合结构才便于记忆。

但事实上，如果我们仔细看二者的联系过程，就会发现这种联系完全是人为的，类似于传播学中的"六度人脉法则"。六度人脉法则指世界上任意两个人只需通过最多六个中间人就可以认识。转喻比六度人脉法则还要简单，因为转体和喻体的联系要经过人的主观阐释，人的思维瞬息万里，没有什么障碍不可逾越。用福柯的"词—物"理论来解释这种现象也许更为贴切。福柯的《词与物》提及符号运作的四种相似性形式之一：交感（des sympathies）。交感没有固定法则，自由自在地在宇宙间发挥作用。福柯所举的例子是葬礼上使用的纪念死者的月季花，月季花和死亡本来风马牛不相及，但因为它和死亡接近，就使得所有闻到其味道的人感到悲伤和憔悴。[②]

虽然福柯将交感归为相似性的形式之一，但他同时阐述道，现代社会中的语言不再直接与所命名的物相似，而是以另一种形式成为启示的场所并包含在真理既被宣明又被表达的空间中。[③] 就此，语言与世界之间演变为一种类推关

---

① 让·鲍德里亚：《象征交换与死亡》[M]，车槿山译，南京：译林出版社，2012 年版，第 163 页。

② 福柯：《词与物——人文科学考古学》[M]，上海：上海三联书店，2001 年版，第 32 页。

③ 福柯：《词与物——人文科学考古学》[M]，上海：上海三联书店，2001 年版，第 49 页。

系，而不是指称关系。因此，"词"与其所指的"物"之间不必相似，不必有必然联系，人为的捆绑并置就能将其转化为头脑中自然的邻接。

三、能指漂移与价值观转向

能指漂移不仅仅表现在名人与广告等现代文化产业中，它还是一种普遍的社会现象。喝茶不为解渴，喝的是心情或情调；买车不为方便出行，为的是地位和面子；我们平时的娱乐消遣，参与的也不是游戏本身，而是有许多符号行为在内：挑战自我，追求梦想，等等；再如近年来大热的电视选秀节目，这些节目大都是打着"才艺"的名号进行的，声称要选出中国"最好的声音"、才艺最出众的"达人"，但在实际运作过程中常常会偏离主题，偏向煽情，艰难的奋斗历程、艰辛的生活背景、令人动容的情感故事是选秀过程中必不可少的桥段，而且往往会影响选秀结果。这些现象其实都反映了一种社会价值观转向的趋势。这一趋势最直观的表现前文已反复论述过，即商品的实用价值向符号价值的转向，而如果放眼整个社会深入分析，就会发现这其实是社会整体价值观转向的缩影与典型表现。

现代国人重符号价值远超重实用价值，可以援引非常引人注目的城市蚁族现象作为例证。"蚁族"，是对"大学毕业生低收入聚居群体"的典型概括。如今，各大城市的蚁族总人数已过百万，他们的生存困境渐渐成为社会各界关注的一个焦点。蚁族大多来自于农村与县城，他们怀揣梦想在大城市艰难谋生，无视家乡与人才匮乏的中西部小城的召唤。诚然，一部分蚁族的确是由于专业限制或地方薪酬差异而留在大城市，但更多的人却是为了面子，为了自己与家人在家乡父老面前的那份心理荣耀。[①]传统社会的国人一向安土重迁，一生戎马倥偬或宦海浮沉后，最后总归要解甲归田、告老还乡，叶落归根是传统国人一向信奉的真理，还乡是他们灵魂安宁的所在。今人却拼命想要走得更远，哪怕只能漂泊蜗居，也情愿放弃家乡安稳生活，仅为那虚幻的荣光所带来的心理满足。所以在中国，农村出身力求跳农门，城市出身力求跨国门，造就了众多的蚁族与漂族。这种情况，人在漂泊是其表象，所指虚化造成的能指漂移是其原因，社会价值观由注重实用价值向注重符号价值的转向则是其内涵。

过于注重符号价值也表明了国人的价值观由社会取向到个人取向的转变。杨国枢曾分析道，中国人的价值观是以家族、关系、权威、他人为中心的，是

[①] 中青在线-中国青年报：《蚁族概念不是一个伪命题》[DB/OL]，2010.3.7。资料来源：http://finance.ifeng.com/job/special/yizufd/zcyw/20100317/1939760.shtml.

一种典型的社会取向。① 的确，在中国的传统观念中，普遍的个人理想是出人头地、封妻荫子、光宗耀祖，以及更高层次的"忠君报国；造福一方百姓；国家兴亡，匹夫有责"等。所以我们常说传统中国人从未为自己而活，这是因为"国人的'自己'是以实践、克制及超越转化的途径，来使'自己'与'社会'结合"②。虽然今天看来这样的个人理想过于沉重，但这却曾长期根植于中国的传统文化。与之相比，现代国人活得过于自我：家族体系的崩溃大大减少了社会关系对国人的束缚，也削弱了其家庭责任感；个人主义价值观登堂入室，解构了为国为民的崇高理想。可以说，社会取向的中国传统价值观已然让位于个我取向的近现代西方价值观。与传统国人不同，西方人的价值观基于个我取向，强调自我欲望的满足、情绪的宣泄与兴趣的发展，认为一切外部条件皆为自我实现而存在。

　　将上述两种价值观进行比较可看出明显差别。采取社会取向的价值观可以轻易将一切价值量化，因为与他人和社会的关系只能通过具象的媒介进行，所以中国传统社会的个人追求大都落在实处，甚至可以像货物一般被价值量化，有道是"学成文武艺，货卖帝王家"，还有著名的帝王劝学诗句"书中自有黄金屋，书中自有颜如玉"，等等。采取个人取向的价值观则没有固定的价值参照体系，因为现代人所推崇的"挑战自我、实现自我、追求个性"等个人主义价值观侧重的是心理体验。而"在人的心理世界中，人的欲望始终处在一种欲壑难填的'匮乏感'之中"，李军学认为这是支撑符号消费的受众心理机制，并提出符号消费的理论缘起之一，是由于晚期垄断资本主义社会为倡导商品消费，力促思想文化由禁欲主义向纵欲主义转变。③

　　中国个人主义之风的盛行，我们通常从改革开放后的西风东渐对个人的影响去找原因，认为近墨者黑；从马克思政治经济学里去找原因，认为经济基础决定上层建筑；从文化帝国主义理论层面去找原因，试图揭露文化侵略的罪恶；但如果从鲍德里亚的符号政治经济学去找原因，会发现这一现象与消费社会的本质一脉相承，英国社会学家柯林·坎贝尔论证道："现代消费的本质就在于追求一种自我的梦想。人们消费的核心不是在于对商品的使用价值的实际

---

① 杨国枢：《自我实现与华人社会中的价值变迁》[C]，《中国人的价值观》，北京：人民大学出版社，2013年版。

② 金盛华、辛志勇：《中国人价值观研究的现状及发展趋势》[J]，《北京师范大学学报》（社会科学版），2003年第3期。

③ 李军学：《消费社会和符码统治：鲍德里亚消费社会理论批判性研究》[J]，《符号与传媒》，2014年春季号。

选择、购买和应用，而是对各种想象性愉悦的追求。"①

所以，许多社会价值观的转变，都可与由商品的实用价值向符号价值转变的现代消费观相互印证，共同图示社会价值体系的演变轨迹。

---

① 柯林·坎贝尔：《浪漫伦理与现代消费主义精神》[J]，章戈浩译，《西北师大学报》（社科版），2006年第4期。

参考文献

Ahluwalia, Unnava, Burnkrant. The Moderating Role of Commitment on the Spillover Effect of Marketing Communications [J]. Journal of Marketing Research, 2013 (38).

Andrews, David L. Sport Stars: The Cultural Politics of Sporting Celebrity [M]. London: Routledge, 2001.

Appadurai, A. Disjuncture and difference in the global economy [J]. Public Culture, 1990, 2 (2).

Bourdieu. Distinction. A Social Critique of the Judgement of Taste [M], Cambridge: Harvard University Press, 1984.

Braudy, Leo. The Frenzy of Renown: Fame and Its History [M], New York: Oxford University Press, 1986.

Cashmore, Ellis. Celebrity Culture [M]. Taylor & Francis, 2006.

Cooke, B. J. The Distancing of God: The Ambiguity of Symbol in History and Theology [M]. Fortress press, 1990.

Doniger, Wendy. The Implied Spider: Politics & Theology in Myth [M]. New York: Columbia University Press, 1998.

Evans, Jessica. Understanding Media: Inside Celebrity [M], McGraw Hill, 2005.

Foss, Sonia K. Rhetorical Criticism: Exploration & Practice [M]. Long Grove: Waveland Press, 2004.

Friedman, Jonathan. Cultural Identity & Global Process [M]. London: Sage. 1994.

Fromm, E. Escape from Freedom [M]. New York: Henry Holt and Company and LLC, 1941.

Gamson, Joshua. Claims to Fame: Celebrity in Contemporary America [M].

LA：University of California Press，1994.

Gibson，Pamela Church. Fashion and Celebrity Culture ［M］, Berg Editorial Offices，2012.

Herwitz，Daniel Alan. The Star as Icon：Celebrity in the Age of Mass Consumption ［M］. Columbia University Press，2008.

Redmond，Sean，etc. Stardom and Celebrity：A Reader ［M］. London：Sage，2007.

Inglis，Fred. A Short History of Celebrity ［M］. New Jersey：Princeton University Press，2010.

Goldman，Jonathan E，etc. Modernist Star Maps：Celebrity，Modernity，Culture ［M］. Oxford：Ashgate Publishing，Ltd.，2010.

Kellner，Douglas. Media Culture ［M］. London：Routledge，1995.

Leslie，Z. Celebrity in the 21st Century：A Reference Handbook ［M］. ABC-CLIO，2011.

Lotman，Juri. Universe of the Mind：A Semiotic Theory of Culture ［M］. London：I. B. Tauris，1990.

Mcewen，William. Inside the Mind of the Chinese Consumer ［J］. Harvard Business Review，2006 (03).

Marcuse，H. One Dimensional Man：Studies in the Ideology of Advanced Industrial Society，2nd Edition ［M］. Boston，MA：Beacon Press，1964.

Marshall，P. David. Celebrity and Power：Fame and Contemporary Culture ［M］. Minneapolis：University of Minnesota Press，2006.

Nelson，Okorie，etc. The Dysfunctional and Functional Effect of Celebrity Endorsement on Brand Patronage ［J］. Online Journal of Communication and Media Technologies，2012 (04).

Pringle，Hamish. Celebrity Sells ［M］. New York：John Wiley & Sons，2004.

Riley，Sam G. Star Struck：An Encyclopedia of Celebrity Culture ［M］. Santa Barbara：Greenwood Press，2010.

Riley，Sam G. Framing Celebrity：New Directions in Celebrity Culture ［M］. London：Routledge，2006.

Röderstein，Matthias. Celebrity Endorsements：Theoretical Explanations of Meaning Transfer and Schema-based-Models-Recent Developments ［M］. München：

GRIN Verlag，2005.

Smart，Barry. The Sport Star：Modern Sport and the Cultural Economy of Sporting Celebrity ［M］. London：Sage，2005.

Sperber & Wilson. Relevance：Communication and Cognition ［M］. Oxford：Blaekwell Publishers. 1986.

Tarski, Alfred. Logic，Semantics，Metamathematics ［C］. Oxford：Oxford University Press，1956.

Timothy，Jacques. Celebrity：The Embodiment of Ideology ［D］. Doctoral dissertation of Northeastern University，2009.

Tajfel H，Turner JC. The Social Identity Theory of Intergroup Behavior ［M］. Chicago：Nelson Hall，1986.

Turner，Graeme. Understanding Celebrity ［C］. London：Sage，2004.

Williamson，Judith. Decoding Advertisements ［M］. London：Marion Boyars，1978.

阿尔都塞，路易. 意识形态和意识形态国家机器 ［M］//外国电影理论文选. 上海：上海文艺出版社，1995.

爱默生，R. W. 自然的方式 ［A］//爱默生集. 北京：生活·读书·新知三联书店，1993.

埃尔潘，尼古拉. 消费社会学 ［M］. 北京：社会科学文献出版社，2005.

巴尔特，罗兰. 神话修辞术 ［M］. 屠友祥，译. 上海：上海人民出版社，2009.

巴尔特，罗兰. 符号学原理 ［M］. 李幼蒸，译. 北京：生活·读书·新知三联书店，1988.

巴尔特，罗兰. 符号帝国 ［M］. 孙乃修，译. 北京：商务印书馆，1994.

巴尔特，罗兰. 流行体系：符号学与服饰符码 ［M］. 敖军，译. 上海：上海人民出版社，2000.

巴特勒，克里斯托弗. 解读后现代主义 ［M］. 朱刚、秦海花，译. 北京：外语教学与研究出版社，2010.

鲍德里亚，让. 消费社会 ［M］. 刘成富、全志钢，译. 南京：南京大学出版社，2000.

鲍德里亚，让. 物体系 ［M］. 林志民，译. 上海：上海人民出版社，2001.

鲍德里亚，让. 象征交换与死亡 ［M］. 车槿山，译. 南京：译林出版社，2006.

鲍德里亚，让. 论诱惑 [M]. 张新木，译. 南京：南京大学出版社，2011.

鲍德里亚，让. 符号政治经济学批判 [M]. 夏莹，译. 南京：南京大学出版社，2009.

贝尔，丹尼尔. 资本主义文化矛盾 [M]. 赵一凡、蒲隆、任晓晋，译. 北京：生活·读书·新知三联书店，1989.

比德曼，汉斯. 世界文化象征辞典 [M]. 刘玉红，译. 桂林：漓江出版社，2000.

波兹曼，尼尔. 娱乐至死 [M]. 章艳，译. 桂林：广西师范大学出版社，2004.

布尔迪厄，皮埃尔；华康德. 实践与反思 [M]. 李猛、李康，译. 北京：中央编译出版社，1998.

布尔迪厄，皮埃尔. 关于电视 [M]. 许钧，译. 沈阳：辽宁教育出版社，2002.

布尔迪厄，皮埃尔. 实践理性关于行为理论 [M]. 谭立德，译. 北京：生活·读书·新知三联书店，2007.

布留尔，列维. 原始思维 [M]. 丁山，译. 北京：商务印书馆，1985.

布鲁姆，哈罗德. 西方正典：伟大作家和不朽作品 [M]. 江宁康，译. 南京：译林出版社，2006.

布斯，韦恩 C. 隐含作者的复活 [J]. 申丹，译. 江西社会科学，2007 (05).

布斯，韦恩 C. 修辞的复兴 [M]. 穆雷，译. 南京：译林出版社，2009.

德波，居伊. 景观社会 [M]. 王昭凤，译. 南京：南京大学出版社，2006.

费瑟斯通，迈克. 消费文化与后现代主义 [M]. 刘精明，译. 南京：译林出版社，2000.

菲斯克，约翰. 关键概念：传播与文化研究词典 [Z]. 李彬，译. 北京：新华出版社，2004.

费斯克，约翰. 传播研究导论：过程与符号 [M]. 许静，译. 北京：北京大学出版社，2008.

福勒，罗吉. 现代西方文学批评术语词典 [Z]. 袁德成，译. 成都：四川人民出版社，1987.

弗洛姆. 占有还是生存：一个新社会的精神基础 [M]. 关山，译. 北京：生活·读书·新知三联书店，1989.

葛兰西. 狱中札记 [M]. 曹雷雨，译. 北京：中国社会科学出版社，2000.

格雷马斯，A．J．论意义 符号学论文集 [M]. 吴泓缈、冯学俊，译. 天津：百花文艺出版社，2011.

格里芬，大卫. 科学的返魅 [M]. 理性与启蒙后现代经典文选. 上海：东方出版社，1992.

格里格，理查德；津巴多，菲利普. 心理学与生活 [M]. 王垒、王甦，译. 北京：人民邮电出版社，2003.

格罗塞，阿尔弗雷德. 身份认同的困境 [M]. 王鲲，译. 北京：社会科学文献出版社，2010.

哈特曼、斯托克. 语言与语言学词典 [Z]. 上海：上海辞书出版社，1984.

韩礼德. 作为社会符号的语言：从社会角度诠释语言与意义 [M]. 上海：上海外语教研出版社，2003.

黑格尔. 美学 [M]. 朱光潜，译. 北京：商务印书馆，1979.

怀斯曼，理查德. 怪诞心理学 [M]. 路本福，译. 天津：天津教育出版社，2011.

加塞特，奥而特加. 大众的反叛 [M]. 长春：吉林人民出版社，2003.

卡西尔，恩斯特. 人论 [M]. 上海：上海译文出版社，2004.

卡西勒，恩斯特. 启蒙哲学 [M]. 顾伟铭，译. 北京：生活·读书·新知三联书店，1987.

坎贝尔，柯林. 浪漫伦理与现代消费主义精神 [J]. 章戈浩，译. 西北师大学报：社会科学版，2006（04）.

克里普克，索尔. 命名与必然性 [M]. 梅文，译. 上海：上海译文出版社，1988.

柯林斯，兰德尔. 互动仪式链 [M]. 林聚任，译. 北京：商务印书馆，2009.

拉里．A．萨默瓦，理查德．E．波特. 跨文化传播 [M]. 北京：中国人民大学出版社，2004.

蓝德曼. 哲学人类学 [M]. 彭富春，译. 北京：工人出版社，1988.

勒庞，古斯塔夫. 乌合之众 [M]. 戴光年，译. 北京：新世界出版社，2010.

勒庞，古斯塔夫. 心理学统治世界 [M]. 高永，译. 北京：金城出版社，2011.

列维－斯特劳斯. 结构人类学：巫术·宗教·艺术·神话 [M]. 陆晓禾，译. 北京：文化艺术出版社，1989.

林南. 社会资本：关于社会结构与行动的理论 [M]. 张磊，译. 上海：

上海人民出版社，2004.

马尔库塞，赫伯特. 单向度的人 [M]. 上海：上海译文出版社，2008.

马克思、恩格斯. 马克思恩格斯选集 [C]. 北京：人民出版社，1972.

麦茨，克里斯蒂安. 想象的能指 [M]. 吴琼编. 凝视的快感. 北京：中国人民大学出版社，2005.

迈尔斯，戴维. 社会心理学 [M]. 张智勇、乐国安、侯玉波，译. 北京：人民邮电出版社，2006.

麦奎尔，丹尼斯. 受众分析 [M]. 刘燕南、李颖、杨振荣，译. 北京：中国人民大学出版社，2009.

麦克卢汉，马歇尔. 理解媒介——论人的延伸 [M]. 何道宽，译. 北京：商务印书馆，2007.

麦克卢汉，马歇尔. 机器新娘 [M]. 何道宽，译. 北京：商务印书馆，2009.

米尔斯，查尔斯，赖特. 权力精英 [M]. 王崑、许荣，译. 南京：南京大学出版社，2004.

莫里斯，C. W. 开放的自我 [M]. 定扬，译. 上海：上海人民出版社，2010.

尼采. 权力意志：重估一切价值的尝试 [M]. 北京：商务印书馆，1991.

佩恩，汤姆. 盛名之下：古往今来的名人崇拜与我们的生活 [M]. 韩波，译. 上海：上海文艺出版社，2015.

热奈特，热拉尔. 热奈特论文集 [C]. 史忠义，译. 天津：百花文艺出版社，2001.

荣格，卡尔，古斯塔夫. 未发现的自我 [M]. 张敦福、赵蕾，译. 北京：国际文化出版公司，2001.

荣格. 心理类型 [M]. 吴康，译. 上海：三联书店，2009.

荣格. 寻求灵魂的现代人 [M]. 北京：中国人民大学出版社，1998.

瑞泽尔，乔治. 后现代社会理论 [M]. 谢立中，译. 北京：华夏出版社，2003.

索绪尔，费尔迪南，德. 普通语言学教程 [M]. 高名凯，译. 北京：商务印书馆，1980.

泰勒，查尔斯. 自我的根源：现代认同的形成 [M]. 韩震，译. 南京：译林出版社，2001.

泰勒，查尔斯. 承认的政治 [M]. 文化与公共性. 北京：生活·读书·

新知三联书店，1998.

泰勒，S. E.，佩普劳. D. O，希尔斯. 社会心理学 ［M］. 谢晓非、谢东梅、张怡玲，等译. 北京：北京大学出版社，2009.

威利，诺伯特. 符号自我 ［M］. 文一茗，译. 成都：四川教育出版社，2011.

文德尔班. 哲学概论 ［M］. 罗达仁，译. 北京：商务印书馆，1987.

西奥迪尼，罗伯特. 影响力 ［M］. 陈叙，译. 北京：中国人民大学出版社，2006.

希夫曼，利昂·G.，等. 消费者行为学 ［M］. 江林，译. 北京：中国人民大学出版社，2011.

伊利亚德. 神圣与世俗 ［M］. 王建光，译. 北京：华夏出版社，2003.

班建武. 符号消费与青少年身份认同 ［M］. 北京：教育科学出版社，2010.

陈放. 品牌学 ［M］. 北京：时事出版社，2002.

陈卫星. 传播的观念 ［M］. 北京：人民出版社，2004.

陈昕. 救赎与消费——当代中国日常生活中的消费主义 ［M］. 南京：江苏人民出版社，2003.

慈玉鹏. 霍夫斯泰德与露丝·本尼迪克特的异同 ［J］. 管理学家（实践版），2010（12）.

丛明. 符号学视角下的名人广告研究 ［D］. 上海：上海交通大学硕士学位论文，2009.

丁尔苏. 符号学与跨文化研究 ［M］. 上海：复旦大学出版社，2011.

邓军. 热奈特互文性理论研究 ［D］. 厦门：厦门大学硕士学位论文，2007.

冯天策. 信仰导论 ［M］. 南京：广西人民出版社，1992.

高兴. "瓷娃娃"在中国长大——日本偶像福原爱专访 ［N］. 新民晚报，2005－6－24.

耿占春. 隐喻 ［M］. 开封：河南大学出版社，2007.

宫富. 一半是海水一半是火焰——谈"草根文化"的悖论 ［J］. 理论与创作，2007（05）.

何中平. 现代性与"人之死"［J］. 求是学刊，2010（04）.

何洗礼. 符号学视域下的名人广告效应研究 ［D］. 长沙：湖南师范大学硕士学位论文，2006.

侯隽. "第一夫人"的服饰效应 ［J］. 中国经济周刊，2013. 4. 3.

胡晓云. 品牌代言传播研究［M］. 杭州：浙江大学出版社，2012.

胡易容. 论文化标出性翻转的成因与机制［J］. 江苏社会科学，2011（05）.

黄松光等. 明星究竟带来了多少利润［N］. 钱江晚报，2004. 9. 17.

蒋建国. 消费主义文化传播、仪式缺失与社会信仰危机［J］. 现代传播，2012（04）.

蒋荣昌. 消费社会的文学文本［M］. 成都：四川大学出版社，2004.

蒋诗萍. 伴随文本与品牌叙述［J］. 湖南社会科学，2012（01）.

金盛华. 自我概念及其发展［J］. 北京师范大学学报：社会科学版，1996（01）.

金盛华、辛志勇. 中国人价值观研究的现状及发展趋势［J］. 北京师范大学学报：社会科学版，2003（03）.

荆学民. 中国社会信仰论［M］. 北京：人民出版社，2008.

荆学民. 社会转型与信仰重建［M］. 太原：山西教育出版社，1999.

鞠惠冰. 形象文化与后现代广告的狂欢［J］. 电影艺术，2008（06）.

李军学. 消费社会和符码统治：鲍德里亚消费社会理论批判性研究［J］. 符号与传媒，2014年春季号.

李芃、黄亮. "名人符号"与广告创意［J］. 包装工程，2007（02）.

李启军. 英雄崇拜与电影叙事中的"英雄情结"［J］. 北京电影学院学报，2004（03）.

李启军. 中国影视明星的符号学研究［D］. 成都：四川大学博士学位论文，2005.

李思屈等. 广告符号学［M］. 成都：四川大学出版社，2004.

李勇. 媒介时代的审美问题研究［M］. 郑州：河南人民出版社，2010.

连珊、李曦珍. 后现代大祭师的仿象、超真实、内爆——博德里亚电子媒介文化批评的三个关键词探要［J］. 科学·经济·社会，2007（03）.

刘京林. 传播中的心理效应解析［M］. 北京：中国传媒大学出版社，2009.

刘琦婧. 从苏珊大妈成名视频透视草根明星的制造［J］. 东南传播，2010（04）.

刘少杰. 网络化时代的社会结构变迁［J］. 学术月刊，2012（10）.

刘亚猛. 追求象征的力量——关于西方修辞思想的思考［M］. 北京：生活·读书·新知三联书店，2004.

刘志权. 从"写平民"到"平民写"——试论 20 世纪末"平民文学"研究的新思路 [J]. 江苏社会科学, 2007 (06).

柳诒徵. 中国文化史 [M]. 北京：中国社会科学出版社, 2008.

鲁迅. 中国小说史略 [M]. 上海：上海古籍出版社, 1998.

骆容. 明星制的符号化解读 [J]. 新闻传播, 2009 (10).

罗子明. 消费者心理学 [M]. 北京：清华大学出版社, 2007.

卢泰宏等. 消费者行为学 [M]. 北京：电子工业出版社, 2006.

马昌仪. 中国神话学文论选萃 [C]. 北京：中国广播电视出版社, 1994.

马凤书. "文化博弈"与"全球政治" [J]. 文史哲, 2002 (04).

茅盾. 茅盾说神话 [M]. 上海：上海古籍出版社, 1999.

倪台瑛. 从广告用语探论 21 世纪中国修辞学发展的趋势 [J]. 淡江人文社会学刊, 2005 (21).

彭佳. 论文化"标出性"诸问题 [J]. 符号与传媒, 2011 年春季号.

彭树智. 文明交往论 [M]. 西安：陕西人民出版社, 2002.

戚海峰. 符号营销 [M]. 上海：上海财经大学出版社, 2006.

钱穆. 国史大纲 [M]. 北京：商务印书馆, 1994.

乔国强. "隐含作者"新解 [J]. 江西社会科学, 2008 (06).

佘向军. "隐含作者"与艺术人格——对"隐含作者"的再认识 [J]. 西南民族大学学报：人文社科版, 2004 (03).

申丹. 何为隐含作者？ [J]. 北京大学学报：哲学社会科学版, 2008 (03).

申丹. 再论隐含作者 [J]. 江西社会科学, 2009 (02).

孙琪. 西方名人代言广告效果研究 [R]. 中国传媒报告, 2009 (03).

檀传宝. 信仰教育与道德教育 [M]. 北京：教育科学出版社, 1999.

谭学纯、朱玲. 广义修辞学 [M]。合肥：安徽教育出版社, 2001.

童庆炳、陶东风. 文学经典的建构、解构和重构 [M]. 北京：北京大学出版社, 2007.

万俊人. 现代性的伦理话语 [M]. 哈尔滨：黑龙江人民出版社, 2002.

万俊人. 信仰危机的"现代性"根源及其文化解释 [J]. 清华大学学报：哲学社会科学版, 2001 (01).

王鸿生. 语言与世界 [M]. 济南：山东友谊出版社, 2007.

王晶. 溢价——只有品牌才能拥有 [J]. 公关世界, 2005 (01).

王敬欣. 人本主义人格理论中的"自我"观 [J]. 山西大学师范学院学报, 2001 (02).

王丽. 符号化的自我 [M]. 北京：中国社会科学出版社，2006.

王丽萍、刘大文、张洁婷. 荣格与罗杰斯的人格及其治疗观的比较探究 [J]. 社会心理科学，2006（03）.

王平、付晓. 欲望花窗：当代中国广告透视 [M]. 北京：中央编译出版，2004.

王新新. 品牌符号论 [M]. 长春：长春出版社，2011.

王一川. 北京文化符号与世界城市软实力建设 [J]. 北京社会科学，2011（02）.

王永强. 互联网 2.0 时代草根传播："郭德纲"们奋然前行 [N]. 中国经营报，2006－2－18.

王铮. 宋祖英支持旭日阳刚上春晚 建议导演多听民意 [N]. 京华时报，2011－3－7.

韦恩·布思. 隐含作者的复活 [J]. 申丹，译. 江西社会科学，2007（05）.

伍庆. 消费社会与消费认同 [M]. 北京：社会科学文献出版社，2009.

武志红. 解读"疯狂"——热点话题人物的心理分析 [M]. 北京：世界图书出版公司，2007.

项晓敏. 零度写作与人的自由 [M]. 上海：复旦大学出版社，2003.

徐小立. 1990 年代以来中国传媒消费主义文化研究 [D]. 武汉：武汉大学博士论文，2006.

薛艺兵. 神圣的娱乐：中国民间祭祀仪式及其音乐的人类学研究 [M]. 北京：宗教文化出版社，2003.

杨国枢. 自我实现与华人社会中的价值变迁 [C]//中国人的价值观. 北京：人民大学出版社，2013.

杨魁、谢锐. 后现代媒体对消费文化传播的影响 [J]. 科学·经济·社会，2008（01）.

杨玲、陶东风. 名人文化研究读本 [M]. 北京：北京大学出版社，2013.

杨文运、马国强. 体育明星的符号学解读 [J]. 体育学刊，2007（08）.

杨文运、林萍. 体育明星价值分析 [J]. 体育文化导刊，2008（04）.

姚建平. 消费认同 [M]. 北京：社会科学文献出版社，2006.

叶舒宪. 文化与符号经济 [M]，广州：广东人民出版社，2012.

俞新天主编. 国际关系中的文化 [C]. 上海：上海社会科学院出版社，2005.

袁晓明. 追星者是崇拜空头名人文化 [N]. 东方早报，2007－4－9.

岳璐. 当代中国大众传播的明星生产与消费［M］. 长沙：岳麓书社，2009.

臧策. 超隐喻与话语流变［M］. 天津：天津人民出版社，2006.

张传发. 人与自行车谁之"过"？［N］. 淮北日报，2008-1-29.

张国良. 传播学原理［M］. 上海：复旦大学出版社，2006.

张海洋. 中国的多元文化与中国人的认同［M］. 北京：民族出版社，2006.

张嘉玮. 评罗杰斯现象学的人格理论［J］. 东北师大学报：哲学社会科学版，1992（03）.

张意. 文化与符号权力——布尔迪厄的文化社会学导论［M］. 北京：中国社会科学出版社，2005.

张云鹏. 文化权：自我认同与他者认同的向度［M］. 北京：社会科学文献出版社，2007.

赵崇莲、李宏翰. 高自我价值感的负效应：自我危机与攻击［J］. 西南师范大学学报：哲学社会科学版，1999（04）.

赵毅衡. 符号学：原理与推演［M］. 南京：南京大学出版社，2011.

赵毅衡. 意图定点：符号学文化研究中的一个关键问题［J］. 文艺理论研究，2011（01）.

赵毅衡. 两种经典更新与符号双轴位移［J］. 文艺研究，2007（12）.

赵毅衡、陆正兰. 元语言冲突与阐释漩涡［J］. 文艺研究，2009（03）.

赵毅衡. 符号、象征、象征符号，以及品牌的象征化［J］. 贵州社会科学，2010（09）.

赵毅衡. 身份与文本身份，自我与符号自我［J］. 外国文学评论，2010（02）.

郑红娥. 社会转型与消费革命［M］. 北京：北京大学出版社，2006.

周建民. 广告修辞学［M］. 武汉：武汉出版社，1998.

周宪. 视觉文化与消费社会［J］. 福建论坛，2001（02）.

后 记

夜色生凉，恍然秋至，终临交稿之期。回顾本书之成书历程，不胜感慨。

本书脱胎于三年前成稿的博士学位论文《当代中国名人的符号价值及名人文化的前景展望》。自 2011 年起，我师从赵毅衡教授研习符号学，因赵老师的建议兼及自己的兴趣特点，而将名人传播符号学作为博士论文选题。在赵毅衡、陆正兰、张小元、唐小林等老师的悉心指导与帮助下，我完成了博士学位论文，并顺利通过了博士学位论文答辩。

但是我深知，博士学位论文有诸多不尽如人意之处。分析个中原因，既有理论基础不够系统扎实导致的论述深度欠缺，也有生子育儿等生活琐事引发的仓促行文之困。毕业之后，我一直想对博士论文进行修改完善，惜心有余而力不足，全新的工作领域与幼儿的种种突发状况，均使我应接不暇，分身乏术。直至去岁夏末小儿入托，始有余力修正博士论文的谬误与不足。

本书对原博士论文的修改主要体现在以下几个方面。

首先在研究层次与研究视野上，本书比原博士论文都有较大拓展。原博士论文主要以名人的符号价值与大众传媒和产业间的社会关系为线索进行写作，虽也力图揭示名人现象背后的文化内涵，但挖掘的层次及广度不够深入开阔。修改后的文本行文线索不变，但更加注重从文本间性的角度看待问题，因为直接的联系易于揭示分析，而一些间接的联系却往往更具深刻性与本质性。所以，修改后的文本各个章节都强化了这一点。如第二章加入了名人代言与他律性欲望主义的联系，第五章增加了现代人的自我危机与社会认同威胁之间的联系，第六章更是增加了"名人符号与社会价值观转向"一节。

其次，修改稿在材料方面增删较多。在当下的信息时代，现象级名人层出不穷，本书力求紧紧把握时代脉搏，以最新鲜最典型的材料来阐释问题，如以目前最热闹的网红经济论证标出性在当代文化中的重要地位，以现象级名人 Papi 酱和咪蒙例证当代文化转向问题，等等。相应地，对参考文献也作了相应补充。

　　书稿的写作与修订，均离不开导师赵毅衡教授对我的鼓励与鞭策。当我初入传播符号学领域茫然四顾时，是赵老师帮我指引出明确的方向；当我在研究途中倍感挫折无法前行时，是赵老师睿智明晰的思路帮我分析出研究所陷困境与对策；当我自感压力重重想要自暴自弃时，是赵老师用一封封催问研究进度的邮件、一篇篇与我研究相关的资料、一句句充满信任与力量的话语使我重拾信心。我本是一块懵懂顽石，蒙赵老师不弃始得列于门墙之下，然因天资愚钝兼生性怠懒，虽经大师悉心打磨而终不成器。每思及此，内疚不已。不过，先生之言常于脑中回响，先生之行长为前路榜样，希望自己终有一日能顽石开悟，有所寸进，不负先生所期。

　　两年孕育成稿后又历三年的时光浸润，却未将其琢磨成一颗剔透珍珠，惭愧之余，也衷心恳请各位同仁海涵书中之不周、不详、不妥之处，若蒙拨冗指点一二，更是不胜感激。

闫文君

2017 年 10 月 24 日于洛阳